치앙마이
방랑자

치앙마이 방랑자

ⓒ 훈남, 2025

초판 1쇄 발행 2025년 4월 17일

지은이   훈남
펴낸이   김재훈
편집   좋은땅 편집팀
펴낸곳   형설의 공
주소   충북 청주 청원구 주성로118번길 28
전화   010-4740-7319
이메일   kjhkjh88@naver.com

ISBN   979-11-979689-4-5 (03810)

- 가격은 뒤표지에 있습니다.
- 이 책은 저작권법에 의하여 보호를 받는 저작물이므로 무단 전재와 복제를 금합니다.
- 파본은 구입하신 서점에서 교환해 드립니다.

Chiang Mai Wanderer

훈남 에세이

치앙마이 방랑자

치앙마이가 가진 매력은 무엇일까?

지난 세 달간 치앙마이 이곳저곳을 다니면서 치앙마이의 매력에 빠져들었다고나 할까? 아무튼 치앙마이는 매력적인 도시임이 분명하다.

도서출판 **형설의 공**

들어가며

어찌 이럴 수가 있을까요? 제가 처음 치앙마이 세 달간의 여행을 계획할 때 이 책을 쓰리라고는 상상도 못 했습니다. 그리고 이 책을 쓰기 시작하면서도 그냥 일기 형식으로 남겨 두자라는 취지로 시작했습니다. 그런데 하루이틀 기록하다 보니 뭐라고 할까요? 약간 작품이 되어 가는 느낌? 뭐 이런 게 있었습니다. 그러면서 글의 양과 질이 높아져 갔습니다. 또한 지금 이 책을 다 만들고 나니 아니? 도대체 뭐가 이렇게 톱니바퀴가 딱딱 맞아떨어질까 정말로 신의 한 수 같은 느낌을 받습니다. 이 책은 절대로 저 혼자 만든 것이 아닙니다. 제가 치앙마이에 세 달간 머문다고 저를 찾아와 준 친구나 후배들 그리고 치앙마이에서 만난 귀인들이 이 책의 스토리를 완성해 주셨습니다. 이 자리를 빌려 진심으로 감사드립니다. 이 책을 만들고 보니 이 책의 내용은 대략 아홉 꼭지로 이루어져 있더군요. 치앙마이에서 혼자 놀기, 친구들과 메모 골프장 정복하기, 치앙마이 장똘뱅이 신세, 난생처음 해 보는 가이드 이야기, 치앙라이와 빠이 여행 이야기, 메모 골프장에서 나 홀로 좌충우돌 전지훈련, 친구들과 치앙마이 골프장 이곳저곳 스캔하기, 후배 부부와 메모 골프 및 여행 스토리, 얼떨결에 만났지만 훈훈한 정을 쌓은 부산 사장님들과의 이야기 이렇게 총 아홉 꼭지입니다. 자! 그러면 치앙마이 방랑자의 이야기 속으로 떠나 보실까요?

여행작가 *훈남* 올림.

떠나기 전

지난여름 치앙마이를 열흘 다녀오고는 치앙마이 병에 걸렸다. 열흘은 너무 짧아. 좋다. 이제 시간도 많으니 최장으로 있어 보자. 무비자로 90일이 가능하니까 최대한 빨리 비행기 표를 끊자. 11월이 람빵 메모 골프장 그린 상태가 최적이라는 이야기를 들었으니 11월 초에 떠나자. 대한항공 홈페이지에 접속해서 표를 끊었다. 11월 3일 출발해서 내년 1월 24일 귀국하는 비행기 표를 약 70만 원에 끊었다. 미리 끊어서 싼 거다. 겨울철 성수기가 되면 100만 원이 훌쩍 넘어간다.

나는 MBTI 검사에서 ENFP다. 이 중 문제 되는 것이 마지막의 P다. 무슨 일이든 엄청 즉흥적이다. 즉흥적으로 결정하고 곧바로 후회한다. 비행기 표를 끊고 보니 렌트카가 문제였다. 골프를 치려면 렌트카가 있어야 하는데 아무리 싸게 잡아도 하루 1000밧(약 42,000원)이면 80일간 빌려야 하니 8만 바트가 들어간다. 헉! 렌트카 비용만 자그마치 8만 바트면 8만 곱하기 42면 336만 원이라고? 미치겠네! 치앙마이 렌트카 업체 사장에게 카톡으로 물어

봤다. 중고차값이 얼마냐고. 그랬더니 약 40만 바트라고 한다. 40만 바트면 얼마야? 대충 1600만 원? 이런이런. 그런데 치앙마이에서 가이드 하는 아는 동생이 자기 차를 600만 원에 사라고 한다. 어~ 진짜? 치앙마이 한 달 살기 두 번만 가면 본전을 뽑겠는데? 바로 사겠다고 하고 600만 원을 부쳤다. 그리고는 여기저기 떠벌리기도 했다. 치앙마이에 중고차 한 대 사 놨다고. 이런이런.

중고차를 산 게 9월 초였다. 그리고는 시간이 흘러 이런저런 생각을 하다 보니 뭐여~ 이거 내가 너무 무리한 거 아녀? 이런 생각이 들었다. 후배한테 전화를 걸었다. 중고차 사는 건 무리인 것 같아. 아무튼 한국에서 떠나기 전 단순히 비행기표값만 생각하고 훌쩍 떠나려고 했던 내가 완전 븅신. P의 전형이다. 단순 계산으로 치앙마이에서 호텔에서 자면서 렌트카 몰고 골프 치려면 거지같이 살아야 하루 15만 원이다. 그러면 세 달이면 15만 원 곱하기 90일 하면 1350만 원이 들어간다. 단순계산으로! 완전 미쳤지. 천만 원 이상을 노는 데 쓴다고? 알량한 연금 타면서? 아무튼 세월은 흘러 11월 10일, 치앙마이로 들어왔다.

11월 3일 비행기를 10일로 연기한 것도 사연이 있다. 친구들이 골프를 치러 11월 17일 치앙마이에 들어오기로 했다. 그래서 가만히 생각해 보니 그때 같이 들어가면 좋겠다는 생각이 들었다. 완전 P. 그래서 대한항공에 전화를 걸었다. 1588-2001. 11월 3일 비행기를 11월 17일로 연기할 수 있나고 물어보니까 직원이 '잠시 기다리세요' 라면서 한참을 계산하더니 그러면 요금이 많이 올라서 약 15만 원을 더 내야 한다는 것이었다. '아~ 그래요? 그러면 그냥 두세요' 라고 하면서 전화를 끊었다. 그렇게 며칠이 지나고 아~ 좀 늦게 들어가면 안 되나? 이런 생각이 맴돌아서 며칠 후 다시 전화를 걸었다. 이번 직원은 남자였다. 무료로 언제까지 연기가 가능하냐고 물었다. 나는 완전 치앙마이 가기 싫은 눈치였다. 직원이 검색하더니 일주일 후면 차지가 안 붙는다고 했다. 구세주 만난 것처럼 그걸로 바꾸어 달라고 했다. 그래서 11월 10일 밤비행기로 치앙마이에 도착한 것이다.

비행기 타기 전 인천공항에서

청주에서 리무진을 타고 조금 일찍 도착했다. 1시 출발 리무진이었는데 집에서 택시로 가경터미널에 미리 도착하는 바람에 12시 반 버스로 표를 바꾸어서 공항으로 왔다. 공항에는 2시간 좀 더 걸려서 2시 40분쯤 도착했다. 카트에 짐을 싣고 대한항공 부스로 가서 발권을 받고 짐을 부쳤다. 발권은 미리 셀프 체크인을 했기 때문에 핸드폰에 큐알 코드로 표시되어 있었다. 짐을 부치는 데 지난여름에는 소주를 잔뜩 사 가는 바람에 대한항공 화물 규정 23kg이 훌쩍 넘어 약 7만 원 벌금을 문 기억이 있어서 이번에는 소주도 안 넣고 최대한 짐을 가볍게 했는데도 달아 보니 25kg이 나갔다. 대한항공 여직원이 돌아오실 때는 꼭 23kg를 지켜 주세요 한다. 나는 네~ 하면서 넘어갔다.

짐을 부치고 검색대를 통과하는 데 별 문제가 없을 줄 알았다. 내가 비행기를 한두 번 타 본 것도 아닌데~ 그런데 기내로 들고 들어가는 내 가방이 한쪽으로 빠지더니 보안요원이 가방 안을 뒤져 봐도 되냐고 물었다. 네 괜찮습니다. 직원이 가방을 뒤지더니 로션을 두 개나 꺼냈다. 아차! 100mL 뭐 이런 규정이 있었는데? 꼼꼼하지 못한 나는 집에 있는 로션을 하나도 아니고 두 개씩이나 가방에 쑤셔 넣고 비행기를 타려고 한 것이다. 그것도 아주 큰 로션 크림을 두 개나 넣은 것은 안 넣은 줄 알고 화장대에 있는 것을 또 하나 넣은 것이다. 보안요원이 말했다. 이건 규정상 어려우니 버리겠습니다. 네, 이런이런. 아까운 내 로션.

그렇게 검색대를 통과해 면세점이 즐비한 구역으로 들어왔다. 시간도 많고 하여 점심 겸 식사를 할 요량으로 식당을 찾아보니 2층에 식당이 보였다. 2층으로 올라갔는데 반대편을 보니 비즈니스 타는 사람들이 이용한다는 식당이 보였다. 유튜브에서 무슨 무슨 카드를 보여 주면 무료입장이라는 이야기를 들었던 것 같아 그곳으로 갔다. 내 꾸질한 농협카드를 보여 주니 입장이 안 된다고 했다. 그러겠지. 그러면 얼마를 내고 들어가는 거냐고 하니까 50불이라고 했다. 헉! 어림짐작으로 7만 원? 당연히 안 들어가지~. 하면서 돌아보니 반대편에 대한항공 어쩌구 쓰여 있어서 그곳으로 가서 어떻게 하면 들어가냐니까 뭐라고 뭐라고 하는데 그중에 4000마일리지면 입장이 가능하다고 했다. 그래서 핸드폰에 있는 큐알 코드 항공권을 보여 주니 쓰윽 스캔을 뜨더니 좋은 시간 되세요 라고 하며 입장이 되었다.

비즈니스 바에 가면 먹을 것이 정말 많다. 비행기 탑승 시간이 저녁 7시니까 지금이 3시. 앞으로 장장 세 시간은 먹을 수 있다. 일단 꼬냑빠로 갔다. 꼬냑 한 잔 달라고 했다. 아~ 꼬냑을 달라고 하기 전에 꼬냑 안주를 가볍게 챙겨 꼬냑을 받아서 자리로 와서 홀짝홀짝 마셨다. 꼬냑은 금방 떨어졌다. 다시 아가씨한테 가서 꼬냑을 더 달라고 했다. 다시 안 오게 많이 주세요 했더니 아가씨가 완전 곱뿌로 따라 주었다. 이런이런. 아무튼 그렇게 자리에 앉아 꼬냑을 마시는데 취기가 올랐다. 완전 낮술에 취하는구만~. 빈속이라 그래! 밥을 먹어야겠군. 진수성찬으로 차려진 뷔페를 두 번이나 왔다 갔다 하면서 밥을 푸짐하게 먹었다. 그리고는 맥주를 더 먹어야겠기에 아가씨에게 맥주 좀 달라고 했더니 손으로 저쪽을 가리키면서 맥주는 저기서 셀프로 얼마든지 따라서 드시면 된다고 했다. 맥주를 한 잔 따라다가 천천히 마셨다. 이제 더 마시면 완전 취객이 될 것 같아서 그만 마시고 비즈니스 바를 빠져나왔다.

그래도 시간은 많이 남았다. 치앙마이에 가면 아무래도 소주가 그리울 것 같아 양주라도 사 가야겠다고 생각해 면세점에 들러 헤네시스 가격을 보니 50만 원이 넘었다. 아가씨에게 물었다. 아니? 먹는 용도로 싼 양주 없어요? 네 있습니다 하면서 안내한 양주는 약 10만 원 내외였다. 하나 달라고 했다. 그리고 골프를 치러 떠나는 여행이라 선크림이 많이 필요했다. 지난번 파타야 갔을 때 선크림을 달랑 하나만 사 가지고 갔었는데 스틱 선크림이 닳고 닳아서 잘 발라지지 않았던 기억이 있다. 그래서 이번엔 헤라 화장품 면세점에서 스틱 선크림 여섯 개를 샀다. 원래 3개가 한 세트인데 두 세트를 묶어서 할인을 한다길래 두 세트를 사 왔다. 이제 비행기 탈 일만 남았다. 공항 의자에 앉아 꾸벅꾸벅 조는데 안내방송이 나왔다.

비행기에 탑승하기 전에 3만 원을 내면 앞좌석으로 배정받을 수 있다. 게으른 나는 대한항공 홈페이지에 들어가서 좌석을 지정하려고 하니 벌써 중간이나 뒷좌석은 꽉 차 있었다. 앞좌석을 좋아하기도 해서 카카오페이로 3만 원을 결제하고 앞좌석을 배정받았다. 그렇게 비행기를 탔는데 아뿔싸! 지근거리에 유아동반좌석이 있었다. 지난번 우즈벡 갈 때도 애기가 하도 울어서 왕짜증이었는데 이번에도 치앙마이 오는 내내 애기가 울고 또 울어서 잠도 못 자고 완전 미치는 줄 알았다. 저출산 시대 애기들 귀한 건 알지만 애기 울음소리는 사람을 미치게 만든다. 내가 애기를 너무 싫어하나? 승무원에게 맥주를 달라고 해서 먹고 억지로 잠을 청했는지 어쨌는지 아무튼 5시간의 비행을 마치고 치앙마이에 착륙했다. 우리가 타고 온 비행기는 외국인 기장이었는데 착륙을 예술적으로 잘했다. 이스 굿!

• **〈치앙마이 1일 차〉 11.10.**

　공항에 도착하여 여권을 보여 주고 이미그레이션을 통과한 후 짐을 찾고 공항에 마중 나온 아는 동생 차를 타고 님만해민 쪽 어느 호텔로 갔다. 12시 반 호텔 도착 후 체크인을 하고 치앙마이 도착 기념으로 아까 인천공항에서 산 양주를 컵에 따라 술 못하는 동생이랑 같이 마셨다. 안주는 아까 기내에서 맥주 먹을 때 준 땅콩을 주머니에 넣고 왔다. 양주를 컵에 따라 제법 마셨다. 한 다섯 잔? 그렇게 치앙마이의 첫날밤은 저물어 갔다.

• **〈치앙마이 2일 차〉 11.11.**

　일주일은 그냥 골프 안 치고 치앙마이를 유람할 생각이다. 렌트카 없이 보내니 오히려 편한 마음이 들었다. 아침에 일어나 서둘러 골프장에 가야 하는 부담도 없다. 느지감치 일어나 호텔방에서 슬로우 조깅을 한 30분 했다. 샤워를 하고 호텔 조식을 먹으러 내려갔다. 시간도 많으니 잔뜩 먹자. 뷔페를 쓱 둘러보고 야채부터 먹기 시작했다. 그리고는 계란프라이, 그다음 태국 똠양꿍과 밥, 빵, 과일, 오렌지주스 등등 많이도 먹었다. 본전도 본전이니까. 이 호텔이 지난여름에 왔을 때는 조식 포함 1100밧이었는데 지금은 겨울철 성수기라 1600밧 약 67200원을 받는다. 아무튼 조식을 잘 먹고 내일부터 묵을 호텔이 없어서 이 호텔 카운터에 가서 이번 주 토요일까지 묵을 수 있냐고 번역기로 물어보니 방이 없다고 했다. 이런이런. 방을 구하러 짐을 싸 들고 나가야 했다. GRAB 어플로 택시를 불러 내가 예전에 묵었던 긴펠레로 갔다. 바로 옆 동네인데 괜히 택시를 탔네. 긴펠레로 가니까 공사 중이었다. 이런이런. 바로 옆 호텔로 가서 물어보니 거기도 만원. 완전 치앙마이의 겨울은 숙박과의 전쟁이구나. 특히 지금 방을 찾고 있는 이 님만해민 쪽은 서울의 강남 같은 곳이라 방이 거의 없다고 봐야 한다. 젊은 친구들이 치앙마이엘 오면 죄다 님만해민 쪽에서 묵는다. 호텔이든 게스트하우스든 죄다 님만해민 쪽을 선호한다. 이유가 뭘까? 아무튼 나는 택시에 짐을 싣고 아예 핑강 쪽으로 갔다. 핑강 철교 앞에 내려 850이라고 쓰여져 있는 호텔로 갔다. 방이 하루치밖에 없었다. 옆에 750이라고 쓰여져 있는 호텔로 갔다. 다행히 3일치 방이 있다고 해서 방을 잡았다. 여기가 운명의 마윈(MAWIN) 호텔이다. 저녁에는 치앙마이에 있는 동생들이랑 저녁을 먹었다. 마시따라는 한국 식당인데 태국 사람이 운영하는 한국 식당이다. 지난번 여름에 왔을 때 알아 둔 식당이었다. 삼겹살에 폭탄주를 시켜 먹으면서 치앙마이에 다시 온 것을 자축했다. 특히 이 식당에는 연예인 같은 여종업원이 있다. 식사 후 연예인 여종업원과 기념촬영을 했다. 만난 기념으로 팁도 줬다. 100밧! 그렇게 술을 먹고 동생들이랑 헤어지고 호텔로 왔다. 호텔에서 핑강 철교를 건너면 나이트바자가 있다. 거기로 향했다. 치앙마이를 많이 왔다 갔지만 골프만 치고 돌아가곤 해서 치앙마이의 속을 잘 몰랐다. 그런데 오늘 밤에 나이트바자를 가서는 깜놀했다. 와! 완전 광장에 온통 서양 애들 천지였다. 99.9%가 서양 애들이었다. 치앙마이가 왜 세계 3대 관광지인지 알 것 같았다. 그렇게 실컷 사진도 찍고 동영상도 찍고 여기저기 둘러보다가 호텔로 돌아와 리오 맥주 2병을 마시고 잤다.

- **〈치앙마이 3일 차〉 11.12.**

치앙마이 셋째 날. 아침에 일찍 일어나서 호텔 조식이 없어서 호텔 옆에 있는 S&P라고 하는 서양식 레스토랑으로 아침을 먹으러 가는데? 가는 길에 리어카에서 태국식 도시락을 쌓아놓고 팔고 있는 게 아닌가? 얼마냐고 물어보니 30밧 1200원. 나물이 많이 들어가고 매콤한 거로 하나 달라고 해서 사 가지고 호텔로 와서 컵라면에 뜨거운 물을 부어 놓고 사 가지고 온 도시락을 먹는데 생각보다 엄청 맛있었다. 중간쯤 먹다가 나물과 고기가 다 떨어져서 사 가지고 온 도시락 밥에 컵라면 국물을 부어서 국밥처럼 먹었더니 완전 짱이다. 기분 좋게 아침 해결. 아침을 먹고 오늘은 치앙마이의 유명한 해자를 뚜벅이 여행으로 한 바퀴 돌았다. 두 시간쯤 걸렸나? 치앙마이에서 유명한 유적지 하나가 바로 해자다. 치앙마이 도시 중간에 동서남북으로 정확히 사각형으로 성을 쌓고 물로 채워서 요새를 만든 것이다. 외적의 침입에 대비하기 위해서. 물론 지금은 성벽이 조금밖에 안 남아 있지만. 구글 지도를 보면서 한 바퀴를 돌고 핑강 쪽으로 오는 데 마사지샵이 엄청 많았다. 한 마사지샵에 들어가 타이 마사지 한 시간을 받았다. 350밧. 그리고 호텔로 오는 길에 배가 고파서 한 레스토랑으로 들어가 태국식 볶음밥과 리오맥주 한 병을 시켜서 먹었다. 250밧. 치앙마이에 77일 온 이유 중 하나가 쉬면서 책을 쓰는 것도 목적이기 때문에 호텔로 돌아와 오후에 좀 쉬다가 글을 쓰고 저녁은 호텔 옆 슈퍼에 가서 참이슬 한 병과 포장된 음식을 사 가지고 와서 호텔에서 혼술을 했다. 저녁을 해치우고 운동을 해야 해서 호텔방에서 요즘 내가 하는 슬로우 조깅을 30분 하고 어제 갔던 나이트바자를 다시 갔다. 역시나 엄청난 사람들. 어제 갔던 곳에서 약간 북쪽으로 가니까 광장에서 밴드 음악에 사방으로는 전 세계 음식을 팔고 엄청나게 많은 사람들이 술과 음식을 먹고 있어서 또 깜놀 깜놀! 그렇게 나이트바자를 구경하고 호텔로 돌아와 냉장고에 킵해 둔 리오맥주를 꺼내서 두 병만 먹으려다가

네 병 다 먹어 버렸다. 과음한 치앙마이 셋째 날.

- **〈치앙마이 4일 차〉 11.13.**

　오늘은 나이트바자 북쪽에 있는 와로롯 시장을 방문하는 날이다. 핑강을 따라 올라가다가 큰 다리를 건너서 가면 와로롯 시장이 나온다. 걸어서 충분히 갈 수 있는 거리다. 골목 안으로 들어가니까 정말 엄청나게 많은 가게들이 즐비하게 있었다. 와로롯 시장에서는 태국 전통 공예품을 많이 판다. 또한 각종 견과류 파는 곳이 엄청나다. 두리안 말린 거 망고 말린 거 엄청 많다. 두리안 말린 게 250밧이라고 해서 좀 비싼 것 같아서 안 샀다. 2층으로 올라가니 푸드 코트가 있었다. 키위주스 한 잔 시켜서 먹고 시간 좀 보내다가 점심을 먹어야겠는데 뭘 먹나 하고 두리번두리번. 근데 어느 쌀국숫집에 가서 하나를 시켜서 먹었는데 의외로 엄청 맛있었다. 30밧. 단골로 삼아도 될 듯하다. 와로롯 시장 2층에 쌀국숫집 강추강추. 그렇게 한 바퀴 돌아보고 호텔로 와서 창문을 열고 바닥에 이불을 깔고 일광욕을 즐겼다. 사실 치앙마이에 오는 여러 이유 중 하나가 겨울철에 따뜻한 남쪽 나라에서 따뜻한 햇볕을 쬐기 위한 것이다. 햇볕의 소중함. 일광욕을 마치고 책 쓰는 작업을 하다가 잘 안돼서, 그래! 내가 글 쓰는 게 취미니까 치앙마이 77일간의 일기를 적어 보자! 라고 생각해서 이 작업을 시작한 날이다. 굿!

• 〈치앙마이 5일 차〉 11.14.

아침에 일어나서 아침을 굶기로 했다. 왜냐하면 어젯밤 핑강에서 축제를 했는데 노점상이 엄청 많아서 거기서 이것저것 사다가 호텔방에서 너무 많이 먹어서 속을 비우기 위해서다. 아침 운동 후 샤워를 하고 호텔 로비에 가서 모닝커피를 한 잔 때렸다. 그리고 가방을 메고 다시 어제 그 쌀국숫집으로 향했다. 해장 겸 아점을 먹기 위해. 어제랑 똑같은 거 시켜서 해장 완성. 오늘은 야채를 더 많이 넣어서 먹었다. 중간에 국물도 더 달라고 해서 먹었다. 해장 후 두리안 가게에 가서 두리안 망고 말린 거 막 섞어 놓은 거 한 봉지를 샀다. 100밧. 그리고 해자 쪽으로 걸어가는데 길거리에 발마사지 하는 데가 있어서 1시간 발마사지를 받았다. 한 시간에 180밧. 슬로우 조깅을 해서 그런지 장딴지가 엄청 뭉쳐 있었다. 그걸 풀어 주는데 엄청 아팠다. 발마사지를 받으면서 사람들이 지나갈 때 내가 큰 소리로 '풋 마사지 이스 굿!' 하면서 가게 홍보를 하니까 마사지사들이 막 웃었다. 마사지를 마치고 해자 쪽으로 걸어가는 데 한 노점상이 불렀다. 잠깐 사이에 선글라스를 집어들더니 250밧이라고 했다. 나는 살 마음이 전혀 없었기 때문에 노!라고 했는데 이 여자가 오케이 200밧 하더니 막 포장을 한다. 얼떨결에 사 버렸다. 선글라스의 핵심은 안경알인데 이렇게 막 사도 되나? 그리고는 그 선글라스를 끼고 해자 쪽으로 걸어갔다. 해자로 가서 이번에는 해자 안쪽을 헤집고 다녔다. 아니나 다를까 새로 산 선글라스가 이상했다. 눈이 어지러웠다. 싼 게 비지떡이라더니. 가방 안에 쑤셔 넣고 조금 전에 썼던 선글라스로 바꿔 썼다. 쓰레기통에 처박아야지! 200밧만 버렸네. 이런 이런. 해자 안쪽에 가보니까 그야말로 소소한 맛집들이 즐비했다. 많은 서양 사람들이 점심때부터 맥주를 마시고 있었다. 치앙마이는 어딜 가나 서양 사람 천지다. 이유가 있다. 서양 사람들은 햇볕이 그리운 사람들이다. 그래서 치앙마이의 따뜻한 햇볕을 쬐려고 엄청 몰려오는 것이다. 서양 애들을 보면 거의 웃통도 벗고 다니는 애들도 많다. 태국 사람만 긴바지를 입지 서양 애들은 죄다 반바지다. 물론 나도 반바지에 쓰레빠로 돌아다니고 있다. 한참을 걷다가 목도 마르고 하여 조그만 식당으로 들어가 Chang 맥주 하나를 시켜서 마셨다. 100밧. 그리고 해자 내에 있는 공원엘 갔다. 해자 내 남서쪽에 있는 자그마한 공원이다. 치앙마이 뚜벅이 여행 3일 차를 마치고 호텔로 돌아와서 이 글을 쓴다. 점심을 패스했더니 배가 고프다. 저녁에는 어제부터 핑강에서 하는 축제장에나 가 봐야겠다. 저녁때 나이트바자 푸드 코트에 가서 멕시코 음식을 시켜서 가방 속에 가져간 양주에 맥주 한 병을 시켜서 양폭을 마셨다. 음식과 궁합이 잘 맞았다. 나이트바자 한 바퀴 돌아보고 산책 겸 펑강 축제 노점상 구경을 갔다. 엄청나고 다양한 노점상들. 그중에서 해물과 야채가 섞인 것을 사 들고 호텔로 와서 다시 양폭. 미쳤다! 노점상을 쭉 지나면서 유튜버처럼 동영상도 찍었다. 호텔에 와서 동영상을 보니 왜 이렇게 반말을 많이 해? 엄청 겸손해져야겠다고 생각했다.

• 〈치앙마이 6일 차〉 11.15.

내 그럴 줄 알았지. 어제 과음을 하더니만 늦잠에 늦잠. 11시쯤 일어나(?) 아니다, 일곱 시에 잠깐 깼었다. 카운터 아주머니가 전화를 걸어왔다. 오늘 밤 방이 하나 났다고. 나는 얼른 내려가 예약을 하고 다시 잠을 잤다. 11시경 일어나 일단 샤워를 하였다. 정신을 차리기 위해. 그리고는 37분간 슬로우 조깅을 하고 다시 샤워를 했다. 땀이 나서. 이것저것 정리하고 점심을 먹으러 시내 쪽으로 나갔다. 지난번 들렀던 레스토랑에 갔다. 예쁜 아가씨들이 있는 곳. 똠양꿍과 밥을 시켜서 먹었다. 너무 많이 시켰다. 반도 못 먹었다. 이런 제기랄! 또 돈 낭비낭비. 창 맥주 하나랑 총 350밧 나왔다. 어제 쌀국수의 10배다. 이런이런. 돌아오는 길에 메리어트 호텔 로비로 들어갔다. 거기에 훌륭한 쉼터가 있었다. 진작에 와서 쉴걸. 그렇게 호텔로 돌아오다가 발마사지를 개운하게 받고 다시 호텔로 오다가 내일 잘 숙소도 아직 없는지라 옆 리버사이드 호텔로 갔더니 다행히 방 하나가 비어 있었다. 얼른 예약을 하고 돌아왔다. 조식 포함 1300밧 55000원. 이제 책 작업을 해야지. 책 작업이 더디다 못해 수십 번을 고쳐 쓴다. 아무튼 책을 쓴다는 일이 쉬운 일은 아니지. 그렇게 한 2시간 정도 일했나? 저녁때는 나이트바자 옆 PHAPLOEN을 가서 horny 바비큐랑 창 생맥주를 먹었다. 창 생맥주 1500cc에 299밧, 헉! 좀 비싸네~ 허니 바비큐도 189밧. 여기가 대체로 가격이 센 곳임을 알았다. 공연을 해 주는 대가로 약간 비싸게 받는 것 같았다. 호텔로 돌아오는 길. 완전 핑강 축제로 폭죽이 3초마다 터지고 사람들이 너무 많아 간신히 헤집고 호텔로 돌아왔다. 호텔에서 아까 슈퍼에서 사다 놓은 싱하 맥주를 마시면서 이 글을 쓴다. 지금도 밖에서는 폭죽이 1초마다 한 번씩 터진다. 완전 축제 축제. 오늘이 2024년 11월 15일 금요일.

- **〈치앙마이 7일 차〉 11.16.**

아침에 호텔 로비에서 컵라면을 먹는 나이 지긋한 한국 사람을 만났다. 항상 두세 달 동안 동남아를 여행하신다고 하셨다. 이번에도 치앙마이에서 보름 있다가 방콕으로 가서 보름 있다가 비행기 타고 베트남 하노이로 넘어가서 한 달 정도 있다가 내년 1월

20일 귀국하신다고 했다. 그리고 해외에 나올 때 아무한테도 이 야기 안 하고 나온다고 하셨다. 여행은 혼자 다니는 게 제일 좋다 고 하면서. 그분이 치앙마이에서 제일 높은 산을 두 번이나 갔다 왔다고 했다. 도이수텝을 말하는 거였다. 그러잖아도 나도 도이 수텝을 한번 갔다 와야지 했는데 걸어서 왕복 4시간 걸린다고 하 길래 그럼 나도 오늘 다녀와야겠다고 하면서 출발했다. 일단 짐 을 싸서 오늘 저녁에 묵을 바로 옆 리버사이드 호텔에 맡기고 출 발했는데 한 1km쯤 걸었나? 체크 아웃한 마윈 호텔에 두고 온 거 없나 생각해 보니 있었다. 역시나 자주 빼놓고 나오는 핸드폰 충 전 줄과 목욕탕에 면도기. 이런이런. 다시 거꾸로 마윈 호텔로 가 서 두 개를 챙겨서 도이수텝으로 출발했다. 가다가 아점을 먹기 위해 해자 내에 있는 브랙퍼스트 식당에 들러 토스트, 계란프라 이, 소시지, 주스, 커피 세트를 시켜서 먹었다. 120밧. 아점인데 맥주도 하나 시켜서 먹었다. 이런이런. 도이수텝을 가는 데 문제 는 묵었던 호텔이 있는 핑강 철교(이 다리 이름은 내가 붙인 것 임)에서 도이수텝 올라가는 치앙마이 대학교 앞까지만 걸어도 한 시간 이상 걸린다. 그래도 아무튼 치앙마이 대학교를 지나 길 따라 계속 올라가 보자. 구글 지도를 켜 보니 꾸불꾸불 계속 올라 가는 도로 표시가 나타났다. 아무튼 그렇게 계속 걸었다. 그런데 가다가 포기했다. 지나가는 송태우가 자꾸 빵빵거리면서 지나간다. 타라는 신호다. 유혹을 참지 못하고 나는 그다음 오는 송태우를 세웠다. 그 차는 빈 차로 올라가는 중이었다. 내려오는 손님 태우려고. 나 혼자 타고 도이수텝으로 향했다. 그런데 한 2km 남겨두고 차 정체가 심했다. 내가 탄 송태우가 아예 서 있었다. 나는 내려서 기사한테 워킹워킹 이러고는 타올라이? 하니까 50밧이라고 해서 주고는 걸어서 올라갔다. 2km를 걷는 데도 장난 아니다. 땀이 비 오듯 한다. 도이수텝 입구에서부터는 소위 365계단이라는 것이 있다. 오르고 또 올랐다. 매표소에 도착하자 땀이 범벅이 되어 좀 진정하느라고 쉬었다. 음료수를 하나 사서 단방에 다 먹었다. 20밧! 그리고는 슈퍼 옆으로 돌아가니 화장실이 있어서 다녀왔다. 원래 입구 쪽에 외국인은 30밧을 내고 표를 끊고 입장하라는 안내문이 있었는데 이쪽으로 오니 그냥 가도 될 것 같아 표 안 끊고 그냥 화장실에서 직진해서 올라가니 도이수텝 마당에 도착했다. 30밧을 아끼고 말았다. 이런이런. 화려한 금빛 불상과 건물을 경건한 마음으로 감상하고 기도하고 사진도 찍고 그렇게 머무르다가 내려왔다. 아~ 중간에 웬 서양 아가씨가 도이수텝 마당에서 사진 찍기 전 겸손하게 자리 좀 비켜 달라고 하길래 당연히 오케이. 그러다가 그 아가씨한테 친구랑 둘이 같이 내가 사진을 찍어 주겠다고 제안해서 사진도 찍어 주었다. 한 다섯 방 찍었나? 핸드폰을 돌려주면서 영어 한마디. '셀렉트 포토!'. 이제 도이수텝 구경을 마치고 계단을 내려오면서 치앙마이 시내까지 내려갈 일이 걱정되었다. 왜냐하면 아까 올라오면서 사람들이 내려가는 송태우 타려고 엄청 길게 줄을 서 있는 것을 보았기 때문이다. 올라올 때 보니까 걸어서 내려가는 사람들도 많았다. 특히 오늘이 토요일 주말이라 사람이 인산인해다. 또 태국 보이스카우트 비슷한 애들이 국토순례대행진을 하는 건지 끝도 없이 올라오고 있었다. 계단을 내려와 송태우 타는 곳에 오니 다행히 줄은 없었다. 그러다 내려가는 송태우 기사한테 손가락 하나를 펼쳐 보이며 원 퍼슨 하니까 타라고 했다. 운 좋게 곧바로 송태우를 타고 한 20분 내려와서 치앙마이 대학교 앞에서 내렸다. 가격은 아까와 마찬가지로 공식가격 50밧. 도이수텝 왕복 송태우 비용 100밧. 참고로 치앙마이 대학교는 치앙마이 도시를 동서남북으로 상상해 봤을 때 서북쪽에 있다. 그러니까 치앙마이에서 높은 산이 보이는 바로 밑이 치앙마이 대학교이고 여기서 도이수텝 가는 송태우들이 항시 손님을 기다리고 있다. 자가용이 있어도 송태우를 타고 도이수텝을 갔다 오는 경험도 해 볼 만하다. 송태우에서 내려서 님만해민 쪽으로 걸어 내려왔다. 마사지샵을 지나는데 출입구 쪽에 신발이 한 50개는 널려 있었다. 손님이 저렇게나 많나? 마사지샵을 지나 리틀서울이라는 식당에서 참치마요 김밥에 창맥주 하나를 시켜서 먹고 해자를 지나 호텔로 걸어왔다. 피곤한 하루였다. 저녁에 점심을 늦게 먹어서 인근 슈퍼에서 리오맥주 3개랑 멜론 썰어서 포장해 놓은 거 30바트짜리 하나 사와서 가볍게 먹고 잤다. 저녁을 안 먹고 자니 오히려 속이 편하다. 자면서 자꾸 뒤척이는 이유가 과음도 문제지만 과식도 문제다. 저녁을 굶고 자야겠다.

- **〈치앙마이 8일 차〉 11.17.**

오랜만에 호텔 조식을 먹어 본다. 어제 옮긴 리버사이드 호텔에는 조식 포함이기 때문이다. 호텔에서 자면서 조식이 있다는 것은 일단 편하다. 내일 아침 뭘 먹지? 라는 고민이 없기 때문이다. 그리고 조식이 있다는 사실 때문에 저녁을 푸짐하게 먹지 않아도 된다. 될 수 있으면 조식 포함 호텔에서 생활해야겠다고 느꼈다. 오늘은 친구들이 들어오는 날이다. 셋이서 열흘 동안 골프를 칠 것이다. 오늘은 이 호텔에서 자고 내일 하리푼 차이라고 하는 태국 북부에서 최고의 나인홀 골프장엘 간다. 치앙마이에서 람빵 가는 길에 있어서 거기서 치고 람빵으로 내려갈 것이다. 오늘 렌트카를 받았다. 오랜만에 태국에서 운전을 하려니 조심스러웠다. 태국 운전경력 10년 차인데도 운전석이 반대로 되어 있어서 적응할 때까지는 조심조심 운전해야 한다. 치앙마이 마시따 라는 한식당에서 점심을 먹었다. 된장찌개 맛은 소소. 그런데 이 집엔 손님이 많다. 가성비가 좋은 편이기 때문이다. 점심을 먹고 호텔에 차를 가져다 두고 잠시 쉬다가 나이트바자 근처로 가서 오늘도 발마사지를 받았다. 마사지사한테 '낙낙' 하니까 '낙낙' 하면서 웃는다. 낙낙은 세게 해 주세요 라는 태국 말이다. 마사지를 받고 호텔로 돌아와 이 글을 쓰는데 손이 뜨끈뜨끈하다. 그만큼 혈액순환이 잘된다는 증거다. 우리 발은 오장육부의 축소판이라고 한다. 그래서 발마사지나 지압을 자주 해 주면 건강에 좋은 건 확실한가 보다. 오늘 밤 친구 두 명이 치앙마이 공항으로 입국한다. 플라이트레이더24 앱으로 비행기가 어디쯤 오는지 검색해 보니 베트남 상공을 날고 있었다. 비행기가 공항 활주로에 착륙하는 거 보고 차를 몰고 마중을 나갔다. 공항까지는 15분도 채 안 걸렸다. 12시 거의 다 되어서 입국장으로 친구 두 명이 들어왔다. 치앙마이에 온 것을 격렬하게 환영합니다!!! 우리는 서로 하이파이브를 했다. 골프백과 캐리어 짐을 내 차에 싣고 호텔로 와서 방 배정을 마치고 내 방에서 두리안과 망고 말린 거 사다 놓은 거를 안주 삼아 맥주를 마시면서 치앙마이 입성을 축하해 주었다. 밤 2시에 취침.

- **〈람빵 1일 차〉 11.18.**

아침에 호텔에서 조식을 먹고 골프가 1시 부킹이라 오전에 친구들이랑 치앙마이 시내를 워킹투어 했다. 해자 동쪽에 있는 성벽인 타페케이트 앞에 있는 스타벅스에서 커피도 한 잔 마시고 시장도 둘러보고 산책을 하다가 호텔에서 차를 몰고 람푼에 있는 하리푼 차이 골프장으로 향했다. 오랜만에 라운딩을 나간다. 한국에서는 골프를 거의 안 쳤다. 한국골프장의 바가지 요금. 이런 이런. 골프장에 도착해서 차에서 백을 내리는 데 진행요원이 나에게 다음부터는 차를 반대로 몰고 들어오세요 라고 하면서 손가락으로 원을 시계방향으로 크게 그린다. 앗! 순간 내가 하리푼을 10년 동안이나 왔는데 그럼 지금까지 계속 한국식으로 반대로 진입한 걸 깨달았다. 이렇게 차가 없는 공간에서는 자주 실수가 나오는 게 태국운전이다. 오늘 하리푼 차이 1인당 경비는 1700밧 68000원에 모든 거 해결했다. 아무튼 재미있게 골프를 마치고 저녁 캄캄할 때 람빵으로 입성했다. 하리푼에서 약 1시간 걸렸다. 람빵 레지던스 호텔에 체크인. 조식 포함 950밧인데 정말 치앙마이에서 잤던 호텔에 비하면 별이 2개 이상 차이가 난다. 치앙마이 마원 호텔이나 리버사이드 호텔이 3성급이라면 여기는 5성급 정도이다. 체크인 하고 호텔 방에 짐을 넣어 두고 바로 나가서 저녁 먹을 곳을 찾았다. 일단 호텔 근처 빅c로 갔다. 거기서 푸드 코트를 본 적이 있었기 때문이다. 2층으로 올라가니 푸드 코트는 영업 종료. 이런이런. 다시 밖으로 나가다 보니까 빅c 안에 MK가 있었다. 샤브샤브집이다. 거기서 저녁을 해결했다. 맥주를 시켜서 가져간 참이슬과 섞어서 폭탄주를 연거푸 들이켰다. 골프 라운딩 후 먹는 술은 진짜 맛있다. 잔뜩 먹었다. 술도 음식도. 총비용 1760밧. 73920원. 비싼 편이다. 한사람 당 24640원이다. 태국 로컬 저녁 식사가 대충 한 끼에 100밧이니 6배다. 이런이런.

- **〈람빵 2일 차〉 11.19.**

메모 골프장 입성하는 날이다. 메모 골프장은 람빵에서 남동쪽으로 약 30분 달려야 나온다. 가성비 갑 골프장이다. 그린피, 카트비, 캐디피 총 3명분 3250밧 계산했다. 1인당 약 4만 원 조금 넘는다. 메모 골프장은 드라마틱한 골프 코스로 유명하다. 역시 오늘도 어려운 코스에서 많이 헤맸다. 87타. 그래도 재미있다 골프는. 라운딩을 마치고 배가 너무 고파서 샤워하기 전 클럽하우스에서 음식이랑 맥주랑 시켜서 푸짐하게 먹고 식사 후 바로 옆 카페에서 망고 주스도 시켜서 먹었다. 3명이 이렇게 먹은 총 비용 660밧. 점심을 먹으니 땀도 식고 하여 호텔로 돌아와 샤워를 하기로 하였다. 차를 몰고 호텔로 오니 약 3시. 차에서 내리는 데 뭔가 허전했다. 이런이런. 내 가방을 아까 점심 먹던 클럽하우스에 두고 온 것이 아닌가. 여권이랑 국제자동차운전면허증이 들어 있는데. 잃어버리면 낭패인데(?). 치앙마이에서 가이드 하는 아는 동생한테 보이스톡을 해서 사정 이야기를 했다. 자기가 알아보겠다고 했다. 약 30분 후 연락이 왔다. 내일 가서 찾으시면 된다고. 후유~ 다행이다. 이제 예정대로 한 시간 후에 로비에서 만나기로 하고 각자 방으로 들어가 샤워하고 좀 쉬다가 4시에 만나서 람빵 시내를 배회했다. 친구가 머리를 깎는다고 하여 지나가다가 미용실이 있어서 들어가 머리를 깎았다. 380밧. 그리 싸지는 않은 것 같다. 머리를 깎고 시내 쪽으로 걸어가다가 센텐 백화점을 둘러보았다. 쇼핑도 하고 돌아오는 길에 로컬 식당도 스캔하고 많이 걸어서 어디서 저녁을 먹을까 하다가 다시 한번 MK를 가기로 했다. 어제와 다르게 단품으로 계속 시켜서 먹었다. 어제보다 좀 싸지 않을까 생각했더니 더 나왔다. 이런이런! 1850밧. 77700원. 호텔로 오다가 맥주 세 병 사 들고 들어와 호텔에 세팅된 새우깡 안주랑 친구들과 환담을 나누며 먹고 잤다.

- **〈람빵 3일 차〉 11.20.**

메모 두 번째 날이다. 거의 사람이 없어서 황제 골프다. 첫 홀과 두 번째 홀 파파를 해서 오늘은 좀 골프가 잘 되려나 했는데 웬걸 세 번째 홀에서 망했다. 양파. 퍼팅이 속을 썩여서 오늘은 90타를 넘겼다. 91타. 그래도 친구들이 나보다 더 못 쳐서 돈을 조금 땄다. 전반 나인홀 마치고 가방을 찾으러 어제 그 클럽하우스로 가니 가방이 잘 보관되어 있었다. 보은으로 맥주 3병을 시켜 먹고 후반 라운딩 시작. 후반 홀도 재미있게 돌고 샤워를 하고 점심도 그 집에서 팔아 주었다. 골프장을 나와 근처에 있는 EGAT Mae Mo Garden 구경을 갔다. 꽃이 엄청나게 많이 피어 있었다. 관람도 하고 사진도 찍고 돌아 나오는 길, 나는 천연덕스럽게 우측통행으로 가고 있었다. 저쪽에서 오던 차가 전조등을 깜빡깜빡해서 그때서야 내가 한국식으로 운전함을 인지했다. 이런 이런. 이렇다니까? 깜빡하면 까먹는다. 우리랑 반대인 걸. 아무튼 별일 없이 람빵 시내로 들어와서 로컬 마사지 집으로 가서 마사지를 받았다. 타이 마사지 2시간에 400밧. 16000원. 싸다! 마사지를 마치고 차를 몰고 람빵 구시가지를 돌았다. 왕강 근처에 차를 세우고 왕강 현수교 다리를 산책한 다음 근처 로컬식당으로 갔다. 다행히 뷰가 좋은 자리가 비어 있어서 거기서 저녁을 해결했다. 음식을 시키는 데 조금 어려움이 있었지만 대충 그림을 보면서 시키니 죄다 맛있었다. 음식과 맥주 5병을 시켜서 배부르게 먹었다. 총비용 960밧. 40320원.

- **〈람빵 4일 차〉 11.21.**

서울 기온이 영하로 내려가기 시작했다. 태국 골프 여행은 입동이 지나고 11월 20일경에 입국하면 좋을 것 같다. 한국의 가을을 최대한 느끼다가 추워질 때쯤 동남아로 떠나는 것이다. 오늘도 어김없이 메모 골프장으로 향했다. 골프 실력이 줄어드는 건지 아니면 메모 골프장이 어려운 건지 오늘도 8자를 그리자고 다짐하면서 한 홀 한 홀 지나면서 땀이 난다. 생각대로 안 되는 게 골프. 예전에는 잘 쳤는데 왜 이럴까? 그래도 즐기면서 치자. 어차피 골프는 정답이 없으니까. 골프를 마치고 샤워장엘 갔는데 물이 쫄쫄쫄 나와서 황당했다. 20밧을 내고 수건을 받고 들어간 샤워장인데 물도 안 나오다니. 나오다가 물이 안 나온다고 따졌지만 항상 웃는 태국 아가씨들. 그렇게 샤워를 마치고 내가 아는 태국 맛집으로 고고씽! 그런데 가도 가도 안 나온다. 가이드 겸 운전을 자청한 나는 불안불안. 그러다가 저기가 아닌가 하고 유턴해서 가보니 큰 식당이 있었다. 안으로 들어가니 카페도 있고 제법 근사했다. 그런데 아뿔싸! 내가 가려는 그 레스토랑은 아니었다. 그래도 어차피 배도 고프고 또 로컬을 좋아하는 친구도 있고 해서 거기서 먹기로 했다. 음식을 시키고 창맥주 네 병이나 흡입. 총 가격 550밧, 2만 3천 원. 그렇게 점심을 먹고 새로운 호텔로 갔는데? 이런이런. 오늘 하루 더 어제 그 호텔에서 자야 하는 걸 체크아웃하고 나온 것이다. 다시 어제 그 람빵 레지던스 호텔로 가서 짐을 풀고 마사지를 받으러 람빵 구시가지로 가니까 마사지 가게가 있어서 마사지 2시간 오케이! 2명만 가능하다길래 나는 차를 몰고 센텐 백화점에 가서 쇼핑하고 호텔에 와서 약 1시간 운동을 한 후 걸어서 친구들이 받고 있는 마사지 가게로 가니 시간이 딱 맞았다. 친구들이 마사지를 막 마치고 차를 마시고 있었다. 셋이 도킹하여 어제 돌았던 왕강 레스토랑 근처를 배회하다가 저기는 어제 먹었으니 오늘은 다른 데로 가보자고 하여 람빵 시계탑 근처 식당으로 들어갔다. 길거리에 식탁이 있는 식당이었다. 몇 가지 음식을 시키고 리오맥주 세 병을 시켜서 우리가 가져간 참이슬과 섞어서 폭탄주와 함께 푸짐하게 먹고 났는데도 와우! 500밧 정도 밖에 나오지 않았다. 이런이런. 로컬로 갈수록 싸긴 싸다.

- **〈람빵 5일 차〉 11.22.**

아침에 일어나니 람빵 시내에 안개가 자욱했다. 안개가 끼면 낮에 햇볕이 강하다는데. 선크림을 잔뜩 바르고 나가야겠군. 아침 조식으로 태국식 죽이 있길래 두 그릇이나 떠다 먹었다. 사실 어제 과음을 했다. 호텔에 맥주를 3병 사 가지고 와서 친구들이랑 먹고 잤는데 아무튼 그 여독이 아침까지 남아 있었다. 5시 반에 일어났는데 피곤함이 몸에 서려 있어 찬물 샤워를 하고 알람을 6시 반에 맞춰 놓고 다시 잠을 청했다. 역시 리잠은 달콤해. 알람에 맞춰 일어나서 조식을 해결. 어제 잘못 체크아웃한 걸 다시 체크아웃하고 차를 몰고 메모로 고고씽. 사실 어제 아침에 메모에서 만난 미모의 골프 캐디를 섭외해서 오늘 만나기로 했는데. 그 미모의 캐디가 내 라인을 따가더니 어제저녁에 라인을 주고받으면서 내가 내일 아침 8시에 만나자고 했다. 그런데 갑자기 라인으로 내일 팁을 얼마를 주실 건가요? 라는 문자가 왔다. 그래서 나는 300이라고 보냈는데. 그 아가씨 응답은? 600. 헐~ 이런이런. 나는 그럴 거면 당신과 일을 안 하겠다고 문자를 보냈다. 그렇게 아웃! 오전 8시에 클럽하우스에 도착하니 당연히 그 캐디는 없었다, 무슨 상관이랴. 골프가 중요하지 캐디가 중요해? 그렇게 라운딩 시작. 첫 홀 버디. 헉! 오늘은 뭔가 되려나? 아무튼 그렇게 전반 홀을 큰 대과 없이 4개 오바. 40타. 그늘집에서 맥주 먹고 시작한 후반 홀. 10번 홀은 메모 시그니처 홀로서 내리막 120야드를 쳐야 하는데 지난 3일간 모두 온그린 했던 홀이다. 그런데 아뿔싸! 오늘은 그린 옆 잔디에 떨어진 공이 데구루루 물로 잠수. 드롭 존에서 약 30m 샷을 했는데 그나마 잘해서 약 3m에 안착. 그런데 못 집어넣음. 투 펏 더블! 그렇게 시작한 후반 홀 그래도 멘탈을 붙잡고 3개 오바로 후반 홀을 끝냈다. 39타. 드디어 메모에서 싱글 달성! 총 79타! 메모가 아니라 한국에서도 요즘에는 싱글을 거의 못 해 봤다. 예전에는 77, 75, 73 이렇게 막 쳤는데 7자 그리기가 너무나도 까마득한 시절이 된 게 요즘 내 골프였다. 그런데 오늘을 기점으로 새롭게 거듭나고 싶다. 내가 꿈꾸던 골프 인생을 다시 가고자 하는 용기가 생겼다. 라운딩 후 샤워를 마치고 점심을 먹으러 진짜 맛집인 내가 아는 곳을 찾으러 차를 몰고 가고 또 갔다. 그런데 진짜 내가 회로가 잘못된 건지 가도 가도 그 집이 나오지 않았다. 결국에는 산을 넘다가 중간에서 유턴해서 오다가 어제 그 집으로 들어가 푸짐하게 먹고 옆 카페에 가서 아메리카노 한 잔씩 때리고 람빵으로 오다가 도자기 파는(람빵은 도자기가 유명하다) 인디라 아울렛 들러서 구경 좀 하고 호텔로 와서 체크인 했다. 체크인을 마치고 람빵 시내 마사지 샵을 탐색해서 두 시간 타이 마사지를 받았다. 400밧. 친구 두 명만 마사지를 받았기 때문에 나는 호텔에서 노트북 작업 좀 하다가 차로 친구들을 태우러 6시 반에 도킹했다. 호텔로 돌아오는 길에 회로가 끊겨서 웬 시골길을 약 10km 이상 돌다가 큰길과 만나서 호텔에 간신히 안착했다. 술도 먹어야겠기에 차를 놓고 저녁을 먹으러 로컬 식당을 찾으러 가는데 걸어도 걸어도 식당이 거의 없었다. 있는 건 노점 식당뿐. 일단 계속 왕강 쪽으로 걷자. 걷다 보니 람빵 야시장이 나와서 구경을 하고 왕강 쪽으로 계속 고고. 호텔을 나온 지 한 30분 걸었나? 드디어 그저께 그 식당에 다시 도착했다. 왕강 현수교가 보이는 그 식당! 결국 그 식당으로 들어갔다. 각종 안주와 리오 맥주 7병을 마시면서 환담을 나누고 겝땅 타올라이(전부 얼마입니까)? 하니까 계산서를 가져오는데 총 1201밧이다. 계산하면서 마담에게 택시 그랩을 불러 달라고 하니 마담이 73밧 나온다고 알려 주었다. 오케이 오케이. 잠시 후 택시가 와 타고 5분 만에 호텔 도착 후 100밧을 주니 택시기사가 이십 몇 밧을 주려고 하기에 20밧만 받고 나머지는 팁이라고 하니 아주 좋아했다. 호텔로 들어가는 데 1층에 맥주 바가 있어서 친구 두 명과 함께 맥주 3병과 감자튀김 안주를 시켜서 먹으면서 이야기를 나누었는데 카운터 아가씨가 우리를 너무너무 반겨 주었다. 매상을 올려서 좋아하는 건지 한국 사람이라 좋아하는 건지 구분이 안 갈 정도. 아무튼 감사합니다 라는 한국어는 아주 잘했다. 총 389밧 나옴. 가성비 굿!

- **〈람빵 6일 차〉 11.23.**

아침에 한국에서 골프 총무에게서 카톡이 왔다. 오늘 2024년 마지막 월례회 겸 송년회를 하는데 회장님이 외국에 계시니 마지막 말씀 카톡으로 보내 달라고. 나는 어떤 말을 어떻게 할까 하다가 다음과 같이 보냈다. "안녕하세요 김재훈입니다. 마지막 가을 골프 잘 치셨는지요? 저도 오늘 그 어렵다는 람빵 메모 골프장에서 79타 싱글을 쳤습니다. 시간 되시면 우리 회원님들 메모 골프장으로 모시고 싶습니다. 개인적인 사정으로 해외에 머무르게 되어 중요한 2024년 마지막 월례회 및 송년회에 참석하지 못한 점 송구스럽게 생각합니다. 지난 4년간 GM 클럽을 이끌어오면서 안 좋은 소리도 많이 했는데요. 그게 다 우리 GM의 발전을 위하는 마음이었겠구나 라고 생각해 주시면 고맙겠습니다. 회장은 명패고 진짜 일은 총무가 다했습니다. 김○한 총무에게도 박수를 보내 주시기 바랍니다. 이제 우리 GM 클럽은 류○걸 회장, 육○송 총무의 새로운 집행부 체제로 한 단계 더 성숙한 동호회가 되리라 믿어 의심치 않습니다. 지난 2003년 설립된 우리 동호회가 앞으로도 회원들의 친목과 골프 실력 증진에 일조하는 모임이 되기를 소망하면서 건배를 제의하겠습니다. 자 우리의 사랑과 건강과 발전을 위하여!" 지난 4년간 회장을 대과 없이 마치고 이제 홀훌 털어 버릴 수 있게 되었다. GM클럽 창단 총무로서 지난 20년간 GM을 지켜 왔다. 아무튼 이렇게 대단한 동호회로 성장한 것을 감격스럽게 생각한다. 오늘은 메모 5일째 가는 날. 어제 싱글을 쳐 자신감이 있지만 그래도 골프는 골프. 아니나 다를까. 사람들이 붐벼서 후반 10번 홀부터 시작했는데 메모 시그니처 홀인 10번 홀에서 바로 물로 직행. 드롭 존에서 간신히 10m에 붙였지만 쓰리 펏 양파! 완전 어처구니로 시작. 그렇게 헤매고 헤매다가 결국 오늘은 93타! 이게 골프의 진실이다. 어제 다르고 오늘 다른 게 골프. 잘된다고 자만하면 바로 배신 때리는 게 골프다. 잘된다고 힘주면 훅! 살살 달래 치면 슬라이스! 가장 중요한 에임을 까먹는 실수! 그린 빠르기에 적응 못 하는 쓰리 핏! 아무튼 골프는 안 되는 이유가 만 가지가 넘는다. 골프는 아무리 스킬이 뛰어나도 마인드 컨트롤이 안 되면 그대로 깨구락창이다. 그런데 동반자랑 별 차이가 없는 게 또한 골프다. 상대방이 파를 잡고 내가 보기를 잡으면 나는 한 타 더 친 것일 뿐 동반자에게 피해를 주지는 않는다. 그런데 그렇게 18홀을 마치면 둘 간의 타수 차이는 18타. 동반자가 72타 이븐을 쳤다면 나는 90타다. 이게 골프다. 겸손에 겸손. 그래서 인생, 사랑, 골프는 정답이 없는 것이다. 인생도 사랑도 골프도 정답이 없다. 오늘은 카트가 없다고 해서 워킹으로 계산 750×3명=2250밧. 전반 홀 도니까 카트가 있다길래 500밧 주고 나인 홀 카트 대여. 중간에 맥주랑 물 120밧. 돌아오는 길에 주유소에서 차 기름 만땅 채우는 데 1800밧. 센텐 백화점에 가니 오늘이 토요일이라 사람이 북적북적했다. 점심을 해결하기 위해 초밥집으로 가서 초밥을 각자 주워 담고 계산하니 1인분에 약 250밧. 맥주까지 포함하여 총 920밧 들어갔다. 점심으로 이렇게 먹는 것 좋은 것 같다. 초밥집에서 초밥을 담고, 푸드 코트 맥주 코너에 가서 맥주를 사다가 초밥을 안주 삼아 먹으면 최고다. 단, 초밥집에 맥주 컵이 없어서 병나발을 불면서 먹어야 한다. 이런이런. 오늘은 마사지 안 받고 호텔에 와서 휴식 후(오수를 했는데 몸이 정말 개운해졌다. 열대지방 사람들이 왜 오수를 즐기는지 알 것 같았다. 마사지 대신 오수를 즐겨도 좋을 것 같다는 생각이 들었다) 저녁 7시경 한식당 자기야를 찾으러 출발! 그러나 결국 못 찾고 람빵 시내 good day라는 식당에 가서 스테이크랑 맥주를 잔뜩 먹었다. 총 1100밧에 가성비 좋게 해결했다. 호텔로 걸어와서 어제 그 호텔 로비 바에서 맥주를 마시자니 친구들은 방으로 간다고 하길래 나만 혼자 아익스 아가씨랑 맥주를 가볍게(?) 한잔했다. 아익스에게 내 책 《미용실에서 읽는 철학책》을 저자 사인해 주면서 기념사진도 엄청 찍었다. 사인도 여러 가지를 해 주면서 썰도 많이 풀었다. "Tomorrow is another day!(내일은 내일의 태양이 떠오른다)" "까르페 디엠(현재를 즐겨라!)" "사랑은 진심이야!(Love is true!)" 마지막 말은 왜 한 거야?

- **〈람빵 7일 차〉 11.24.**

호텔 조식에서 야채를 잔뜩 먹었다. 어제 큰 과음을 안 했기 때문에 컨디션은 좋은 편이다. SIBTIS 호텔 마지막 날이라 짐을 챙겨서 차에 싣고 메모로 출발했다. 일요일이라 도로가 한산한 편이었다. 골프가 초반에 잘 나가다가 약간의 조짐이 이상해졌다. 3번 홀에서 쓰리 펏을 하더니 4번 홀에서도 180야드 5m 온그린 버디 펏 찬스에서 쓰리 펏으로 보기. 이런이런. 운명의 파 5 오번 홀. 티샷 약간 당겨지면서 왼쪽 벙커. 벙커에서 8번 아이언으로 페어웨이로 꺼내려는데 당겨지면서 나무 맞고 옆으로 튐. 여유를 가짐. 한 타 더 치면 되지. 3번 우드 잘 나감. 이제 핀까지 100야드. 여기서 온그린이면 포온에 투 팟이면 보기. 오케이 나름대로 소소. 그런데 여기서 문제 발생. 9번 아이언으로 친 게 그린을 훌쩍 넘어갔다. 이런이런. 거리 계산 착오인 듯. 반대편 벙커에서 벙커샷 실수로 또 반대편으로 다시 날아감. 여기서라도 잘해야 하는데 여기서 붙여서 원 팟이면 떠블. 그런데 다시 냉탕온탕 반대편으로 거기서 다시 쳤는데 뒤땅으로 그린 엣지까지 간신히 옴. 여기서 퍼터로 붙여서 쿼터러블 보기. 다시 계산해 보자. 드라이버-8번 아이언-3번 우드-9번 아이언-벙커 샌드샷-어프러치 샌드-어프러치 샌드-퍼터-오케이(9타) 최악의 5번 홀이었다. 또 있었다. 전반 마지막 파 4 홀 드라이버 소소-5번 아이언 실수-갭웨지 그린 오바-샌드 뒷땅-샌드 쌩크-샌드 온그린-투 팟(양파). 전반 52타로 마무리. 내 인생 최악의 나인 홀이었다. 후반 홀은 더블은 없었지만 간신히 보기 플레이 44타. 샤워를 하고 오늘 점심은 센텐 백화점 푸드 코트에서 해결했다. 맥주 3병 포함하여 492밧. 푸드 코트 음식점 가격은 거의 100밧 미만이다. 아주 저렴하다. 저녁은 호텔 근처에 있는 일본식 식당 와규를 파는 곳을 지난번에 알아 두었는데 거기서 해결했다. 소고기 돼지고기 구워서 먹는 식당이었는데 주문부터 어려웠고 맛도 별로고 가격도 엄청 나왔다. 2390밧. 호텔에서 맥주로 마무리. 오늘 일정 성료.

- **〈람빵 8일 차〉 11.25.**

오늘은 친구들이랑 메모 골프장이 어려운 이유를 5가지로 분석해 보았다. 일단 그린이 어렵다. 착시현상이 많다. 두 번째는 파 3를 드라이버로 치는 홀이 2군데나 있고 시그니처 홀 10번 홀은 두 번 치면 한 번은 물에 빠진다. 그만큼 파 3홀 5개가 모두 어렵다. 세 번째는 거의 모든 그린이 포대그린이라 볼을 세우기가 장난이 아니다. 길면 넘어가고 짧으면 흘러내린다. 네 번째는 그린 주변에 벙커가 엄청 많다. 그만큼 샷이 똑바로 안 나가거나 약간 짧으면 벙커에 빠진다. 마지막은 18홀 중에서 파를 잡을 만한 만만한 홀이 거의 없다. 이렇게 메모 골프장은 고난이도를 자랑해서 골퍼들에게 도전정신을 불러일으키는 골프장이다. 가격이 저렴하여 매일 치는데도 지겹지 않은 골프장이 메모다. 오늘은 1번 홀부터 메모 골프장을 소개하는 유튜브 동영상을 촬영하면서 라운딩을 돌았다. 촬영하랴 골프 치랴 처음엔 정신이 없었다. 7번 홀까지 촬영을 하니 데이터가 다 소진되었다는 음성이 나왔다. 이런이런. 8번 홀부터는 다음에 찍어야겠다. 찍어 온 동영상을 보니까 재미있다. 내가 치는 걸 보니까 폼이 너무 엉성하다.

자주 찍어 보면서 반성해야겠다. 오늘 밤 이심을 심고 내일도 찍어야겠다. 오늘 비용 정리. 그린피 3명 1500+캐디피 3명 750+카트 2대 1000=3250 캐디팁 3명분 900, 전반 홀 끝나고 맥주와 물 110, 란딩 후 람빵 오는 길에 점심 459밧. 점심때 친구가 가져온 깻잎을 밥에다 싸서 먹으니 정말 한국 식당이 필요 없을 정도로 맛있다. 다음에는 깻잎과 고추장을 잔뜩 가져와야겠다. 소주도 플라스틱 작은 병을 골프백에 잔뜩 집어넣고 화물로 부치고 옷가지는 작은 캐리어에 담아서 기내로 들고 들어간다. 저가항공은 15kg 제한이기 때문에 이런 방식으로 하면 얼마든지 필요한 물품을 가져올 수 있다. 점심때 깻잎을 먹으며 한창 회자되었던 상대방 여자가 깻잎을 뗄 때 이쪽 커플 남자가 젓가락으로 아래쪽 깻잎을 눌러 주는 이야기가 나왔다. 그거에 대해서 어떻게 생각하느냐 하니까 친구 두 명은 소 와이(so why)? 괜찮다는 것이었다. 그런데 나는 아니다 라고 했다. 상대방 커플인데. 가만히 생각해 보니 나는 문과이고 친구 두 명은 이과였다. 문과와 이과의 차이다. MBTI에서 F(문과)와 T(이과)의 차이인 것 같았다. 식사 후 커피 3잔과 와플 후식 259밧. 점심을 먹고 람빵에서 제일 유명한 왓프라닷 사원엘 갔다. 역시 고즈넉한 사원으로 한 번쯤은 가 볼 만한 곳이다. 람빵으로 다시 돌아와서 시내를 도는 마차를 탔다. 마차 400밧. 람빵에는 시내를 투어하는 마차가 있다. 람빵의 명물이다. 20분짜리는 300밧, 30분짜리는 400밧이다. 오늘 저녁은 어제랑 같은 집을 갔는데 이번에는 세트로 안 시키고 그냥 단품으로 고기만 시켜서 먹었다. 오랜만에 태국 양주 리젠시를 먹었다. 고기랑은 역시 리젠시. 중간에 한 병당 얼마냐고 물어보니 420밧! 오우 약간 센데? 그나저나 고기도 추가에 추가 리젠시도 추가에 추가. 야채에 밥에 미소된장국에 겁나게 많이 먹었다. 대충 계산해 보면 고기 단품 메뉴 300밧짜리 6개 1800밧. 밥과 미소된장국, 야채 300밧. 리젠시 420밧 세 병 1260밧. 오늘 저녁 총비용 3360밧. 어제보다는 약 1000밧 더 나왔지만 어제는 맥주 오늘은 양주를 먹으며 즐거운 저녁을 마무리하였다.

• 〈람빵 9일 차〉 11.26.

어제 연금이 입금되었다. 연금생활자의 혜택을 단단히 누리고 있는 느낌이 든다. 외국에서 여행하고 골프 치고 놀다 보면 연금 입금 날짜가 다가온다. 그러면 연금으로 또 여행하고 놀고, 이래도 되나 싶기는 하다. 젊은 친구들은 돈 버느라고 정신이 없는데. 연금은 저축하는 게 아니라는 소리를 많이 한다. 저축해 놔 봐야 나중에는 여기저기 아파서 쓸래야 쓸 수도 없는 법. 아무튼 오늘 골프는 거의 망 수준. 전반에만 11개 오바 47타. 뭔가 도전의식도 없어지는 것 같다. 아~ 다행인 건 6번 홀에서 망했다가 7번 홀에서 곧바로 버디로 만회했다. 후반전에는 44타로 총 91타. 요즘 너무 자주 90대 타수를 친다. 못 보던 숫자다. 내일 메모 마지막 날인데 잘 쳐 보아야겠다. 오랜만에 한국 식당엘 갔다. 람빵에 있는 유일한 한국 식당인 자기야. 센텐 백화점에서 동쪽으로 약 500m 사거리 모퉁이에 있다. 태국 학생들을 대상으로 장사를 하는 집이다. 관광객도 가끔 온다고 사장님이 말했다. 젊은 사장님이 태국 여성과 결혼해서 장사를 하고 있다. 떡만두라면, 비빔면, 짜장면, 김치볶음밥 등을 판다. 한 개당 100밧이 채 안 된다. 우리는 총 5개를 시켰다. 떡만두라면 하나, 비빔면 2개, 김치볶음밥 2개 해서 총 450밧 나왔다. 18450원. 오늘도 왕강 근처 깔끔한 마사지샵에서 2시간 타이 마사지를 받았다. 400밧. 내일은 마담에게 마사지를 받기로 예약하고 떠났다. 호텔로 돌아오는 길에 이발소가 있어서 친구가 면도하고 샴푸 하고 세안하고 등등 한 50분 걸렸나? 나오는데 타올라이?(얼마입니까?) 하니까 150밧이라고 한다. 정말 압권이다. 람빵에서 제일 큰 건물 르왕똥 호텔에서 북쪽으로 걸어서 5분 거리에 있다. 이발소를 마치고 차를 호텔에 주차하고 어디를 갈까 하다가 어제 먹던 리젠시를 다시 먹기로 의기투합. 소고기 앤 리젠시 그리고 목이 마르니 아사히 맥주 그리고 폭탄주 투하! 람빵의 마지막 날을 재미+의미 있게 보냈다. 어제는 리젠시 3병을 먹었는데 오늘은 2병을 먹다가 남겨서 호텔로 들고 들어왔다. 친구들은 내일 떠나니 컵라면 남은 것을 나에게 다 넘겨주었다. 그런데 이 글을 쓰다가 리젠시 남은 것을 들고 친구들 방으로 갔다. 그런데 친구 2명 모두 술은 이제 그만그만. 오케이! 내 방에 들어와 남은 리젠시를 먹는다. 더군다나 컵라면과 함께. 먹다가 과음하는 것 같아 술김에 술 좀 버려 보자 하고 마지막에 술을 버렸다. 과감하게. 내일을 위해서.

- **〈람빵 10일 차〉 11.27.**

오늘은 골프 마지막 날이다. 원래 계획은 치앙마이 올라가는 길에 하리푼 차이에서 치고 가려고 했지만, 메모 골프장이 너무 좋아서 반대편으로 갔다 오는 길이지만 메모에서 치고 올라가기로 했다. 오늘도 어김없이 사람 하나 없는 메모 골프장에서 황제골프 시작. 오늘까지 메모에서 총 아홉 번을 쳤는데 하루 싱글하고 8자 한 번 그리고 나머지는 모두 90대 타수. 오늘도 어김없이 91타. 골프 반성 모드로 돌입해야 할 것 같다. 퍼팅 실수는 곧바로 타수로 연결. 한 6개 정도 실수했나? 퍼팅만 잘되면 8자 그릴 수 있는데. 골프에 만약은 없는 건데. 이런이런. 그렇게 즐겁게 골프를 마치고 람빵 시내로 와서 한식당 자기야에서 떡만두라면 세 그릇을 시켜서 3명이 먹었다. 밥 2개 추가. 김치 250g짜리 도합 375밧. 점심을 먹고 이제 치앙마이로 고고씽. 치앙마이에 오면 반드시 들러야 하는 곳. 바로 지난번 나 혼자 갔었던 도이수텝 사원이다. 이번엔 송태우가 아니라 자가용을 직접 몰고 도이수텝까지 직행. 오늘은 평일이라 지난번처럼 인산인해는 아니었다. 지난번엔 토요일에다가 태국 전국 보이스카우트 아이들이 도이수텝 답사 오는 날이라 사람이 엄청 많았었다. 사원을 한 바퀴 돌아보고 차 타기 전 가게에 들러 코코넛주스를 한 통씩 먹었는데 정말 시원했다. 얼음 속에 담겨 있다가 꺼내서 주니 아주 시원했다. 개당 50밧. 그렇게 도이수텝 관람을 마치고 내가 묵을 호텔로 고고. 내려오는 길 정말 많이 막혔다. 오후 5시경이었는데 아마도 치앙마이 대학교 직원들 퇴근 시간하고 겹쳐서 그런 것 같았다. 5시 40분에 호텔 도착하여 이제 마사지나 받고 저녁을 간단히 해결하고 공항에 밤 9시까지 가면 되겠다 라고 생각하는 순간. 비상상황 발생! 제주항공 비행기가 내일 오전 7시 5분에 뜬다고 문자가 왔다. 허걱! 한국에 첫눈이 완전 폭설이라 인천공항에 비행기가 350대가 결항되었다는 소식이다. 이런이런. 그럼 방을 잡아야겠네? 얼른 내가 자려던 호텔 프런트로 달려가 방이 있나 물어보니 다행히 하나가 있었다. 나는 조식 포함 친구들은 조식 불포함으로 예약 완료! 어! 하루 저녁이 생겼네? 나가자 치앙마이 밤거리 구경하러. 그렇게 마사지도 받고 광장에서 노래도 들으면서 창생맥주에 바비큐 족발 꼬치 등을 푸짐하게 먹었다.

2차로 나이트바자 광장으로 이동하여 밥을 먹으려다가 서로 배가 너무 불러서 주위 가게에서 망고를 사다가 캔 맥주랑 먹었다. 망고 60밧. 캔맥주 3개는 편의점에서 사니까 정말 거저였다. 117밧. 하나에 39밧씩. 그리고는 호텔로 들어와 일찍 잤다. 내일 4시에 공항엘 가야 하니까. 아무튼 거저 얻은 것 같은 치앙마이에서의 하룻밤이었다.

- **〈치앙마이 리턴 1일 차〉 11.28.**

아침 새벽 3시 반에 일어나 준비를 하는데 또 문자가 왔다. 비행기가 다시 9시 5분으로 연기. 뭐여? 아무튼 부스럭부스럭 준비를 하여 6시경에 공항으로 출발. 공항에 친구들을 내려 주고 빠이빠이 악수를 하고 헤어졌다. 호텔로 돌아오는 길에 내 핸드폰 로밍이 다 소진되어서 내비 없이 오다가 해자를 뺑뺑 돌았다. 머릿속에 스타벅스에서 핑강을 건너는 길이 생각나 가까스로 스타벅스를 찾아 우회전을 하는데 이런이런! 일방통행이 아닌가? 아무 생각 없이 운전하다가 불상사 발생. 비상깜빡이를 켜고 겸손 모드로 정차하고 있다가 차들이 다 지나가고 차 없는 틈을 이용해서 불법 유턴해서 다른 길로 돌고 돌아 간신히 호텔에 도착했다. 이런이런. 치앙마이 운전 10년째인데도 이런 실수를 하다니! 좌측통행 운전은 역시 힘들다. 호텔에 도착하여 와이파이가 터지니 친구들 보이스톡이 계속 와 있었다. 전화를 거니 비행기가 또 연기되었다고 한다. 이번엔 아예 13시 15분. 아이쿠~ 공항으로 다시 픽업을 갔다. 호텔에 다시 도착하여 카운터에 이야기하고 조식비를 150밧씩 내고(아니다 방 두 개니까 한 방에 두 명으로 계산해서 한 명분만 150밧 내라고 해서 150밧만 냄. 태국 사람들 역시 친절해) 셋이 조식을 먹고 조식 후 시간이 있으니 마사지나 받자. 펑강 건너 마사지 가게로 가니 원래 10시 오픈인데 우리가 기웃기웃하니까 주인아저씨가 가능하다고 해서 풋 마사지를 한 시간씩 받았다. 만족도 최고. 마사지는 오전에 받는 게 좋은 것 같았다. 오후에는 마사지사들이 힘이 빠지고 기가 빠져서 안 좋은 것 아닌가 하는 생각이 이 글을 쓰면서 들었다. 내일부터는 오전에 마사지를 받고 오후에 운동을 해야겠다. 아무튼 마사지 받고 공항으로 다시 출발. 이번엔 발권받고 짐 부치는 것까지 확인하고 헤어졌다. 지금쯤 한국에 거의 다 도착했을 것이다. Flightrader24 어플로 확인해 보니 한 시간 후면 인천공항에 착륙할 것 같다. 친구들을 보내고 오늘은 차를 몰고 일단 유심을 장착하기 위해 마야몰로 갔다. 3층에 가니까 유심 파는 곳이 있어서 2개월 치 449밧에 유심 장착. 월 30GB. 유심 낄 때는 여권이 필요하다. 유심을 끼니 뭔가 후련한 느낌이 들었다. 진작에 할걸. 지난번 히말라야 갔을 때는 유심을 네팔 수도 카트만두에서 갈아

끼웠었는데 이번에는 귀찮아서 KT에 연락해서 로밍을 해 왔는데 완전 손해다. 로밍 한 달에 46000원. 8기가. 유심은 두 달 60기가에 2만 원. 마야몰을 나와 버스터미널을 가 보았다. 혹시 람빵에서 한 달 살기를 하면 버스로 람빵을 가야 하기 때문에 버스비를 알아보니 람빵까지 99밧. 버스는 한 시간 반 걸리고 20분에 한 대씩 자주 있었다. 버스터미널 스캔을 마치고 치앙마이의 유명한 골프 클럽인 란나 골프 연습장을 스캔. 옛날에 여기서 많이 연습했었다. 연습장을 나와 차를 보니 너무 지저분해서 다시 마야몰 안에 있는 세차장으로 고고씽. 타올라이?(얼마입니까?) 하니까 600밧이라고 한다. 25000원. 한국이랑 비슷하네? 마야몰 안에 있는 고급 세차장이라 비싼 편이다. 능추몽(한 시간) 걸린다기에 마야몰 여기저기를 훑고 다님. 5층에 있는 헬스클럽에 가서 번역기로 구경 좀 해도 됩니까? 하니까 예쁜 아가씨 매니저인지 하는 사람이 같이 다녀 주었다. 뭐 우리나라 헬스클럽이랑 대동소이했다. 단, 운동하는 서양 애들이 많았다. 50분쯤 지나 세차장엘 가니 깨끗하게 세차 완료. 600밧 지불하고 호텔로 와서 주차장에 차를 받치고 나이트바자 한 바퀴 산책하고 돌아오는 길에 타이 마사지 가게에 들어가 타이 마사지를 한 시간 받았다. 300밧. 요즘 어깨나 등이 뭉쳐 있다는 느낌이 들었는데 싹 풀렸다. 내일에는 오전에 가서 타이 마사지를 받자. 그리고 여기저기 걷다가 오후에 발마사지. 일단은 이렇게 계획을 잡지만 내일은 내일 일. 아직 내일 숙소도 잡지 않았다. 만약 차를 렌트한다면 치앙마이 서북쪽에 있는 빠이라는 도시를 가 봐야겠다. 저녁에는 11번 도로 북쪽에 있는 한인 타운을 가 보았다. 그쪽에 한국 식당이 많이 있다. 춘천닭갈비 집에 들어가 아는 동생이랑 맥주 하나, 소주 하나를 시켜서 닭갈비 안주랑 맛있게 먹었다. 치앙마이에는 한국 교민들이 많다. 해장국집, 닭갈비집, 김밥집, 라면집 등등 한국 식당들이 즐비하게 늘어서 있다. 치앙마이에는 콘도도 많다. 장기 체류자들은 아예 콘도를 사 놓기도 한단다. 49% 즉, 콘도 100개를 지으면 49개는 외국인들에게 판매할 수 있다. 가격은 대충 1억 정도.

- **〈치앙마이 리턴 2일 차〉 11.29.**

《사회학적 상상력》이라는 책이 있다. 이 책의 핵심은 세상을 새로운 렌즈를 끼고 보면 새롭게 보인다는 것이다. 오늘부터는 치앙마이를 새로운 렌즈를 끼고 살펴볼 예정이다. 아침에 일찍 일어나 슬로우 조깅을 하고 리잠을 자고 7시 5분에 일어나 호텔 조식이 없는 호텔이라 아! 옆 리버사이드 호텔에는 조식이 있으니 돈을 내고 먹으면 안 될까? 라고 생각했다. 옆 호텔 카운터에 가서 이스잇 파써블 브랙퍼스트? 하니까. 오브 코오스. 원 헌드레드 피프티 밧!이라고 한다. 그렇게 150밧을 내고 럭셔리한 호텔 조식을 먹었다. 발상의 전환을 하니 새로운 길이 열렸다. 호텔 조식을 담으면서 예쁘게 생긴 요리사에게 쿤츠 아라이 캅(이름이 뭐예요?) 하니까 생글생글 웃으면서 카먼이라고 한다. 어제 친구들이 떠나고 혼자 마원호텔에서 묵었다. 핑강철교 바로 앞에 있는 호텔로 지난번에 묵었던 깨끗한 호텔이다. 조식 없이 750밧이다. 호텔 주인이랑 엊그제 싸웠지만 화해하고 오전에 카운터 주인에게 가서 일단 12월 5일까지 7박을 끊었다. 12월 6일 체크 아웃을 하고 람빵으로 다시 들어갈 예정이다. 일주일 정도 골프를 쉬고 그야말로 힐링의 시간으로 채울 예정이다. 하루 일과 예상표. 독서 및 글쓰기 1시간+슬로우 조깅 1시간+타이 마사지 1시간+풋 마사지 1시간+치앙마이 시내 산책하기 2시간 대충 이렇다. 물론 조금씩 더 늘어날 수도 있다. 당장 오늘 새벽에는 슬로우 조깅을 40분씩 두 번이나 했다. 슬로우 조깅 후 찬물 샤워 후 리잠. 다시 슬로우 조깅 후 찬물 샤워 후 조식. 이런 식이었다. 그건 그렇고 현재 주머니에 있는 바트는 총 8120밧이다. 잔돈이 생길 때마다 가방 지퍼 속에 넣어 두었는데 엄청 많다. 지금 세어 보자. 총 291밧! 저녁 먹기 전 치앙마이 북쪽에 있는 시장을 둘러보았다. 약 두 시간 정도? 수많은 노점상들이 있었는데 처음에는 사람들이 별로 없더니 저녁 5시가 지나니까 사람들이 하나 둘 시장을 보러 나오는 것 같았다. 산책 후 저녁때는 치앙마이에 상주하는 사람들 셋과 김사장 집에 모여 김사장이 해 준 김치찌개(진짜 맛있었다. 김사장이 원래 옛날에 주방장을 했었다고 함)랑 집밥을 해 먹고 흑마늘 소주를 먹고 이런저런 이야기를 나누다가 8시 반에 호텔로 돌아왔다. 원래 타이 마사지를 매일 받는 것을 목표로 삼았었는데 마사지는 너무 늦고 하여 글을 쓰고 일찍 자야겠다.

• 〈치앙마이 리턴 3일 차〉 11.30.

골프를 한 열흘 실컷 쳤더니 그 좋던 골프도 시들해졌다. 아마도 실력이 줄어서인 것 같다. 슬럼프를 탈출해야 할 텐데. 세상의 모든 일은 열정-권태-성숙의 단계로 나아간다. 사랑에 대한 열정은 어떠한가. 하늘을 찌를 것 같지만 그 사랑도 권태가 찾아온다. 이때가 중요하다. 그 시기를 슬기롭게 넘기면 그 사랑은 성숙의 단계로 간다. 골프도 마찬가지이다. 모든 골퍼들이 권태기를 겪는다. 처음에는 초등학교 때 소풍 가기 전날의 설레임처럼 라운딩 전날은 잠을 설치기 일쑤다. 그러던 골프가 서서히 권태기로 접어든다. 처음의 설레임은 온데간데없고 맹숭맹숭하다. 라운딩 가자고 오는 전화가 귀찮아지기까지 한다. 그냥 한 달에 한 번 동호회나 께적께적 나가서 공은 대충 치고 술이나 잔뜩 먹고 들어온다. 그러면서 '골프는 즐기는 게 최고여' 라고 하며 스스로 관광골프 예찬론자가 된다. 매일매일 가던 연습장도 귀찮아서 안 간다. 이제 골프는 악순환에 악순환의 늪으로 빠져든다. 이런이런. 오늘 태국어 한마디. 쿤야빠이까올리마이?(한국에 가고 싶습니까?) 까올리가 한국이란 뜻이다. 지금까지 내가 아는 태국어! 능썽쌍시(1, 2, 3, 4) 하혹쩻펫(5, 6, 7, 8) 까오(9) 십(10) 쿤츠아라이캅(당신의 이름은 무엇입니까?) 아유타올라이캅(당신은 몇 살입니까?) 헝남유티나이캅?(화장실은 어디입니까?) 태국어는 말 뒤에 겸손의 표현으로 남자는 캅, 여자는 카를 붙인다. 싸이(왼쪽) 콰(오른쪽) 큰(오르막) 똑사이(벙커에 빠짐) 똑남(물에 빠짐) 깨우(유리잔) 커비아리오능(주세요 맥주 리오 한 병) 사왓디캅(안녕하세요) 컵쿤캅(감사합니다) 커톳캅(미안합니다) 뚱퉁(똑바로) 사바이디(괜찮아) 마사지 받을 때 바우바우(살살) 낙낙(세게) 두 가지는 기억 기억. 골프 칠 땐 이런 말도. 안딸라이!(위험해!) 롬(우산) 통무(장갑) 커렉혹(주세요. 아이언 6번. 렉이 아이언이다) 마이 하(우드 5. 마이가 우드다) 마이 쌍(우드 3) 적다 보니 내가 아는 태국어도 꽤 많네? 오늘도 새벽 운동(슬로우 조깅 42분, 팔굽혀펴기 100회) 마치고 옆 호텔로 조식을 먹으러 간다. 앞으로 치앙마이에 오면 이런 시스템으로 해야겠다. 핑강 철교 바로 앞에 있는 마원 호텔에서 자고(750밧) 조식은 옆 리버사이드 호텔에서 먹는다(150밧). 조식을 먹으면서 서빙하는 아가씨에게 1밧짜리 10개를 팁으로 주니 아주 좋아한다. 오늘은 어제 미룬 타이 마사지를 10시 반에서 한 시간 동안 받고 해자 쪽으로 걸어가서 점심을 해결하고 치앙마이 대학교를 한 바퀴 둘러본 다음 돌아오는 길에 나이트바자 쪽에 있는 마사지 가게에 들러 발마사지 한 시간을 받고 호텔로 귀가할 예정. 그러고 보니 태국어 하나 더 생각났다. 갱짱러이! 드라이버 티샷을 잘했을 때 굿샷이라는 태국어다. 그리고 친 공이 물에 빠졌는지 애매할 때 캐디들이 말한다. 하십하십 즉 물에 빠졌는지 안 빠졌는지 오십 대 오십이라는 이야기다. 아~ 골프를 띠껍이라고 한다. 오전에 글을 쓰다가 마사지를 받으러 갔는데 너무 일찍이라 문을 안 열었다. 이런이런. 나이트바자 쪽으로 걸어가는데 택시 기사가 치앙마이 여행을 권한다. 4시간에 400밧이라고 한다. 치앙마이 주요관광지를 도는 일정이다. 도이수텝을 비롯한 사원 5개. 호랑이 동물원 등등. 거기가면 입장료를 따로 내야 하고 도이수텝은 두 번씩이나 갔다 왔기 때문에 패스했다. 와로롯 시장 쪽으로 걸어갔는데 핑강 쪽에 꽃시장이 펼쳐져 있었다. 장미꽃 한 다발에 얼마냐고 물으니 300밧이란다. 호텔로 돌아와 잠시 쉬다가 타이 마사지를 받으러 갔다. 이번엔 아예 투 아우어, 두 시간(썽추몽)을 받았다. 마사지를 마치고 오늘 점심은 호텔에서 컵라면으로 때웠다.

이제 오수나 취해야겠다. 밤에 잠이 안 오면 어쩌지? 한 시간 오수를 때리고 이제 슬슬 발마사지 받으러 출동. 마윈호텔에서 핑강을 건너 좌측으로 계속 걸어갔다. 한 500m 가서 우회전하여 걸어가다 보니 광장 비슷한 게 나왔는데 거기에 효자동이발소가 보였다. 베트남에서 효자동 이발소가 인기가 많다고 들어서 용기를 내서 안으로 들어가니 남자 이발사 혼자 있었다. 컷팅 어쩌길래 놉! 하면서 여기는 아가씨 있냐고 물어보았다. 푸잉? 하니까 노 푸잉! 푸차이 한다. 여자는 없고 남자 자기 혼자라는 이야기. 푸잉 푸차이 하나 외웠다. 이발소를 그냥 나와 해자 쪽으로 갔다. 오늘은 원래 해자를 걸을 계획은 아니었는데 해자를 걷다 보니 묘한 매력이 느껴져서 계속 걸었다. 계속 걷다가 야시장(해자 남쪽에 있음)에서 코코넛주스를 50밧에 사서 마시고 다시 출발. 해자를 거의 한 바퀴 다 돌았다. 해자는 25, 25, 25, 25분씩 걸린다고 생각하면 될 것 같다. 한 면당 25분. 한 바퀴 돌고 목도 마르고 하여 나이트바자 푸드 코트 광장으로 가서 미니 빅c 편의점에 가서 리오맥주 2캔 사 가지고 자리에 앉아 마시다가 바로 앞 Thai Food에서 Yellow curry 치킨 앤 포크 위드 라이스를 시켜서 먹다가 맥주가 떨어져서 다시 2캔을 사 와서 죄다 먹었다. 진짜 배부르다. 총 236밧! 그리고는 300밧에 발마사지를 받을까 하다가 돈도 아껴야 하겠기에 그냥 호텔로 직행. 내일 타이 마사지 1

시간을 받자. 타이 마사지도 300밧!

- **〈치앙마이 리턴 4일 차〉 12.1.**

어제 너무 일찍 잤는지 자다 깨다 자다 깨다를 반복했다. 중간에 찬물 샤워를 하고 다시 자고 새벽에 깨서 슬로우 조깅을 하니 몸이 거의 회복되었다. 뭔 일인지 잠을 자는데 몸속에서 맥주가 돌아다니는 것 같았다. 맥주보다는 소주를 한식 먹을 때 조금씩 먹고, 태국에서는 리젠시를 사다가 아주 조금씩 먹어야겠다. 술은 독주를 소량으로 마시는 게 건강에 좋은 것 같다. 리젠시는 슈퍼에서 약 480밧에 판다. 20000원? 리젠시는 태국 양주다. 꼬냑이 포도를 증류하여 만들었다면 리젠시는 파인애플을 증류해서 만든다. 오늘도 옆 호텔에서 조식 완료. 조식이 해결되니 아침에 뭘 먹지? 라는 고민이 없어서 편하다. 오늘은 공원에 가서 골프 연습을 해야겠다. 9번 아이언 한 개를 가지고 가서 치킨 윙 스윙을 교정해야겠다. 지난번 메모에서 골프 치면서 동영상을 찍었는데 그 영상을 보니 완전 치킨 윙이 습관화되어서 스윙 크기도 작고 폼도 엉성하고 아무튼 폼이 망가졌다. 공원에 가서 볼 없이 그냥 빈 스윙 1000개를 해야겠다. 말은 이렇게 해 놓고 오늘 일정은 오전에 조식 먹고 글쓰기 작업 1시간 반 한 다음 어제 봐 둔 발 마사지(지나쳤는데 예쁜 마사지사를 스캔했었음)를 받으러 해자 남쪽 방향으로 갔는데 역시나 못 찾았다. 마사지사도 운이 좋아야 만나는 법인가 보다. 그렇게 해자를 돌다가 지난번 받았던 길거리 발마사지로 갔더니 아줌마들도 폐업을 했는지 흔적도 없다. 다시 나이트바자 쪽으로 오다가 타이 마사지 한 시간을 받았다. 마사지 후 호텔로 리턴하여 점심을 해결하고 오수 두 시간 후 두 시쯤 다시 치앙마이 대학교로 출발했다. 중간에 송태우 기사에게 치앙마이 대학교까지 얼마냐고 물어보니까 so far 라고 하면서 100밧을 말했다. 그래서 그냥 걷기로 했다. 어차피 운동이 중요하니까. 해자를 지나 약 한 시간 반 정도 후 치앙마이 대학교에 도착했다. 지난번에 말했던 것처럼 도이수텝 가는 송태우들이 몇 대 서 있었다. 유튜브 동영상을 찍으면서 치앙마이 대학교로 진입하니 역시 캠퍼스는 조용했다, 시내의 시끄러움이 없어지고 아주 조용한 캠퍼스. 이 조용함을 언제 느껴 봤던가? 소음공해가 싫으면 치앙마이 대학교 캠퍼스에 와서 힐링하는 것도 좋을 것 같다. 치앙마이 대학교를 나와 마야 쇼핑몰까지 15분 정도 걸어 내려오면서 아는 동생 두 명에게 저녁을 같이하자고 톡을 하니 한 명은 선약이 있고 다른 한 명이 가능하다고 하길래 태국 사람이 운영하는 한식당 마시따에서 만나자 하니까 친절하게도 나를 태우러 온다고 한다. 걷기를 좋아하는 나는 걸어가려고 했는데, 이런이런. 그런데 태우러 오는 게 불합리했다. 차가 엄청 밀려서 40분 이상 걸렸다. 내가 걸어갔으면 비슷한 시각에 식당에서 만났을 거라고 생각되었다. 아무튼 그렇게 만나서 마시따 말고 혼밥이라는 새로운 한국 식당을 갔다. 나름대로 한국 맛이랑 비슷했다. 삼겹살 목살 김치찌개를 시켜 먹었는데 도합 1100밧. 약간 비싼 편인가? 아! 소주 3병 맥주 1병을 먹어서 그런가? 호텔까지 동생이 태워다 줘서 들어와서 이빨 닦고 마사지 1시간 받으러 나이트바자로 다시 나갔다. 마사지 받고 나이트바자 둘러보고 호텔로 들어오는 길에 편의점에 들러서 리오맥주 3병을 사 가지고 와서 지난번에 시장에서 사다 놓은 두리안을 안주 삼아 리오맥주 원샷! 아유 오케이? 오늘 해자를 걸으면서 구글에 노래를 검색하게 되었다. 구글 노래 검색창에 대고 노래를 불렀다. '노래하자~ 꽃 서울 춤추는 꽃 서울~' 그런데 신미래 꽃 서울이 보이는 게 아닌가? 그래서 눌러서 들으면서 깜놀했다. 와~ 이런 가수가 있었어? 더군다나 3년 전에? 이야! 진짜 압권이다! 소리 죽인다. 완전 뭐라고 해야 하나. 트로트에 딱 맞는 목소리. 그런데 다음 노래가 더 압권이었다. 이별에 부산 정거장. "보슬비가 소리도 없이 이별 슬픈 부산 정거장 잘 가세요 잘 있어요 눈물에 기적이 운다. 한 많은 피난 살이 설움도 많아 그래도 잊지 못할 판자집이여 경상도 사투리에 아가씨가 슬피 우네 이별의 부산 정거장" 그런데 해자를 걸으면서 이 노래를 듣는데 눈물이 펑펑 쏟아졌다.

왠지 이별이라는 장면을 연상하면서 감정이입이 되었나 보다. 미쳤지~ 치앙마이까지 와서 눈물을 흘리다니. 아무튼 지금도 호텔에서 신미래 노래를 들으면서 맥주를 마신다. 신미래 진짜 레트로다. 맞나? 레트로? 우리는 무엇에 열광할까? 잘하는 사람이 잘하는 것에는 그저 그런 반응. 그러나 전혀 새로운 사람이 전혀 다른 영역에서 뭔가를 보여 줄 때 우리는 열광한다. 의사가 댄서를 한다거나, 프로골퍼가 책벌레라거나 등등. 오늘 신미래 가수의 노래에 취해서 대한민국 노래를 다 듣고 잘 것 같다. 여러 가수들의 노래를 들으면서 느낀 점은 남의 노래를 따라 부르는 가수는 완전 아웃이다. 신미래든 송가인이든 자기만의 독특한 음색이 있다. 자기만의 음색. 가수 지망생들은 절대적으로 기억해야 한다. 결국 세상은 넘버원이 아니다. 온리원이 승자가 되는 세상이다. 지금 이 글을 쓰면서 김호중의 〈인생〉 노래를 듣는다. 요즘 김호중이 음주운전으로 고생이 많다. 김호중의 인생 스토리는 영화로도 나왔다. 지금 듣고 있는 그의 목소리는 정말 천상의 목소리다. 다음 노래가 나왔다. 〈땡벌〉. 기억난다. 옛날에 직원 연수를 가면서 버스를 한 대 빌려서 돌아가면서 노래를 부르면서 두세 시간 갔다. 그때 버스 안에서 내가 사회를 보면서 돌아가면서 노래를 시켰는데 체육과 젊은 샘. 지금 이름은 기억 안 나지만 젊은 샘 순서가 돼서 나와서 마이크를 잡고 노래를 시작하는데

〈땡벌〉이었다. "아 당신은 못 믿을 사람~" 하자마자 버스 기사님이 "자 이제 도착했습니다." 해서 노래를 멈췄다는 ㅋㅋ. 여기까지 듣고 자려고 했는데 이 가수는 소개하고 자야겠다. 누구냐면 강지민이다. 예전부터 들어왔던 가수인데 진짜 노래 잘한다. 테스 형 노래가 오늘따라 더 와닿는다. "아~ 테스 형! 세상이 왜 이래! 왜 이렇게 힘들어~"

- **〈치앙마이 리턴 5일 차〉 12.2.**

사람은 누구나 불성을 가지고 태어난다. 부처님의 가르침이다. 그만큼 우리는 누구든지 부처가 될 수 있다. 이를 돌려서 말해 보면 상대방은 모두 다 부처라는 이야기다. 오늘 깨달은 바는 바로 상대방을 대할 때 부처를 대하듯 하면 된다는 것이다. 돌로 부처를 만들어 놓고 거기에 대고 절을 하고 기도를 하여 그 돌은 부처가 되었다. 하물며 살아 있는 사람에게 그런 정성과 기도하는 마음으로 대한다면 세상만사 최고봉에 오를 것이다. 사람을 대할 때 부처님 대하듯 하라. 사실 동서양의 성현들이 한결같이 한 말이 있다. "네가 대접받고 싶으면 남을 대접하라."이다. 어제 과음한 탓에 늦게 일어났다. 7시 반? 슬로우 조깅 41분. 지구들기 110회 후 샤워하고 이제 호텔 조식을 먹으러 간다. 그저께 받은 타이 마사지 때 젊은 마사지사가 너무 과하게 해서 허리가 삐끗했다.

아직도 조금씩 아프다. 바우바우(살살). 마사지 받을 때 마사지사에게 바우바우. 호텔 조식을 먹으면서 서비스 직원(지난번부터 안면이 있었음)이 너무 살이 피둥피둥 쪄서 내가 운동하는 시늉을 하면서 아 유 오케이? 하니까 웃으면서 오케이 한다. 밥 먹고 나오면서 한 번 더 운동하는 시늉을 하면서 아 유 오케이? 오케이~ 운동은 정말 중요하다. 생명줄이나 다름없다. 운동은 습관이다. 될 수 있으면 걸으면 되는데 사람들은 그렇게 하지 않는다. 어떤 미스코리아 출신 아줌마는 멀리 떨어져 있는 슈퍼를 걸어가서 장을 봐서 무거운 거를 들고 집으로 온다. 땀을 뻘뻘 흘리면서. 왜 그럴까? 자신의 미모를 지키기 위해서다. 자신의 건강을 지키기 위해서다. 미모는 건강에서 나온다. 어제 과음을 했는지 발마사지가 받고 싶다. 오전에 핑강을 산책했다. 호텔 앞에 있는 송태우 기사가 뭐라고 뭐라고 한다. 송태우를 타라는 이야기다. 나는 아임 워킹 하면서 지나가니까 오케이 한다. 나는 어제처럼 물어보았다. 치앙마이 유니버시티 타올라이? 100밧이라고 한다. 공식 가격인가 보다. 도이수텝 타올라이? 하니까 300밧이라고 한다. 나이트바자는 도이수텝 반대편에 있기 때문에 거리가 멀어서 비싼 편이다. 그래서 이렇게 가지 말고 치앙마이 대학교까지 송태우를 타고 가서(100밧) 거기서 합석으로 도이수텝을 가면 50밧! 총 150밧이면 갈 수 있다. 나이트바자를 한 바퀴 돌고 메리어트 호텔 로비에 가서 잠시 휴식을 취하다가 해자 쪽으로 가는데 젊은 아가씨 사장이 주스를 팔고 있는 게 아닌가? 이 길을 몇 번 지나갔는데 오늘 처음 보았다. 같이 사진도 찍었다. 망고 주스를 한 잔 달라고 했다. 35밧 1450원! 아가씨한테 유명한 마사지샵을 소개해 달라고 했더니 바로 옆 Foolmoon 마사지샵을 추천해 주었다. 곧바로 풀문으로 갔다. 오전 10시 반이라 손님이 없다. 한 시간 발마사지를 받으며 완전 곯아떨어졌다. 마사지사가 끝나고 나서 어젯밤에 잠을 안 잤냐고 묻는다. 왜 그러느냐고 했더니 마사지 받으면서 코를 골면서 잤다고 한다. 이런이런. 호텔까지 10분이기 때문에 호텔로 걸어왔다. 망고주스는 아직 다 못 먹었다. 냉장고에 킵해 두고 점심때가 되었지만 아점을 먹어서 그런지 배가 안 고프다. 그냥 커튼을 열고 태국의 강렬한 햇볕을 쬐이면서 일광욕을 했다. 바닥에 누우면 밖에서 전혀 보이지 않는다. 그렇게 일광욕을 하다가 아예 잠을 자기 시작했다. 얼마나 잤던가? 한 3시간? 라인 톡이 와 있었다. Hello oba(오빠?) 아까 온 문자다. 나는 일어나 찬물 샤워를 하면서 정신을 차리고 옷을 입고 산책을 나갔다. 커피전문점에 들러 카페라테를 한 잔 마셨다. 핫 60밧 아이스 65밧. 옆에 식당하고 같이 하는 집이라 식당 안에 들어가 커피를 마셨다. 유리를 닦는 종업원이 예쁘길래 스와이 막막!(정말 예뻐요!) 말을 걸었다. 이름을 물어봤는데 까먹었다. 태국 사람 이름을 종종 물어보는데 도통 외워지지 않는다. 커피를 마시면서 단골 아가씨 마사지사에게 문자를 넣었다. Are you free now? 3분 후 Yes. 허리가 아파요. I need to oil massage. 문자가 왔다. Ok. come. 내가 Free service? 라고 문자를 보냈다. 잠시 답이 없다. 왜 프리라고 했냐면 이 아가씨 마사지사가 어저께 너무 세게 하는 바람에 허리를 삐끗했기 때문이다. 잠시 후 How much is it? 하니까 곧바로 답이 왔다. 450 for 1 hour. 나는 I just want a Thai massage 라고 보내니까. Ok. 나는 I'm going right now. 하자. Ok. I will wait for you. 이 아가씨 마사지사는 말을 시켜 보면 나보다 영어를 더 잘한다. 뭐지? 아무튼 그렇게 타이 마사지 1시간을 받고 호텔로 돌아와서 에어컨을 시원하게 켜 놓고 독서 시작. 요즘엔 독서할 때 스톱워치를 켜 놓고 한다. 운동할 때도 마찬가지다. 장점이 있다. 그때그때 성취감이 있다. 요즘 파커 파머의 《가르칠 수 있는 용기》라는 책을 읽으면서 떠오르는 영감을 글로 적는다. 하나둘 글을 적다 보니 작품이 되어 가는 느낌이다. 책 속에 좋은 구절이 있어서 하나 적는다. 카뮈의 말이다. "여행이 가치 있는 것은 두려움을 주기 때문이다." 이 치앙마이에서 77일간의 일기를 쓰면서 글쓰기에 대하여 생각해 본다. 글쓰기는 생산이다. 우리는 소비만 하는 삶을 산다. 남들이 해 놓은 것들을 소비하며 산다. 그러나 글쓰기는 내가 무언가를 만들어 가는 것이다. 그래서 매일매일 글을 쓰다 보면 무언가를 해냈다는 느낌을 많이 받는다. 이 일기도 한 줄 두 줄로 시작했지만 그리고 처음에는 내용도 그냥 그저 그런 내용이었지만 하루하루 지날수록 글의 질이 높아졌음을 자부한다. 이게 글쓰기의 위력이다. 오늘도 한 시간 반 동안 독서를 하면서 글을 썼다. 이제 저녁 시장을 보러 마트로 가자. 오늘은 리젠시를 사 와야겠다. 호텔 옆 림핑이라는 슈퍼에 가서 리젠시 한 병이랑 고등어구이 하나, 호박 군고구마 2개를 사 왔다. 총 1064밧. 그러려니 하고 호텔에 와서 계산서를 보니 아니! 군고구마 두 개가 494.5밧이 찍혀 있었다. 이런이런. 완전 사기당한 것 같은 느낌이다. 고구마 두 개에 2만 원이라니. 내일 가서 따져 봐야겠다. 다행히 영수증을 챙겨 왔다. 리젠시를 진짜 조금만 먹고 자려고 했는데 한 잔, 두 잔 먹다 보니 한 병을 다 먹어 버렸다. 이런이런. 그리고 잤으면 다행. 옷을 챙겨입고 가방을 둘러메고 시내로 나갔다. 메리어트 호텔 로비로 가서 잠시 쉬려고 호텔로 들어가는데 문을 열어 주는 종업원에게 주머니에 있던 잔돈을 주니까 컵쿤캅 컵쿤캅! 그렇게 호텔 로비에서 한 30분 쉬다가 아! 이 호텔에서도 조식을 먹을 수 있겠구나 해서 카운터에 가서 물어보니 자그마치 760밧! 이런이런. 그냥 내가 가던 리버사이드 호텔 조식을 먹어야겠군! 호텔을 나오는데 또 문을 열어 주는 종업원들. 이번엔 남자 여자 한 명씩이었다. 주머니에 있던 동전을 여기도 주고 반대편 남자에게도 주었다. 컵쿤캅! 컵쿤캅! 호텔을 나와 해자 쪽으로 걸어갔다. 이 동네는 워낙 마사지샵이 많아서 마사지도 한 번 받아 볼까 하는 요량으로 걸어가는데 예쁜 마사지 걸이 보여서 타올라이 하면서 물어보니까 300밧이란다. 그렇게 타이 마사지를 받고 다시 호텔 쪽으로 내려오는데 웬 맥주집에 아가씨들이 즐비하게 늘어서 있어서 아가씨 한 명을 데리고 안으로 들어가 리오맥주 한 병을 시켜서 먹는데 아가씨도 리오맥주 스몰 한 병을 먹으라고 하니까 따라오는데 물을 따라오는 건지 아무튼 그렇게 로제의 〈아파트〉 노래도 나오고 하면서 약 한 시간 놀다가 나오면서 껩땅 타올라이?(전부 얼마죠?) 하니까 690밧을 보여 준다. 이런이런. 비싸게 나온 건 확실하네. 계산을 하고 걸어오면서 주머니에 있는 돈을 세어 보니 천 밧이 비는 느낌? 이건 뭐지? 술에 취해서 돈을 계산할 때 천 밧이랑 백 밧이랑 혼동한 건 아니겠지? 아무튼 앞으로는 주머니에서 무조건 1000밧을 꺼내서 거스름돈을 받는 것으로 하기로 다짐했다. 그렇게 터벅터벅 걸어서 호텔로 오는데 핑강철교에서 여중생 네 명이 사진을 찍고 있길래 포토 어쩌구 하면서 말을 걸고 같이 사진을 찍었다. 여중생들이 엄청 좋아했다. 오늘 하루도 이렇게 마무리.

• 〈치앙마이 리턴 6일 차〉 12.3.

아침에 일어나 슬로우 조깅 42분 완료! 호텔 조식을 먹는데 서양 아가씨가 나를 보더니 미소를 건넨다. 나도 미소로 화답. 말을 걸어 볼까 하다가 짧은 영어 실력이 걱정되어서 패스. 이런이런. 지난여름부터 영어 공부에 매진했는데 딱 두 달 하고 멈춰 버렸다. 해도 해도 안 느는 것 같아서 열정이 식은 것이다. 사실 이때가 제일 중요하다. 영어 실력은 계단식으로 느는 것이다. 계속 안 늘다가 어느 날 한 계단 쑥 올라서고 또 계속 횡보하다가 또 한 계단 올라서고 하는 게 영어 공부다. 조식을 먹고 핑강을 산책하면서 사람을 처음 만났을 때 말할 영어 문장을 생각해 보았다. 영어 할 줄 아세요?부터 시작해야 할 것 같다. Can you speak English? 그런 다음 어디서 오셨어요? Where are you from? 치앙마이는 자주 오시나요? Do you come to Chiang Mai often? 뭐 이런 말을 하다가 혹시 여행 일정이 겹치면 같이 다니자는 의도로 오늘 여행 스케줄은 어떻게 되세요? What is your travel schedule today? 뭐 대충 이런 대화를 주고받을 것 같은데 이런 말이 입 밖으로 잘 안 나오는 게 영어다. 오전에 치앙마이 시내를 가기 위해 호텔 엘리베이터를 탔는데 한 외국인이 있길래 웨어 아 유 프럼? 하니까 네팔이라고 한다. 그래서 오! 카투만두 라고 하면서 내가 히말라야 갔었던 이야기를 짧게 나누었다. 헤어지면서 히말라야

이스 굿! 그러다가 사진이라도 찍고 헤어지자고 해서 카운터 아줌마에게 사진을 부탁해서 사진을 몇 방 찍고 헤어졌다. 핑강 쪽으로 걸어서 가다 보니까 사람들이 일렬로 서 있어서 내가 사진을 찍으면서 뉴카? 어쩌고 하니까? 홧? 하길래 번역기로 신차 출고식이냐고 물어보니까 그렇다고 한다. 신차 출고식을 구경했다. 종업원들이 도열해서 신차 출고를 기념하는 것 같았다. 치앙마이는 새로운 도시란 뜻이다. 옛날에 란나 왕국이 새로운 수도를 건설하면서 붙인 이름이 치앙마이다. 북쪽에 있는 치앙라이는 맹라이 왕이 지배하던 곳이라 치앙라이라고 지은 것이다. '치앙'이라는 뜻이 도시라는 뜻이다. 오늘은 오수를 때리다가 무작정 3시쯤 바깥으로 나갔다. 안에서는 더울 것 같은데 막상 나오면 그리 덥지는 않다. 습하지 않기 때문이다. 해자를 걷다 보니 차가 엄청 밀려서 시계를 보니 4시가 넘었다. 치앙마이는 4시만 넘으면 차가 슬슬 밀리기 시작한다. 사람들이 움직이기 시작하는 시간인가보다. 해자를 걷는 데 묘한 매력이 있다. 여유를 느낀다고나 할까? 아무튼 계획에 없었지만 해자를 한 바퀴 다 돌았다. 호텔에 도착하니 5시 40분, 약 2시간 40분을 걸은 것이다. 샤워를 하고 옆 슈퍼에 가서 땅콩 드레싱 야채 모음과 리젠시 한 병을 사 왔다. 580밧! 어제 군고구마가 바가지 쓴 것 같아서 오늘한 개당 얼마인가요? 라고 직원에게 물으니 1kg에 790밧이라고 한다. 어제 두 개를 담았으니 600~700그램은 되었나 보다. 직원에게 익스팬시브 라고 하니 직원도 웃으면서 익스팬시브 한다. 이런이런. 오케이 하고 장을 보았다. 치앙마이에는 보행자 신호등이 거의 없다. 큰길을 건널 때도 알아서 건너야 한다. 보행자 신호등이 거의 없는 이유는 걸어 다니는 현지인들이 거의 전무하기 때문이다. 이들은 짧은 거리도 무조건 오토바이를 탄다. 오토바이는 필수품이다. 동남아가 거의 다 그렇다. 더우니까 걷는다는 것을 아예 생각조차 안 하는 것이다. 오늘은 독서를 못 했다. 독서는 마음의 양식이라는데 몸만 채우고 마음은 채우지 못했다. 어제부터 왼쪽 발 새끼발가락이 좀 그렇다. 뭐라고 해야 하나 아프지는 않는데 우둔하다는 느낌? 치앙마이 와서 맥주를 너무 먹어서 그런 것 같다. 골프 치면서 맥주에 맥주, 점심때도 맥주, 저녁때도 맥주 맥주 이러다 보니 약간의 신호가 온 것 같다. 맥주를 진짜로 멀리해야겠다. 그래서 오늘도 리젠시를 마신다. 한 병에 480밧이다. 람빵 식당에서 먹을 때 420밧이었는데 슈퍼에서 산 것은 약간 더 큰 것 같다. 태국을 10년째 오지만 이번에 발견한 것이 리젠시다. 리젠시가 이 정도로 좋은 술인지 미처 몰랐다. 오늘은 내가 치앙마이 오면서 개설한 밴드 '가성비 치앙마이'에 몇 개의 동영상을 올렸다. 차근차근 올려 갈 생각이다. 동영상이나 사진 등등. 람빵 메모 골프장을 돌면서 찍은 동영상을 올리고 아까 오수 전에 보니까 너무 재밌다. 내일 모레부터 메모를 다시 가는데 캐디랑 동영상을 잘 찍어서 밴드에 올려야겠다. 메모는 정확히 2013년에 개척했다. 2012년 치앙마이에 와서 골프를 치다가 그다음 해 겨울에 와서 람빵 메모가 좋다고 해서 무작정 차를 몰고 찾아갔다. 가도 가도 안 나오는 골프장. 중간에 경빈지 경찰인지 하는 사람에게 차를 세우고 되도 않는 영어로 두유 노우 메모 골프클럽? 이러면서 두 손으로 골프 치는 흉내를 내니까 경비가 조금 더 가면 있다고 하였다. 다시 차를 몰고 살살 가보니까 진짜로 골프장이 나왔다. 와우! 그때 그 감동이란 말로 표현할 수 없다. 클럽하우스에 백을 내리고 그린피를 계산하고 첫 홀 쨍! 소리 날 때의 그 감격이란 말로 표현하기 어렵다. 나는 치앙마이에 자유여행으로 골프 치러 오면서 항상 첫 홀의 쨍 소리에 감개무량하다. 왜냐하면 오늘 어떤 골프장을 가기로 하긴 했는데 내가 자동차를 몰고 제대로 찾아갈지, 아니면 또 어떤 사정에 의해서 골프를 못 치게 될지 전혀 모르기 때문에 조마조마한 심정으로 골프장엘 가서 계산하고 첫 홀 티잉그라운드에 서서 드라이브 티샷을 할 때의 그 감동은 이루 말로 표현할 수가 없다. 아! 오늘도 골프를 치는구나! 이런 안도감이다. 그렇게 흘러온 해외 골프 세월이 10년이다. 어제부터 새로운 취미가 하나 생겼다. 리젠시 한 병 먹고 나이트바자 놀러 가기. 호텔에서 가성비 좋게 리젠시 마시고 산책 겸 나이트바자 가서 마사지도 받고 클럽도 가고, 이게 외국이라 술을 먹어도 한국이랑 다르다. 취하지 않는다. 이유는 정신일도 하사불성이다. 정신 줄을 놓으면 아웃이기 때문이다. 그런데 한국에서는 뭔 믿을 구석이 있다고 필름이 끊긴 적도 많다. 절대로 있어서는 안 되는 절필름 현상. 이렇게 외국에 혼자 살다 보면 나를 챙겨 줄 사람은 아무도 없다. 그러니까 술을 먹어도 정신이 똑바르다. 이게 한국과의 차이다. 리젠시를 한 병 다 마시니 혈액순환이 잘돼 몸에서 열이 난다. 샤워를 하고 나이트바자로 가자. 내일 호텔 조식은 옆 리버사이드 호텔 조식을 매일매일 먹다 보니 좀 색다른 걸 찾아 핑강 건너 브랙퍼스트 파는 집으로 가서 토스트 세트를 먹자. 약 120밧? 리젠시를 한 병 다 마시니 깨달음이 왔다. 우리에겐 내일은 없다. 마치 막살자는 인생 같지만. 그건 아니고. 우리 같은 연금생활자들에겐 내일은 없다 라는 말이다. 며칠 전 초등학교 동창 모임이 있었는데 몇 명밖에 참석을 못 했던 것 같다. 이유는 여러 가지. 회장은 아파서 2년째 못 나오고 그리고 한 녀석은 이번 눈사태에 미끄러져서 어디를 다쳐서 수술을 받고 병원에 누워 있다고 단톡에 올라왔다. 이게 인생이다. 잘난 척하지 말고 조심조심 돌다리도 건너는 게 인생이다. 인생은 혈당과 같다. 혈당은 오르내리면 안 된다. 그러면 멘붕이 온다. 왜냐하면 최고조에 달했던 기분이 다운되어서 아무도 나를 알아주지 않는다는 느낌? 뭐 이런 거. 그것 때문에 연예인들이 자살하는 것이다. 소외당하고 있다는 느낌? 한때는 잘나갔지만 스포트라이트가 전혀 나에게 비추어 주지 않는 그것 때문에 괴로워하는 것이다. 그러니까 중요한 건 물맛 밥맛 같은 인생을 사는 게 중요하다. 어떠한 어려움이 닥쳐도 나는 항상 소소했으니까 괜찮아요. 아 유 오케이? 이렇게 살아가는 것이다. 갑자기 필 받아서 라떼 선생님의 강의를 늘어놓았다. 이런이런. 이제 샤워하고 나이트바자로 가자. 일단 계획 없이 가자. 발길 닿는 대로 한두 시간 헤매다가 호텔로 고고!! 나이트바자를 지나가는데 노사연의 〈만남〉이라는 노래가 나와서 그 맥주 바로 들어갔다. 태국 여자가수가 부르고 있었다. 앞자리에 앉아서 듣다가 리오 맥주 한 병을 시켜 먹었다. 옆자리에 한국 사람 3명이 재밌게 놀다가 내가 안주도 없이 먹는 게 좀 그랬는지 피자 한 조각을 주었다. 진짜 맛있게 먹었다. 한참 후 잠시 대화를 나누었는데 3박 5일로 골프 치러 왔다고 했다. 내가 3달 계획하고 왔고 이제 한 달 지났다고 하니까 모두들 놀랬다. 아무튼 엄청 오래 있는 건 사실이니까. 술 마시는데 한국 소식이 들려왔다. 계엄 소식이었다. 어처구니가 없었다. 지금이 어느 시대인데 계엄으로 나라를 통치하려고 하는가. 다행히 국회에서 계엄을 무효화하긴 했는데 앞으로가 걱정이다. 대통령의 통치력 부재, 권력 공백 등등. 지난

박근혜 탄핵 때도 나는 계엄을 예측하는 글을 페이스북에 올렸었다. 청와대가 반격을 시도하지 않을까? 하는 내용이었다. 그때가 2016년 12월이었다. 그리고는 2017년 3월 박근혜 하야. 나중에 밝혀진 사실이지만 2016년 12월경에 계엄카드를 만지작거렸던 걸로 밝혀졌다. 이런이런. 이번에도 계엄은 대통령 혼자 한 건 아닐 텐데 누가 계획하고 누가 동조를 한 것일까? 궁금하다.

- **〈치앙마이 리턴 7일 차〉 12.4.**

아침 7시에 기상했는데 몸은 상쾌한데 마음은 무겁다. 한국의 상황이 걱정돼서이다. 뭐 내가 걱정한다고 바뀌는 건 없겠지만 아무튼 정국은 지속적으로 혼란할 것 같다. 문제는 한국의 위상이 대외적으로 추락할 건 뻔하다는 사실이다. 계엄은 미개한 후진국에서나 일어나는 일인데. 이런이런. 오늘은 피만팁 골프클럽을 가볼까 한다. 이 골프장은 치앙마이 국제공항 바로 옆에 있다. 원래 예전 이름은 스타돔이었다. 2012년 처음 치앙마이에 왔을 때 매일 치던 골프장이다. 치앙마이에 처음 와서 렌트카는 생각도 못 하고 송태우 타고 스타돔 가서 골프를 쳤다. 골프장의 질이 중요한 것이 아니라 따뜻한 남쪽 나라에서 골프를 친다는 사실 자체가 너무 좋았다. 오늘은 그랩으로 택시를 불러 골프백을 싣고 피만팁으로 향했다. 택시 타고 가면서 택시 기사에게 물었다.

하루에 얼마나 버느냐고. 약 2000밧 정도 번다고 했다. 골프장에 도착하니 107밧이 나와서 3밧을 팁으로 준다고 했다. 내려서 체크인하고 카운터에서 계산. 워킹 1100밧. 캐디팁을 물어보니 400밧을 주면 된다고 한다. 총 1500밧이 들어가는 셈이다. 아~ 왕복 택시비까지 1720밧. 72000원에 치는 것이다. 피만팁 골프장은 그리 쉬운 편은 아니다. 페어웨이가 좀 딱딱한 편이라 샷이 잘되지는 않는다. 그냥 드라이버 치는 재미로 치면 된다. 운동하는 거니까. 한 90개 친 거 같다. 파 숫자랑 더블 숫자랑 똑같고 나머지 다 보기 하면 90타다. 골프 칠 때 모든 홀을 보기 잡으면 90타다. 그래서 나는 모든 홀을 보기로 막는다 치고 파 숫자를 센다. 파를 5개 잡았다면 85타, 9개 잡았다면 싱글 81타. 버디야 운이 좋을 때 잡는 것이고. 이렇게 해서 8자를 그리는 게 우리들 골프의 목표다. 싱글이야 항상 나오는 건 아니고 그날따라 잘되는 날이 있을 때 싱글을 치는 것이다. 피만팁은 연습장도 훌륭하다. 그러니까 하루 종일 놀기 좋은 은퇴자들의 놀이터라고 할 수 있다. 중간에 캐디랑 이야기를 나눴는데 본인도 애기 하나 있는 싱글맘이라고 한다. 태국에는 왜 이렇게 애기 하나 있는 싱글맘들이 많냐고 하니까 남자들이 다 도망가서 그렇단다. 왜 도망가느냐고 물으니 새로운 여자를 찾아서 다 떠나간다고. 이런이런. 옛날에 태국에 왔을 때 이런 이야기를 들은 적이 있다. 태국 여자들이 제일 좋아하는 남자는 마지막 남자라고. 잘생기고 뭐 이런 게 아니라 마지막까지 자기 곁에 남아 있어 주는 남자가 제일 좋은 남자라는 이야기다. 그렇게 라운딩을 마치고 클럽하우스에서 그림이 좋아 보여 음식을 시켰는데 맛은 별로였다. 그래서 음식을 시킬 때는 항상 평균적인 것을 시키는 게 실수하지 않는 팁이다. 처음 이 골프장 스타돔에 왔을 때 기억이 난다. 오전 라운딩을 마치고 점심을 이 식당에서 맥주랑 즐겁게 먹고 오후 라운딩을 위해 티켓팅을 하려고 하니까 캐디가 없어서 라운딩을 못 한다는 것이었다. 완전 황당했다. 아니 어째 이런 일이? 오후에는 더워서 캐디들이 죄다 집에 간다는 것이었다. 아무튼 황당한 기억이었다. 오늘 저녁에는 호텔에서 리젠시 한 병을 또 다 마셨다. 리젠시 마시고 나이트바자로 놀러 나가기. 요즘의 일상이다. 나이트바자 어제 그 집에 가서 가수들 노래하는데 응원을 많이 해 줬다. 아무래도 박수 쳐 주는 사람이 있어야 신이 나는 법이다. 뒤에 앉은 영국 청년 둘이서 나를 보면서 엄청 좋아한다. 내가 핸드폰 플래시를 켜서 막 응원하고 하니까. 나중에 이야기 좀 나누다가 사진도 같이 찍었다. 리오맥주 한 병을 시켰는데 종업원이 맥주를 가져오더니 뭐라고 뭐라고 하는데 보니까 어제 맥주 한 병값을 안 내고 갔다고. 이런이런. 그렇게 맥주 두 병값을 계산하고 오는 길에 좀 늦었지만 발마사지를 받고 호텔로 귀가. 오늘 일정 끝.

• **〈치앙마이 리턴 8일 차〉 12.5.**

    오랜만에 늦잠을 잤다. 몸도 개운하지 않다. 어제 너무 무리를 했나 보다. 운동을 생략할까 하다가 스톱워치를 켜 놓고 운동 시작. 슬로우 조깅 43분 완료. 아침도 패스. 어제 《가르칠 수 있는 용기》를 읽으며 한 편의 글을 써서 좀 위안이 된다. 사람은 영양가 있는 일을 할 때 그 무언가 뿌듯함을 느낀다. 그것은 소비하는 일이 아닌 생산하는 일일 것이다. 지금 나는 세 권의 책을 향해 글을 쓰고 있다. 하나는 《가르칠 수 있는 용기》를 읽으며 떠오르는 영감에 따라 글을 하나씩 써가는 것이고, 또 하나는 지금 이 작업이다. 치앙마이 77일간의 일기라는 제목으로 시작했다. 하루이틀 쓰다 보니 작품이 되어 가는 것 같다. '가성비 치앙마이'라는 책 제목을 생각하고 있다. 책이 되든 안 되든 매일매일 기록해 나간다는 것이 생산적인 일이다. 마지막은 '대한민국 교육이 걸어온 길'이라는 책이다. 한국에서부터 작업을 했는데 요즘에는 앞에 두 작업에 밀려서 약간 홀대 중이다. 이상하게 정이 더 가는 작업이 있다. 열 손가락이 다 다른 것처럼. 오늘은 진짜 아무 생각 없이 호텔을 나섰다. 핑강이나 가볍게 산책하고 브랙퍼스트 식당에서 브런치나 먹고 호텔로 돌아오려고 했다. 그런데 걷다 보니 해자 쪽으로 가고 있었다. 걷다 보니 중간에 경찰들이 오토바이를 단속하는 게 보였다. 오토바이를 세워서 뭔가를 확인하고 있었다. 아마도 오토바이를 타고 다니려면 면허증 비슷한 게 있어야 해서 그걸 확인하는 것 같았다. 해자 광장(스타벅스 앞에 있는 것인데 비둘기가 많아 사람들이 여기서 사진을 많이 찍는다) 200m 남쪽에 있는 브랙퍼스트 식당에 들러 프라이 두 개, 토스트 2개, 쨈, 주스, 커피를 시켰다. 120밧. 맥주도 한 병 시켰다. 아점부터 맥주? 이런이런. 맛있게 먹고 해자 안으로 걸어 들어갔다. 계속 걷자. 어차피 골프를 쳐도 운동 해자를 걸어도 운동이니까. 해자를 관통해서 걸으니 서쪽 해자가 나왔다. 왼쪽으로 갈까 오른쪽으로 갈까 점을 쳐 보니 오른쪽으로 가라는 점괘가 나왔다. 반대로 갔다^^ 왼쪽으로 계속 걸어가니 지난번에 들렀던 공원이 나왔다. 아 잘됐군. 공원에서 멍이나 때리다 가야겠군. 벤치를 찾으니 적당한 곳에 비어 있는 벤치가 있었다. 잠시 분수를 보며 사진도 찍고 멍을 때리고 있는데 바람이 내 쪽으로 불더니 분수 잔해물이 나에게로 쏟아진다. 하는 수 없이 자리에서 일어나 공원 산책. 공원 안에 헬스기구가 있어서 헬스 좀 하다가 사진을 찍어서 밴드에 올렸다. 따뜻한 햇볕을 쪼이면서 공짜로 운동할 수 있는 시설이라고. 그렇게 조금 시간이 지났을까? 배가 살살 아파서 아~ 이제 호텔로 가야겠군. 이러고 공원을 나서는데 공원에서 봐둔 화장실 생각이 났다. 다시 공원 안 화장실로 향했다. 화장실에 가 보니 휴지가 없었다. 이런이런. 밖으로 나와 보니 조그만 가게가 있었다. 판매하는 휴지가 보였다. 타올라이? 텐밧이란다. 공원 안 화장실은 생각보다 깨끗했다. 그렇게 볼일을 마치고 공원을 나와 동쪽으로 걷다가 해자 안으로 통하는 길이 나와서 다시 해자 안으로 들어갔다. 조금 들어가니까 기념품 가게가 있어서 들어가서 사진도 찍고 구경도 했다. 밴드에도 올려주었다. 가게를 나와 걸어가는데 마사지샵을 지나쳤다. 순간적으로 예쁜 마사지사를 발견했다. 100m쯤 지나왔나? 다시 목이 말라 음식점에 들어가 리오맥주 한 병을 시켜서 천천히 마셨다. 나올 때 타올라이? 150밧. 되게 비싸네? 중간에 어린 여자 종업원에게 한국 연예인 닮았다고 해 주니 아주 좋아했다. 맥주를 마시고 리턴하여 아까 봐 둔 마사지샵으로 갔다. 그 예쁜(다시 보니 그저 그랬음) 마사지사를 지목하며 마사지를 해 달라고 하니 발을 씻는 곳에 앉으라고 하더니 갑자기 다른 마사지사를 지목하면서 어떠냐고 묻는다. 안 된다고 할 수도 없고(아마 그 예쁜 마사지사는 낚시용인 것 같았음) 얼떨결에 다른 마사지사에게 등과 어깨 한 시간 타이 마사지를 받았다. 팔 뒤꿈치로 계속 누르기만 해서 좋은 건지 어떤 건지 아무튼 한 시간이 금방 지나갔다. 마사지를 마치고 350밧을 지불하고 나왔다. 마사지 받으면서 나는 팁을 거의 안 준다. 매일 받는 마사지에 팁까지 주면 비용이 너무 많이 들어가기 때문이다. 그런데 단기간 오는 한국 관광객들은 팁을 남발한다. 1시간 받고 300에 팁 100. 두 시간 받으면 600에 팁 200 막 이런 식이다. 그래서 장박으로 있는 우리 같은 사람들이 좀 난처하긴 하다. 그러거나 말거나 나는 그냥 300만 준다. 이 300밧을 받으면 주인이 150, 마사지사가 150 이렇게 반반 나눈다. 마사지를 받고 해자 안으로 조금 걷다가 보니 큰 사원이 나왔다. 입장료가 50밧이라고 했다. 어? 입장료까지 받아? 그 값어치는 하겠지 하고 50밧을 내고 안으로 들어갔다. 안에는 엄청 큰 사리탑이 있었다. 구경할 만한 사원이었다. 사진을 찍어서 '가성비 치앙마이' 밴드에 올렸다. 지도를 검색해 보니 쩨디 루앙 사원이었다. 해자 안 중간에 있다. 사원을 한참 구경한 후 사원을 나와 다시 해자 안쪽으로 들어가니 해자 안에 학교들도 많이 있었다. 이 해자 안을 올드시티라고 부른다. 올드시티 북쪽에 보니 조그만 사원도 있었다. 치앙맛 사원이다. 해자 내에는 이런 유적들이 즐비하다. 치앙마이가 가진 매력이다. 해자를 돌고 도는데 이틀은 걸릴 것 같다. 점심을 패스했더니 배가 고프다. 4시 반쯤 되었나? 나이트바자 쪽으로 걸어오다가 지난번에 두 번 들렀던 레스토랑엘 갔다. 미얀마 출신인 예인 종업원이 반겨준다. 예인이 안부를 묻는다. 한국 괜찮으냐고? 밀리터리? 그래서 나는 괜찮아라고 답해 주었다. 세계의 이목이 집중된 한국 사정이다. 아무튼 리오맥주 한 병과 부침두부를 시키는데 예인이 그 예쁜 얼굴로 웃으면서 부침두부 안 좋다고 다른 거로 하라고 했는데 나는 우겨서 부침두부를 시켰다. 부침 두부가 나왔는데 역시 맛이 없었다. 예인 말이 맞긴 맞네. 맥주를 한 병 더 시켜서 먹는데 손님이 없어서 내가 영업 차원에서 밖에서 잘 보이는 테이블로 옮겨 앉아서 먹었다. 그렇게 약 10분이 지나니까 손님 세 팀이 들어왔다. 내가 예인한테 세일즈는 이렇게 하는 거야 라면서 문자를 보여주니 고개를 끄덕이면서 웃는다. 370밧(비싸다)을 지불하고 나이트바자 내 푸드 코트 광장을 배회했다. 꼬치구이가 맛있어 보여서 꼬치 하나를 사 가지고 리오 맥주랑 먹었다. 꼬치 25밧 리오 90밧! 역시 여기가 가성비 갑이다. 그렇게 먹고 호텔로 와서 샤워하고 잠시 쉬다가 다시 나이트바자로 갔다. 또 나가? 마누라 잔소리가 들리는 듯하다. 이런이런. 포켓볼 매장에 들러 아가씨와 포켓볼을 쳤다. 맥주를 한 병 시키면 그냥 공짜로 포켓볼을 함께 치는 구조다. 맥주 130밧. 중간에 아가씨가 자기 술도 시켜 달라고 했던 것 같던데 그냥 패스했다. 이런 짠돌이! 해외 생활을 오래 하다 보면 짠돌이가 되어 간다. 이건 본능이다. 하루하루 먹고 살아야 하기 때문에 최대한으로 아끼려고 노력한다. 물론 어떤 때는 펑펑 쓰고 후회하기도 한다. 포켓볼을 마치고 다시 아까 그 꼬치랑 리오를 먹는데 옆자리에 서양 아가씨 둘이 앉아서 합석을 했다. 이런저런 이야기를 나누는데 그리스 남쪽에 붙어 있는 작은 나라에서 왔다고 했다. 처음 듣는 이름의 국가다. 인구가 얼마냐니까 200만이라고 한다. 내 소개를 하면서 아임 어 티처라고 하니까. 무엇을 가르치세요? 내가 필라써피 하니 놀란다. 이런저런 이야기를 많이 나눴던 것 같다. 내 명함도 건넸다. 작가명함. 내가 오마이뉴스에 쓴 칼럼도 검색해서 보여 주니 아가씨가 자기 핸드폰으로 막 찍어댔다. 이야기를 나누다 보니 아가씨 하는 일이 불우한 아이들을 위한 방과 후 수업 뭐 그런 거를 하는 거 같았다. 이야기 나누던 아가씨가 음식을 가지러 갔을 때 앞에 앉은 아가씨와도 건배를 하며 술을 마셨다. 앞에 앉은 아가씨는 학생이라고 했다. 셋이 다시 모여 잠시 이야기를 더 나누다가 나는 술이 떨어져서 먼저 가겠다고 하고 헤어졌다. 호텔로 돌아오는 길에 단골 발마사지 집에 들러 발마사지 한 시간을 받고 몸이 개운해져서 어제 그 노래하던 집에 다시 가서 맥주 한 병을 시켜서 먹었다. 이런이런. 종업원 아가씨들이 웃는다. 매일 오는 아저씨라고 웃는 눈치다. 노래 브레이크 타임 때 가수 아저씨한테 가서 내가 내일부터 람빵을 한 열흘 가는데 열흘 후에 올 테니까 '허리케인 박' 노래 연주 좀 연습해 놓으라고 했다. 이런이런. 좀 난처해하는 가수 아저씨. 그렇게 놀 거 다 놀고 집에 돌아오는 길에 메리어트 호텔 사거리에서 미모의 아가씨를 발견했다. 바나나빈대떡(내가 붙인 이름이다)을 만들어 파는 미모의 아가씨 사진을 많이 찍었다. 당연히 빈대떡을 하나 사 가지고(40밧인 걸로 기억) 호텔 옆 세븐 일레븐에 들러 리오맥주 2병 세트를 안고 호텔에 들어와 맛있게 먹었다. 맥주를 먹다가 피곤했는지 언제 잤는지도 모르겠다. 빈대떡도 다 먹고 잤다. 맥주 2병도 다 마셨다. 오늘 먹은 맥주가 총 몇 병이야? 1+1+2+1+1+1+1+2=10병이네. 이런이런. 치앙마이의 마지막 밤은 그렇게 흘러갔다.

● 〈치앙마이 리턴 9일 차〉 12.6.

　호텔 체크 아웃하는 날이다. 7시 40분에 알람이 울려 깼다가 다시 리잠을 잤다. 숙취해소에는 잠이 보약. 푹 자고 일어나 시계를 보니 9시 44분. 조깅을 생략하고 샤워를 후련하게 한 다음 밥도 패스. 속을 비우기 위해. 약 1시간째 글을 쓰고 있다. 글 쓰는 게 재미있다. 《습관의 힘》이라는 책이 있다. 우리는 어떤 행동을 지속적으로 하면 탄력이 붙으면서 습관이 되고 이것이 제2의 천성이 된다. 글 쓰는 것도 마찬가지다. 글은 무조건 쓰다 보면 는다. 그래서 글은 엉덩이로 쓴다고 한다. 엉덩이를 붙이고 쓰다 보면 당신도 작가가 될 수 있다. 나는 지난 2022년에 아이들과 함께 매일 10줄 이상 글쓰기 이벤트를 했다. 약 30명의 학생들을 모아서 매일매일 글을 쓰자고 했다. 그러는 와중에 내가 더 열심히 썼던 것 같다. 그렇게 쓴 글이 250개가 넘었다. 나는 이 글들이 약

1000개가 넘으면 책이 될 거라고 생각했다. 그런데 어느 날 가만히 생각해 보니 250개로도 충분히 책을 만들 수 있지 않을까 라고 생각이 되어서 당장 편집에 들어갔다. 그렇게 해서 탄생한 책이 《미용실에서 읽는 철학책》이다. 광고 끝. 오늘은 오후 6시에 차를 인수 받아서 차를 몰고 람빵 레지던스 호텔로 간다. 일단 짐을 싸서 체크아웃을 한 다음 짐을 맡기고 점심을 먹고 해자를 쏘다니다가 6시에 만나 람빵으로 갈 예정이다. 오전 11시쯤 호텔에 짐을 맡기고 핑강을 건너 아점을 먹으러 어디를 갈까 하다가 지난번에 갔던 와로롯 시장 내 쌀국숫집이 생각나 그리로 발길을 향했다. 와로롯 시장에 도착하여 쌀국숫집이 있는 2층으로 올라가니 아뿔싸! 쌀국숫집 있던 자리가 깨끗하게 치워져 있는 게 아닌가? 몇 개의 가게가 있었는데 어떤 이유에서인지 몰라도 싹 정리가 되어 있었다. 맞은편 쪽으로 걸어가니 토스트 파는 가게가 있어서 토스트랑 커피랑 시켜서 아점을 해결했다. 토스트 55밧 커피 30밧. 시장을 빠져나와 해자 쪽으로 걸어갔다. 오늘은 해자 안 올드시티 중 안 가 본 곳을 헤집고 다녔다. 여기저기 사원도 둘러보고 박물관도 구경했다. 역시 올드시티에는 볼거리가 많다. 서양 관광객들이 특히 눈에 많이 띄었다. 서양은 맨 성당인데 여기는 사원이니 좀 특색 있게 받아들이는 분위기였다. 해자 동쪽에 보면 비둘기 많은 광장이 있는데 그 근처에 식당이 많다.

여기저기 한참을 둘러보다가 망고 밥이 눈에 들어와 맥주 한 병이랑 시켜서 먹어 봤다. 그럭저럭 먹을 만하다. 밥을 과일이랑 먹는 경험은 난생처음이다. 밥에다 코코넛 액이라고 해야 하나 그걸 붓고 망고랑 같이 먹었다. 밥이 신기한 게 완전 찰밥이다. 옛날에는 안남미 쌀이라고 해서 완전 날아다녔는데 이렇게 차진 밥도 있나 싶었다. 배도 부르고 술도 얼큰하고 해서 핑강 쪽으로 걸어오다가 단골 마사지집에 들러 발마사지를 받고 호텔에 도착하니 5시 반. 호텔 도착!이라고 가이드 하는 동생에게 연락하니 자기네 팀은 아직 가싼 쿤탄에서 골프 치는 중이라고 했다. 7시 반경 나이트바자 쪽 호텔에 도착 예정이란다. 이런이런. 계속 기다려야 하나? 내가 그 두왕따완 호텔로 가기로 했다. 어차피 시간도 남으니까. 골프백을 메고 캐리어를 끌고 두왕따완 호텔로 걸어갔다. 비교적 가까워서 15분 정도 걸렸다. 호텔에 도착해서 로비에서 기다리는 데 로비 내 1층에 금수정이라는 코리안 레스토랑이 눈에 들어왔다. 구경할 겸 가서 보니 한식 뷔페집이었다. 점심 250밧, 저녁은 300밧이었다. 기회가 되면 여기 와서 한식을 먹으면 좋겠다 라고 생각했다. 나이트바자 근처에 살면서 한식이 없어서 아쉬웠는데 떠나는 날 알게 되었다. 이런이런. 호텔에서 좀 기다리니 가이드 하는 동생이 자기 손님들을 모시고 왔다. 일단 자기 손님들을 먼저 호텔에 짐만 두고 내려오라고 하고 나는 자동차 키를 받았다. 이제 내 짐을 싣고 람빵으로 출발해야 한다. 가이드 하는 동생은 치앙마이에서 자기 손님들을 케어 해야 하기 때문에 우리는 서로 헤어졌다. 오랜만에 또 운전대를 잡으니 어색하다. 아뿔싸! 여기서 문제가 터졌다. 핸드폰 내비가 고장이 난 것이다. 이런이런. 람빵 가는 길이야 알지만 치앙마이 한복판인 지금 여기서 그 11번 도로까지 나가는 게 문제였다. 근데 신기한 게 발견되었다. 지난번 친구들을 공항에 내려 주고 해자 쪽으로 차를 몰고 오다가 이리 헤매고 저리 헤맸었는데 그 길이 기억이 났다. 그래서 살살 차를 몰고 지난번 기억을 더듬어 핑강 철교를 건넜다. 철교를 넘으면 내가 묵었던 마윈 호텔이다. 마윈 호텔에서 공항은 자주 갔었기 때문에 남쪽으로 차를 몰다가 람빵 가는 길은 공항 반대편이니 좌회전을 하여 달렸다. 옛날에 공항에서 람빵을 자주 왔다 갔다 했기 때문에 그 기억을 더듬어 람빵 가는 길을 완전 감으로 찾았다. 좌회전해서 약 1km 가니까 람빵 가는 P턴(아니다! 여기는 좌측 통행이니까 q턴이다)이 나왔다. 이제 11번 도로에 올라탔다. 와우! 여기서부터는 람빵까지 직진이다. 1시간 반 만에 람빵에 도착했다. 도로 표지판을 보면서 람빵 시내로 들어오는 길을 놓치지 않고 잘 찾아 람빵 레지던스 호텔에 주차 완료! 휴우~~ 완전 짱이다! 압권이다. 내비도 없이 치앙마이에서 람빵 레지던스 호텔까지 찾아오다니! 이런이런! 최고의 걸작품이다. 아무튼! 이제 좀 쉬다가 메모 골프장 손님들을 밤 1시경에 맞이해야 한다. 메모는 내가 10년 전부터 치던 곳이라 이 손님들을 나에게 맡긴 것이다. 가이드 하는 동생은 치앙마이에서 다른 팀을 케어해야 하기 때문에 겹치는 바람에 메모를 잘 아는 나에게 부탁한 것이다. 내가 가이드를? 그런데 이런 것도 한번 경험해 보면 좋겠다고 생각해서 허락했다. 그 바람에 나도 메모에서 골프를 공짜로 칠 수 있다. 호텔도 공짜로 잡아주었다. 이런이런. 7일부터 14일까지 골프를 치는데 중간에 한번은 하리푼 차이로 가서 친다. 밤 11시가 넘었는데 배가 엄청 고파서 컵라면을 끓여 먹었다. 11시 반쯤 공항에서 출발했다는 연락이 왔다.

• 〈람빵 귀환 1일 차〉 12.7.

밤 1시에 손님들을 맞이했다. 여성분 4명이다. 원래는 부부인 줄 알았는데 여성들이었다. 이런이런. 아무튼 처음 해 보는 일이라 얼떨떨하지만 그래도 이분들은 나를 믿고 람빵까지 온 것이니 인솔을 잘해야 할 것이다. 호텔 앞마당에 밴이 주차되고 손님들이 내려서, 일단 인사를 드리고 골프백을 내 차에 실어 놓고 호텔방으로 들어가자고 했다. 항공 커버를 벗기고 골프백에서 빼야 할 짐을 빼고 내 차에 차곡차곡 실었다. 그리고는 호텔 로비에서 간략하게 간담회 겸 전달사항을 전달했다. 내일 아침 조식은

6시 50분부터 드시고 출발은 7시 20분입니다. 잉? 너무 빠른 거 아냐? 불만 목소리. 아무튼 넘어가고. 청소부 팁은 20밧을 놓고 나오면 됩니다. 선크림을 바르고 출발하는 게 좋습니다. 도착하면 바로 티샷입니다. 점심은 18홀 마치고 클럽하우스에서 드시면 됩니다. 캐디들은 알아서 먹으니 이것저것 사 주지 마세요. 조식 때 저에게 여권을 주시기 바랍니다. 라운딩 끝나고 샤워는 호텔로 직행해서 하는 것으로 하겠습니다. 그렇게 하고 호텔방 키를 나누어 드리고 각자 방으로 입실 완료! 호텔방이 럭셔리하니 모두 만족해하는 분위기였다. 그렇게 두 시쯤 잠이 들었는데 중간에 비몽사몽이다. 약간 걱정도 되니 숙면이 되는 것은 아니었다. 오랜만에 술도 안 먹고 자니 몸의 반응도 이상한 듯하다. 6시에 알람을 맞추어 놨는데 5시 10분 기상하여 슬로우 조깅 40분 하고 샤워 후 6시 40분에 내려가니 조식이 가능했다. 우리 손님들도 약간 일찍 내려왔다. 즐거운 아침 식사 후 메모로 출발! 주말이라 차가 없으니 8시 5분 전에 도착하여 27홀을 스타트 시킨 다음 나는 혼자 라운딩을 할까 하다가 일단 첫날이니 이참에 골프 스윙이나 바로 잡자고 해서 차로 2분 거리에 있는 메모 골프 연습장으로 직행했다. 아직 8시 조금 지나서 볼 판매를 안 하고 있었다. 퍼팅 연습장에서 퍼팅 연습하고 9시에 연습을 시작했다. 볼 한 박스에 30밧! 1200원이다. 스윙 교정, 스윙 교정. 나름대로 만족하고 메모로 오니 나인 홀을 마치고 후반전으로 돌입 중이었다. 후반전 때는 어프러치 연습장에서 어프러치 연습을 엄청 했다. 진짜로 어프러치는 어렵다. 18홀 마치고 점심식사는 태국 음식으로 클럽하우스에서 음식과 맥주를 주문해 주었다. 물 2개 10밧, 싱하맥주 2개 개당 100밧. 음식 4개 240밧 총 460밧. 점심값은 계약상 손님들이 지불하기로 했다. 마지막 9홀 때는 퍼팅 그린에서 퍼팅 연습을 했다. 퍼팅도 진짜 많이 연습하니까 느는구나 라는 생각을 하게 되었다. 퍼팅에 약간 자신감이 생겼다고나 할까? 아무튼 메모 골프장을 십년 동안 왔지만 이렇게 연습만 해 보기는 진짜 난생처음이다. 매년 골프장에 오면 무조건 연습이고 뭐고 1번 티박스로 가서 드라이버 날리고 페어웨이로 직진, 끝나면 클럽하우스에서 맥주랑 음식 시켜 먹고 뒤도 안 돌아보고 람빵으로 마사지 받으러 직행! 매년 이런 식이었다. 그런데 이 따뜻한 날씨에 퍼팅 연습 그린에 한 사람도 없겠다 진짜 연습하기 좋은 환경이다. 골프는 경기도 경기지만 연습이 진짜 중요하다. 촉감이 살아 있어야 하는 운동이 골프다. 더군다나 어프러치나 퍼팅은 감 유지가 관건이다. 맹연습 후 더워서 맥주 한 병이랑 음식을 시켜서 점심을 해결했다. 조금 기다리다가 라운딩이 끝나서 호텔로 와서 샤워하고 3시 50분에 만나 람빵 시내 시계탑 근처에 있는 마사지샵 두 군데서 두 명씩 두 시간씩 마사지를 받앉는데 모두들 대만족이었다. 두 번째 마사지 사장은 우리가 나올 때 내일 약속을 잡고 가라고 해서 내일은 일정이 빡빡해서 어떻게 될지 몰라 전화하기로 하고 명함을 받아 왔다. 마사지 후 센텐 백화점으로 저녁 식사 고고! 고깃집이었는데 진짜로 고기를 무슨 슬라이스로 썰어서 주었는데 먹어도 먹어도 불만족이었다. 밥과 미역국, 상추, 김치 겉절이 등등 총 2200밧이 나왔다. 비싸기만 엄청 비싸네 이런이런. 술과 음료는 손님이 지불하는 것으로 해서 500밧을 받아서 보충했다. 대충 1인당 식사비용이 300밧이니 비슷비슷했다. 아무튼 가이드가 쉬운 일은 아니다. 내일은 어느 식당을 가야 하나 살짝 걱정되기도 했다. 가이드를 하니까 술을 안 먹어서 좋다. 항상 긴장해야 하니까. 내일은 하리푼 차이로 한 시간 운전해서 간다. 람빵 귀환 1일차 성료.

• 〈람빵 귀환 2일 차〉 12.8.

무슨 이유인지 어제 8시부터 자기 시작해서 한 시간마다 깼다. 8시 취침, 9시 기상, 45분 슬로우 조깅 후 샤워, 다시 10시 취침. 11시 기상, 45분 슬로우 조깅 후 샤워, 다시 12시 취침. 12시 45분 기상, 슬로우 조깅 후 샤워 후 다시 1시 40분 취침. 3시 반 기상, 45분 슬로우 조깅 후 샤워 다시 4시 반 취침. 5시 반 알람 소리에 기상. 약간 피곤했는지 다시 한 5분 자다가 시간 착각으로 일어나서 샤워 세안 후 화장품 바르고 시계를 보니 5시 47분. 이런이런. 30분을 착각했네. 알람을 5시 반과 6시 두 개로 맞춰 놓고 처음 울린 알람을 6시로 착각함. 이 글을 쓰는데 6시 알람이 울린다. 모닝커피를 한 잔 때려야겠다. 커피 향이 너무 좋다. 나는 일단 커피를 마시기 전에 커피 향을 코로 마신다. 허파에 커피 향을 잔뜩 집어넣는다. 커피 향이 온몸으로 퍼진다. 나는 와인을 마실 때도 입으로 마시기 전에 코로 와인 향을 들이마신다. 심장이 먼저 와인 향에 취하라고 코로 와인 향을 잔뜩 들이마시고 또 마신다. 와인은 원래 개봉을 한 후 공기 중의 산소와 결합할 시간을 주어야 와인 제맛이 난다. 그래서 코로 와인 향을 마시면서 와인이 산소와 결합할 시간을 주는 것이다. 오늘 아침에는 호텔 조식이 잘 나와서 모두들 맛있게 배부르게 먹고 오전 7시 25분 하리푼 차이로 고고씽! 시속 100km로 운전해 한 시간도 안 돼서 8시 20분에 하리푼 차이 골프장 도착. 8시 30분 부킹이라 여유 있게 라운딩 시작! 역시 태국 북부 최고의 나인홀답게 페어웨이 그린 상태 모두 최적이다. 나는 오전에만 18홀을 치기 때문에 점심 먹고 오후에 나인 홀을 더 도는 우리 팀(이분들 매일 27홀을 때림) 기다리는 시간에 구글에 하리푼 유적을 치니 하리푼 여왕을 만나러 오세요 라고 뜨길래 무작정 찍고 차를 몰고 골프장을 빠져나왔다. 10분 정도 거리에 있어서 금방 찾아갈 수 있었다. 신기한 건 또 내가 간 날이 대규모 행사를 하는 날이었다. 많은 여인들(할머니, 아줌마, 아가씨, 학생 등)이 태국 전통 옷을 입고 사진을 찍고 있었다. 나도 막 사진을 찍어댔다. 아마도 이따 밤에 무슨 행사를 하려는지 의자도 수백 개가 가지런히 놓여져 있었다. 한 예쁜 아줌마에게 다가가 '오늘이 무슨 날인가요?' 라고 번역기로 물어보니 여왕을 위해 춤을 추는 날이란다. 각 마을별로 복장이 다른 것을 보니 단체로 춤을 추면서 하리푼 여왕을 기리는 것 같았다. 옛날에 이 지역이 하리푼 왕국이었다고 구글이 말해 준다. 라운딩을 마치고 호텔로 다시 컴백. 오랫동안 운전을 해서 그런지 조금 피곤하다. 그래도 손님들이 마사지를 원해서 5시 반에 태우고 마사지샵을 둘러봤는데 자리가 없었다. 호텔에서 출발하기 전에 어제 만족스러웠다고 하는 마사지샵에 전화를 하니 전화기 너머에서 포 포 포 하는 소리가 들려 호텔 카운터를 바꾸어 주니 마사지사가 다 일하는 중이라 자리가 없다고 한다. 포가 풀을 태국식으로 발음하는 것 같았다. 특히 오늘은 일요일이라 마사지 손님이 많은 것 같다. 다른 마사지샵도 잘 못 찾고 그렇게 빙빙 돌다가 저녁 장소로 이동했다. 람빵 도시 북쪽에 있는 식당인데 호수도 있는 아주 큰 식당이었다. 이름은 Ruean Phae Restaurant였다. 총 8가지 음식을 시켜서 잔뜩 먹었다. 닭고기 바베큐(진짜 맛있었음), 쏨땀(태국식 생채나물?) 야채볶음

(삼겹살 몇 개 들어갔음), 새우튀김, 완자튀김, 일본 마파두부 비슷한 거, 신선한 야채나물(모닝글로리라고 함), 밥 이렇게 나왔던 것 같다. 비싸게 나오면 어쩌지? 라고 살짝 걱정했는데 이런. 그것은 기우였다. 맥주 4병에 사이다 콜라 1병씩 포함해서 총 1510밧! 모두들 다 놀랬다. 너무 싸서. 맥주가 90×4=360 음료수랑 대충 400을 뺀다면 음식값 1100밧에 이렇게 푸짐하게 나온다고? 와우! 그렇게 어제와는 다르게 대만족스럽게 먹고 차를 타고 호텔로 귀가. 저녁 식사 때 맥주 한 잔 먹고 차를 운전하고 호텔에 오면 술 생각이 없어서 그냥 잔다. 독서를 해야 하는데 하루 종일 운동하고 운전하고 하니 피곤해서 쉬는 편이 나을 것 같다.

- **〈람빵 귀환 3일 차〉 12.9.**

'뿌리야 더 단단해지거라.' 한국의 부모들이 자식을 키우면서 반드시 되뇌어야 할 말이다. 부모 마음이야 넘어진 아이를 당장 부축하면서 먼지를 털어 주고 싶지만 아이 스스로 일어나도록 기다려 주어야 한다. 초중고를 다니면서 얼마나 많은 역경이 아이 앞에 기다리고 있겠는가? 그때마다 부모가 일일이 도와준다면 아이의 뿌리가 단단해질 틈이 없다. 물론 부모의 케어로 아이는 더 공부를 잘할 수는 있지만 거기까지다. 공부가 인생에 전부는 아니다. 공부를 잘해서 서울대를 간다고 해도 뿌리가 단단하지 못하면 훗날 갈팡질팡한다. 부모는 기본적인 것을 보살펴 주는 선에서 참고 또 참아야 한다. 나머지는 아이들 스스로 해결하도록 해야 한다. 요즘 친구나 주변 이야기를 들어보면 아이들에게 선언한 집 아이들이 잘나간다. 선언 내용인즉, 엄마 아빠는 물려줄 재산이 없다. 그러니 대학교육을 마치면 이제부터는 너희들 스스로 모든 것을 해결해 나가야 한다. 이러면 아이들은 제 발등의 불을 제 스스로 꺼야 하기 때문에 뇌가 달라진다. 뇌의 작동이 달라지면 행동이 달라진다. 행동이 하루이틀 지속되면 습관이 된다. 습관은 제2의 천성이 되어 그 아이의 운명을 바꾼다. 이것이 세상의 이치이다. 갑자기 우리 딸들을 생각하며 썰을 풀었다. 며칠 동안 금주를 했더니 몸이 가뿐해졌다. 어젯밤처럼 자다 깨다 자다 깨다 하는 현상도 없어졌다. 지금 이 글도 새벽 2시 반에 일어나 슬로우 조깅 45분 하고 샤워를 마치고 몸이 안 피곤해서 스톱워치를 켜놓고 글을 쓰고 있다. 과음의 문제는 숙면을 못 취한다는 데 있다. 술을 잔뜩 먹고 자다 보면 일정 시간까지는 자는 게 아니라 그냥 곯아떨어지는 것이다. 그렇게 한 중간쯤 지나면 그때부터 잠을 자는 것이니 절대 수면 양이 부족할 수밖에 없는 구조이다. 하물며 술을 진탕 먹고 잔 날은 밤새 술 깨느라 잠을 잔 게 아니라 그냥 곯아떨어진 것이다. 술을 많이 마시고 잠을 자면 자다가 알코올 때문에 계면상태가 되는 것이다. 순간순간

잠에서 깨는 것인데 술에 취해서 이것을 잘 모르면서 자는 것이다. 이걸 어떻게 확인할 수 있냐면 허구한 날 술을 마시고 자다가 어쩌다 술을 마시지 않고 잠을 자는 날이면 자다가 순간순간 깬다는 느낌이 온다. 약간 비몽사몽 상태라고 해야 하나 뭐 그런 것이다. 치앙마이 나이트바자에서 지난 며칠간 계속 부어라 마셔라, 더군다나 리젠시 예찬론을 펼치면서 그 큰 병 리젠시를 다 마시고 나이트바자 가서 또 마시고 호텔방에 와서 또 마시고 그렇게 곯아떨어져 잔 날이 얼마나 많았던가! 나이트바자뿐만 아니라 지난 11월 10일 치앙마이에 들어와서 해외 온 기념으로 허구한 날 술을 먹었으니, 또 11월 17일부터 친구들 왔을 때는 더 먹어댔으니 그 여파로 어제까지 자다 깨다를 반복한 것이었다. 몸이 술을 못 이겨 왔기 때문에 술을 안 먹었는데도 그 여파가 그 여진이 남아 있었던 것이다. 앞으로는 술을 진짜로 반주로 한두 잔 먹는 수준에서 관리를 해야 할 것이다. 오늘은 다시 메모 골프장으로 귀환하는 날이다. 어제 치앙마이 하리푼 차이는 진짜로 맨 한국 사람 천지다. 겨울철 치앙마이 쪽 골프장은 한국 사람 천지다. 1, 2월 성수기 때는 18홀 도는 데 6시간 이상 걸린다. 치앙마이 국제공항에 들어오는 국제선 비행기가 21대다. 그중에 1/3인 7대가 한국에서 오는 비행기다. 7대는 거의 다 한국 사람이라고 보면 된다. 치앙마이 한 달 살기 열풍, 골프 치기 좋은 날씨 치앙마이, 마사지 천국 치앙마이, 올드시티 치앙마이, 액티비티 치앙마이 등등 해서 완전 치앙마이는 한국 사람들이 다 먹여 살린다고 해도 과언이 아니다. 치앙마이에 옛날에는 골프장이 6개밖에 없었다. 지금은 15개가 넘는다. 치앙마이 날씨는 골프 치기엔 최적의 날씨이다. 가성비 최고의 골프가 치앙마이 골프다. 그 치앙마이보다 한 수 위 가성비 골프가 람빵 메모다. 치앙마이 날씨가 얼마나 좋은가 하면 옛날에 치앙마이에 같이 온 골프 동반자 중에서 한국에서는 무릎에 물이 차서 엄청 아픈데 치앙마이에 와서 골프 칠 때는 전혀 무릎이 안 아프다고 했던 기억이 난다. 그만큼 치앙마이 날씨가 뽀송뽀송하다는 이야기다. 오늘도 조식을 먹고 손님들을 태우고 메모 골프장으로 달렸다. 월요일이라 차가 많아서 운전하기 불편하다. 여행 시 자가운전자들은 출퇴근 시간 운전 조심해야 한다. 메모 티오프 시간이랑 출근 시간이랑 겹쳐서 항상 조심해야 한다. 람빵에 거주하면서 메모 골프장 옆에 있는 화력발전소로 출근하는 사람들이 엄청 많다. 메모 골프장도 이 화력발전소 거다. 우리 팀을 27홀 들여보내고 나는 메모 골프 연습장으로 향했다. 공 1박스에 30바트짜리 두 박스를 세팅해 놓고 샷을 분석하고 연구하면서 쳤다. 스윙을 하면서 아! 이거다 라고 생각되는 걸 적어 보았다. 체중 이동 필수, 스윙 아크를 크게, 오른팔을 겨드랑이에 붙이고 백스윙, 왼다리는 벽의 역할을 하면서 임펙트 시 파리채처럼 갈긴다, 백스윙할 때 헤드 바운스 면을 동그랗게 만든다고 생각하고 백스윙, 우드는 진짜로 힘 빼고 빨랫줄에 매달린 돌멩이를 돌리듯, 드라이버는 어드레스 시 몸이 살짝 오른쪽으로 기울어야, 긴 채일수록 급하게 들어 올리지 말고 낮고 길게 백스윙 이런 식이다. 이렇게 적어놔도 몸이 익혀야 된다. 그래서 연습이 진짜 중요하다. 점심 먹고 어프러치 연습을 하는데 진짜 안 된다. 가능하면 퍼팅으로 하는 게 확률이 더 높다는 사실만 확인했다. 오후에는 메모 골프장 내에 있는 서비스홀(19번 홀)에서 실전처럼 연습을 했다. 해도 되는 건지 모르지만 사람도 없고 해서 120m 파 3를 8번 아이언으로 열 번 연습해서 모두 파를 잡았다. 10m 내외에 붙은 공을 실수 없이 투 퍼팅으로 마무리했다. 그린을 발로 밟으면서 그린 상태를 느껴야 함을 오늘 깨달았다. 그렇게 라운딩을 마치고 호텔에 도착하여 샤워를 한 시간 동안 하고 아까 메모에서 예약한 마사지샵으로 고고! 두 시간 마사지 후 오늘 저녁은 람빵에서 꽤 알아주는 태국 식당을 가 볼 예정이다. 지난번에 친구들 왔을 때 스캔만 하고 가 보지는 못했다. 이름은 ChatSomBoon으로 평점 4.4에! 리뷰 499개다. 인터넷으로 검색을 해 보니 각종 맛있는 음식들이 정말 많았다. 그래서 미리 주문해 놓고 가면 좋겠다 싶어서 차를 몰고 식당으로 향했다. 가는 와중에 구글 내비가 '오늘은 휴무일 수도 있습니다.' 이러는 게 아닌가? 길이 헷갈려 약간 돌고 돌아 식당 앞에 가니 역시나 Closed. 이런이런. 사전답사 안 왔으면 완전 낭패당할 뻔했네! 어떻게 할까 궁리하다가 어제 그 식당으로 가야겠다고 생각해서 오늘은 미리 전화로 음식 주문을 하고 가기로 했다. 6시 반에 마사지 끝나고 내비 안내대로 람빵 시내 왕강을 건너 골목골목으로 조심조심 찾아갔다. 중간에 정말 생소한 골목길을 돌고돌아 찾아갔다. 식당에 도착하니 어제와 같은 음식 중 몇 개 인기 없었던 음식은 제외하고 예약을 해서 우리가 가니까 음식이 곧바로 차려졌다. 역시 전기통닭구이(내가 붙인 이름이다)는 맛있어 굿! 창맥주와 함께 맛있게 식사. 아까 호텔에 맥주를 사다 놓을까 하다가 없으면 안 먹으니 안 사다 놨다. 8시 조금 넘어서 취침. 오늘 일정 성료.

- **〈람빵 귀환 4일 차〉 12.10.**

이런 말이 있다. '기억은 기록을 이길 수 없다.' 메모의 중요성을 강조한 말이다. 성공한 사업가들은 죄다 메모광이다. 항상 수첩을 몸에 지니고 다니며 생각날 때마다 그 무엇을 수첩에 적는다. 아이디어도 적고 일정도 체크하고 아무튼 기록을 계속해 나간다는 것이다. 이번에 치앙마이를 여행하면서 이 77일간의 치앙마이 일기를 매일매일 쓰면서 다시 한번 기록의 위대함을 느낀다. 기록 없이 그냥 하루하루를 지냈다면 내가 뭐 한 게 있나? 이런 느낌이었을 것이다. 그런데 하나하나 사소한 것까지 기록하다 보니 하루하루의 생활이 모두가 다 의미 있게 다가오는 것이었다. 그리고 우리네 인생 자체가 그렇게 하루를 무의미하게 보내는 게 아니라는 사실을 알았다. 기록을 하다 보면 그 당시 나의 생각도 항상 적어 놓기 때문에 우리가 그냥 생각 없이 살지 않는다는 사실을 깨닫게 되는 것이다. 기록 없이 그냥 한 달 살기를 했다면 내가 무얼 했지? 이럴 수도 있을 것이다. 그런데 이렇게 기록을 하다 보니 정말 모든 게 새로운 의미로 남는다. 어제랑 그저께 먹은 식당 음식을 잘 스캔해서 밴드에 올렸어야 했는데 깜빡했다. 가성비 좋은 식당인데. 이런이런. 아무튼 식당 이름은 앞에서 말했으니 내비로 찾아가면 될 것이다. 오늘도 푸짐한 호텔 조식을 먹고 메모로 출발했다. 경제속도로 달렸다. 뭐 잘났다고 시속 100km 이상 막 달리니 기름이 푹푹 줄어 있었다. 기름 아까운 줄 알아야겠다. 메모에 도착하니 오전 8시. 손님들 티오프 들여보내고 나는 여유를 느끼며 엉망진창인 내 스윙을 점검하기 위해 메모 골프 연습장으로 가서 퍼팅 연습을 좀 하다가 오늘도 공 2박스 세팅하고 연습에 돌입했다. 오늘은 미리 가져간 삼각대에 핸드폰을 설치하여 동영상을 찍어 가면서 샷을 점검하였다. 영상 속 내 스윙이 진짜 맘에 안 들었다. 빈 스윙 때는 백스윙 완성이 잘되다가도 진짜로 공을 치는 동작에서는 백스윙이 엄청 작아진다. 뭐에 막혀 있는 듯한 스윙이었다. 녹화했던 동영상을 죄다 지워 버렸다. 내가 봐도 답답한 스윙이라 화가 나서 지워 버린 것이다. 내일부터는 백스윙 완성을 위해 맹연습을 해야겠다고 다짐했다. 그렇게 연습을 마치고 땀을 흘린 후 메모 클럽하우스에 가서 싱하 맥주 한 병을 시켜 먹었다. 싱하를 시키는데 아주 예쁜 아가씨가 있길래 스와이 막!(정말 예뻐요)이라고 해 주었다. 컵쿤캅(감사합니다). 자리에 앉으라고 하고 이런저런 이야기를 많이 물어보았다. 어느 어느 대학교를 나왔다고 했고 영어를 좀 해서 영어로 말을 주고받았다. 이름이 빔이라고 했다. 27살이라고 했다. 이따가 1시에 점심을 사 주겠노라고 하니까 아주 좋아했다. 우리 팀 손님들이 18홀 마치고 점심을 먹으러 와서 파카파오 무 2개, 까오팟 무 2개를 시켜 주었다. 맥주 2병. 내가 서비스로 망고도 사 주니 엄청 좋아했다. 그렇게 후반 나인 홀을 들여보내고 아까 그 빔을 불러 점심을 먹자고 했다. 파카파오무 까오팟무 중 어떤 것을 먹을 거냐 물어보니 파카파오무(흰밥에 돼지고기 잘게 썰어서 볶은 것을 얹어서 줌)를 먹는다길래 나는 그럼 까오팟무(새우볶음밥에 돼지고기 잘게 썰어서 볶은 것 추가)를 먹는다고 했다. 그런데 빔이 뭐라고 뭐라고 하면서 동생도 같이 먹어도 되냐고 하길래. 오브 코오스! 아는 동생인데 14살이라고 했다. 그렇게 셋이 점심을 먹었다. 나는 맥주, 둘이는 콜라를 마셨다. 밥을 남기길래 왜 남기느냐고 하니까 다이어트를 위해서란다. 내가 또 잔소리를 했다. 콜라를 가리키면서 다이어트의 적은 콜라야 콜라!! 아무튼 셋이 즐겁게 점심 식사를 마무리하고 기념사진도 찍었다. 식사 후 어프러치 연습장에서 피칭, 갭웨지, 샌드 이렇게 3개를 가지고 요즘 어떤 게 잘되나 점검 중인데 내가 계속 써 온 샌드가 가장 무난했다. 물론 퍼터로 굴릴 수 있는 데서는 무조건 굴린다. 어프러치에는 역시 텍사스 웨지(퍼터)가 가장 안전해! 골프에서 그린을 놓쳤을 때 어프러치로 붙여서 파를 잡는 것을 스크램블링이라고 한다. 사실, 아마추어와 프로의 차이는 이 스크램블링 능력에 달려 있다. 프로들은 70% 이상, 아니 PGA 선수들은 95% 이상 스크램블링 능력을 가지고 있다. 우리는 어떨까? 나의 골프 실력이 잘나갈 때 기록을 하면서 %를 내보니까 30% 미만이었다. 세 개 중 2개는 무조건 보기라는 이야기다. 그것도 싱글 골퍼 수준일 때 그렇다는 이야기고 나머지는 대부분 10% 미만이다. 10개를 쳐야 하나 정도 핀에 붙는다는 이야기다. 그만큼 어려운 게 숏게임이다. 이를 거꾸로 이야기하면 골프를 잘 치려면 숏게임 연습을 미친 듯이 해야 한다. 그런데 우리는 드라이버 연습을 제일 많이 한다. 일리는 있다. 드라이버가 똑바로 멀리 나가야 기분도 좋고 골프를 좀 친 것 같은 느낌이 드는 건 사실이다. 오늘도 라운딩 후 호텔 샤워 후 마사지 두 시간. 저녁은 람빵에서 유명한 씨푸드 집엘 갔다. 이런저런 요리를 시켜 먹으면서 즐거운 시간을 보냈다. 동반자 중 한 명이 생일이라 케이크를 사다가 노래도 불러 주었다. 8시에 호텔에 들어왔는데 맥주가 안 땡긴다. 요즘 들어 술이 술을 먹는 현상이 줄어들었다. 냉장고에 리오맥주 3병을 사다 킵해 두었는데 전혀 땡기지가 않는다. 희한한 현상이다. 뭐지?

- **〈람빵 귀환 5일 차〉 12.11.**

람빵 메모 골프 우리 팀 선수들이 온 지 절반이 지났다. 앞으로 수, 목, 금, 토를 메모에서 치고 한국으로 들어간다. 여행을 다니다 보면 열흘을 와도 아쉽고 한 달을 와도 갈 때쯤 되면 아쉽다. 이때 방법이 있다. 만약 한 달 일정으로 골프를 치러 왔는데 열흘밖에 안 남았다면 오늘부터 새로 시작이다! 이렇게 생각하고 일정을 시작하는 것이다. 오늘부터 열흘을 골프 치러 왔다고 생각하면 한 달 속의 열흘이 아니라 지금 이 순간부터 마음껏 즐겨야 하는 소중한 순간들이 되기 때문이다. 카르페 디엠! 현재를 즐겨라! 이것이 정답이다. 아마 우리 팀도 벌써 반이 지났네? 라고 생각할 것이다. 그러나 생각을 바꾸어서 어제 치앙마이 공항에 내려서 람빵 레지던스 호텔로 와서 오늘부터 4일 빡세게 골프를 치고 가는 거야 라고 생각하면 오늘부터 새로워진다. 사실 4일 골프 치기 위해서 비행기 타고 대여섯 시간 오는 사람들이 얼마나 많은가? 세상 모든 이치는 발상의 전환에 따라 달라 보이는 것이다. 어제 간 마사지 집은 람빵 시내 근교에 있는 마사지집인데 1시간 타이 마사지에 300밧을 받고 있었다. 람빵 시내가 1시간에 200밧인데 의외로 비쌌다. 약간 퇴폐성을 띠고 있는 듯한 분위기였다. 람빵 시내에 있는 마사지샵에서는 오일 마사지를 안 하는데 어제 간 집에서는 오일 마사지를 하고 있었다. 전해 들은 뉴스에서는 우리나라 20대 여가수가 방콕에서 태국전통마사지를 받다가 사망했다는 소식도 들려온다. 여기서 살다 보니까 마사지도 천차만별이다. 나는 가 보지 못했지만 치앙마이에서 보니까 풀코스에 5400밧(25만 원!) 하는 마사지도 있었다. 아마 우리가 영화에서나 보던 그런 마사지인 것 같았다. 욕조에 꽃을 뿌리고 핫스톤을 올려놓고 아로마 향으로 등등. 오늘 아침 호텔 조식을 먹으면서 좋은 아이디어가 떠올랐다. 지금 쓰고 있는 이 글을 가편집하여 인천공항에서 치앙마이로 가는 여행객들에게 판매하면 어떨까 생각했다. 약 300권을 판매하여 그 수익금으로 책 출판 비용으로 쓰면 된다. 나는 '도서출판 형설의 공'이라는 출판사를 운영하고 있는 CEO다. 말이 CEO지 그냥 내가 내 책을 자비 출판하기 위해 만든 회사다. 물론 사업자 등록증도 다 냈다. 1인

출판사는 사무실 없이 그냥 자기 아파트를 사무실로 신고해도 된다. 그렇게 해서 낸 책이 2권이다. 하나는《세상을 바꾸는 대한민국 교육이야기》이고 또 하나는《미용실에서 읽는 철학책》이다. 이 일기를 쓰다가 보니 이런 아이디어나 사업까지도 생각하게 되었다. 이제 겨우 한 달을 썼을 뿐인데 말이다. 메모 골프장 네 번째 치는 날이다. 수요일인데 출근하는 차가 많다. 신기하게 화요일은 차가 없더니 수요일은 많다. 이유는 잘 모르겠다. 메모에 도착하니 카운터 아가씨가 아직 출근을 안 했다. 원래 8시에 오픈하는 건데 늦는다. 8시 15분쯤인가 도착하면서 영어로 나한테 뭐라고 뭐라고 한다. 대충 정리하면 먼저 출발하고 계산은 나중에 18홀 돌고 나서 하시라고. 나는 알았다고 하고 우리 팀을 출발시켰다. 아침에 부산하게 준비하여 출발을 시키고 나면 오롯이 나만의 여유시간이 찾아온다. 오후 2시까지. 오늘은 라운딩 전 일단 퍼팅 그린에 가서 한 30분쯤 퍼팅 연습을 했다. 퍼팅 연습이 원래 진짜로 재미없었는데 요즘 들어 재미가 생겼다. 아무리 멀어도 투 펏으로 끝내는 게 목표다. 생각한 대로 공이 흘러갈 때의 짜릿함이 있다. 홀 가까이 못 붙였을 때도 신중하게 원 펏으로 마무리. 요즘 퍼팅을 하면서 좌뇌 퍼팅과 우뇌 퍼팅을 생각해 보았다. 자신이 좌뇌가 발달했는지 우뇌가 발달했는지에 따라 퍼팅 방법을 달리하는 것이다. 좌뇌가 발달한 사람은 계산적이다. 논

리적이다. 이런 사람은 퍼팅 거리 등을 정확히 재서 그 데이터를 뇌 속에 저장하고 퍼팅을 하는 것이다. 반면, 우뇌가 발달한 사람은 감각적이다. 예술적이다. 이런 사람은 거리 계산 이런 거 필요 없이 그냥 감으로 치는 게 더 낫다. 괜스레 발자국으로 재서 머리에 데이터를 입력하면 방해만 될 뿐이다. 나는 우뇌가 발달한 사람이다. 그냥 감각적으로 퍼팅을 하니 결과가 훨씬 더 좋다. 지금껏 잘못해 온 20년의 퍼팅 세월이다. 달무리 퍼팅도 생각해 보았다. 홀 주변을 달무리처럼 동그라미를 그려놓고 그 동그라미 안에 집어넣는다고 생각하는 것이다. 달무리 반지름을 약 1m로 가정하고 퍼팅을 하면 부담이 덜하니 자연스러운 퍼팅이 된다. 또 있다. 내리막 퍼팅은 1m 전 또는 2m 전부터 살살살 흘러 내려가게 친다. 반면 오르막 퍼팅은 3m나 4m 또는 5m 전에서 투두둑! 하고 치고 올라가게 친다. 아무튼 퍼팅은 어렵다. 깜빡하면 쓰리 퍼팅이다. 골프에서 실수는 이렇다. 퍼팅 실수는 무조건 한 타 손실. 어프러치 실수는 0.8타. 아이언 실수는 0.7타. 드라이버 실수는 0.5타 손실이라는 말이 있다. 다른 것은 만회할 여지가 조금 있지만 퍼팅은 그대로 한 타씩 더 치는 것이니 정말 중요한 게 퍼팅이다. 퍼팅 연습을 마치고 그렇게 9시가 조금 넘어서 공 두 박스를 세팅하고 연습에 돌입했다. 오늘은 진짜 안 좋은 치킨 윙 스윙을 교정하고자 왼손 겨드랑이에 우드커버를 끼고 두 박스를 다

쳤다. 처음에는 이상했는데 나중에 깨달음이 왔다. 치킨 윙 스윙을 안 하니 공이 반듯이 똑바로 나간다. 왜냐하면 엎어 치는 스윙이 절대로 나올 수 없는 구조이기 때문이다. 우리가 평소에 오른팔로 엎어 치니 깎여 맞으면 슬라이스, 당겨지면 훅이 났던 것이다. 무조건 오른팔 겨드랑이를 붙이고 스윙을 한다. 무조건. 이건 골프 스윙의 철칙이다. 우리는 동남아에 골프 치러 와서는 무조건 라운딩만 한다. 물론 4박 5일 짧은 기간으로 오면 당연한 이야기지만 한 달씩 골프 치러 오는 사람들도 연습장 이용을 잘 안 한다. 나도 옛날에 그랬다. 한 달씩 골프 치면서 아침에 부랴부랴 골프장 달려가서 도착하자마자 티샷하고 주르룩 18홀 돌고 나서 샤워하고 나서 클럽하우스에서 맥주를 곁들인 식사를 하고 차를 몰고 시내로 나와 무조건 마사지샵에 들른다. 두 시간 마사지 받고 호텔에서 좀 쉬다가 저녁때 회식. 매일 똑같은 패턴이었다. 이번엔 좀 달리 여유를 가지고 연습장도 이용하면서 잘못된 스윙도 잡아 가는 중이다. 이렇게 세상은 관점을 살짝만 바꿔도 달리 보이는 것들이 너무 많다. 여유를 가지면 자유가 생긴다. 점심을 먹고 어제 클럽하우스에서 만나서 점심도 같이 먹고 사진도 찍었던 빔이 운영하는 커피숍을 찾아가 보았다. 조그맣게 하는 커피숍이 아닐까 했는데 외관은 아주 컸다. 안으로 들어서니 사람들이 북적북적했다. 빔을 찾으니 안 보였다. 호수가 보이는 바깥 테라스에 자리를 잡고 주문을 하러 들어가 남자 직원한테 빔은 어디 있냐고 물으니 주방 쪽을 가리킨다. 아! 어제 빔에게 당신의 꿈이 무엇입니까? 라고 물으니 쉐프 라고 했던 말이 기억났다. 주방 안을 들여다보니 빔이 혼자 바쁘게 요리를 하고 있었다. 빔과 반갑게 재회를 하고 사진도 한 방 찍어 주었다. 역시 예쁘구만. 아~ 여기를 오게 된 이유가 있다. 어제 빔에게 누구랑 사느냐고 했더니 엄마랑 오빠랑 셋이 산다고 했다. 오빠는 그 클럽하우스에 딸린 커피숍을 운영하고 있었다. 며칠 전부터 봐 왔던 친구다. 커피숍을 운영하는 오빠치고는 생김새가 산적 같았다. 그런데 이 친구 산적 같긴 한데 엄청 순진한 산적이라고 해야 하나? 지난번에도 무슨 주문을 하면 말은 절대 안 하고 미소를 지으며 고개만 끄덕인다. 알았다는 신호다. 커피숍을 찾아가게 된 이야기로 돌아가서 아~ 오늘 라운딩을 마치고 땀을 많이 흘려서 루틴대로 클럽하우스에서 싱하 한 병을 시켜서 먹고 있는데 지난번부터 안면이 있는 클럽하우스 주인아주머니가 나를 보더니 빔 어쩌구 하면서 말을 걸어왔다. 그러면서 빔이 자기 딸이라고 하였다. 대박이라고 해야 하나 이런이런 이라고 해야 하나 아무튼 엄청 놀라면서도 반가워했다. 애매한 반가움이라고 해야 하나 아무튼 그랬다. 그래서 내가 말을 돌려서 어제 내가 밥을 사 줬다고 빔의 친한 동생이랑 같이 셋이 밥을 먹었다고 어쩌구 말을 했다. 자기도 안다는 눈치였다. 그래서 내가 빔 어딨어요? 라고 물으니 어나더 커피숍이라고 하면서 손으로 지도를 그려 가면서 어디쯤이라고 말을 했다. 나는 감이 잡힐 리가 없었다. 아주머니가 그 커피숍 메뉴를 자기 핸드폰으로 보여 주었다. 나는 아래로 스크롤 스크롤 하면서 감탄사를 연발해 주었다. 오! 밥도 파네! 오! 스파게티도 파네! 그러다가 내 핸드폰으로 그 커피숍을 구글 지도에 검색을 하니 길이 확 열렸다. 6분 거리에 있었다. 대충 어딘지 알 것 같았다. 그렇게 장소를 알아둔 다음 점심을 먹고 그 아주머니에게 빔 커피숍에 간다고 했더니 엄청 좋았는지 큰 소리로 뭐라고 뭐라고 했다. 그렇게 이 커피숍을 찾아온 것이다. 대부분의 손님들은 발전소 손님들인 것 같았다. 하기야 발전소가 바로 코앞이니 발전소 사람들 말고 누가 여기 오겠어. 시내도 아니고 농촌인데. 카페모카를 시켜서 마시고 다시 메모 골프장으로 와서 어프러치 연습을 했다. 근데 이게 뭔 일이랴? 어제도 이야기했지만 스크램블링 능력이 아마추어들은 15% 내외이다. 근데 오늘 내가 무작위로 아무 데나 던져 놓고 샌드로 어프러치를 하고 퍼팅으로 마무리하는 실전연습을 했는데 10개 중에 8개를 성공시켰다. 무려 80% 성공률!!! 와우!!! 이 정도면 PGA 수준이다. 완전 대박 스크램블링의 날이다. 실전에서 이랬다면 아마 언더를 쳤을 것이다. 왜냐하면 그린을 놓쳤는데 거의 다 파 세이브를 하고 재수 좋으면 버디를 세 개 잡았다면 원 언더(-1)를 친 것이다. 완전 라베다. 나는 지금까지 골프 인생에서 언더는 고사하고 아직까지 이븐도 못 쳐 봤다. 라베가 73타다. 73타 친 날 버디 5개를 잡았지만 마지막 홀에서 더블을 하는 바람에 언더 이븐 다 날아갔다. 이런이런. 오늘 점심때쯤 카운터로 계산을 하러 가는데 입구 쪽에 캐디들이 쭉 앉아 있었는데 예쁜 캐디가 눈에 들어왔다. 나는 따로 불러내어 내년 1월 8일부터 17일까지 메모 골프장에 올 건데 내 전용 캐디를 하겠냐고 하니 좋다고 한다. 서로 라인을 주고받고 기념으로 사진도 찍고 헤어졌다. 이름은 유나다. 우리 팀이 오늘은 마사지 대신 커피숍을 가자고 해서 여기저기 왕강 쪽으로 돌아다녀 봐도 신통한 커피숍이 없었다. 그래서 오늘은 조금 일찍 람빵의 유일한 한식당 자기야로 가기로 하고 차를 몰고 자기야를 갔는데 이런이런. 문을 닫아 버린 것이 아닌가? 또 순간적으로 당황하여 어느 식당을 가야 하나 고민 끝에 왕강 쪽 레스토랑으로 향하다가 고기 뷔페가 더 좋다는 의견에 따라 거기로 향했다. 1인당 245밧에 무한리필집. 태국어로 무카타라고 한다. 리오 캔맥주 5개와 함께 먹었는데 완전 대만족. 배부르게 먹고 1인당 300밧 내고 나옴. 가성비 굿! 람빵 구도로 람빵에서 제일 높은 건물 위앙똥 호텔 쪽에서 센텐 백화점 가는 길 오른편에 있다. 오늘도 이렇게 하루를 마무리. 8시쯤 자려고 누웠는데 과식을 해서인지 잠이 잘 안 와서 일어나 불을 켜고 슬로우 조깅 한 시간 후 샤워. 잠이 다 깨 버렸다. 이런이런.

• 〈람빵 귀환 6일 차〉 12.12.

묘하게도 12월 12일이다. 내가 고3 때 김재규의 총탄에 박정희가 죽었다. 독재자 박정희의 죽음은 엄청난 권력의 공백을 초래했다. 그 공백의 블랙홀은 먼저 차지하는 사람이 임자였다. 그때 나타난 사람이 전두환이다. 물론 그전부터 박정희의 전폭적인 지지를 얻고 있던 사람이 전두환이었다. 전두환을 위시한 하나회 군인들은 당시 계엄사령관 정승화를 체포하고 권력의 심장부를 차지해 버렸다. 이것이 1979년 12.12사태다. 요즘 한국의 사정은 시계 제로다. 해외에 나와 있지만 집안 사정에 신경이 쓰이는 건 인지상정이다. 슬기롭게 잘 마무리되기를 기원해 본다. 람빵에 내려온 지도 일주일이 다 되어 간다. 매일매일 메모로 출근하면서 이제는 하나의 편안한 일상이 되었다. 일주일 동안 술을 멀리하니 세상이 달라 보인다는 말은 거짓말이고 그냥 이렇게 담백하게 사는 것도 괜찮다는 생각이 들었다. 오늘도 우리 팀을 27홀 출발시키고 어제에 이어서 치킨 윙 스윙 교정을 두 시간 동안 할 예정이다. 골프 인생에서 이렇게 연습을 체계적으로 해 본 적이 거의 없다. 물론 이렇게 연습에 연습을 하고 라운딩을 나가도 결과는 비슷할 것이다. 오히려 힘이 들어가 더 안 될 수도 있다. 그것이 골프다. 골프는 스킬이 30%고 멘탈이 70%를 차지한다. 미국 골프 연습장에 가면 타이거 우즈 스윙 이상 가는 연습생들이 즐비하다. 그런 선수들이 PGA에 입성하지 못하는 이유는 멘탈 부족이기 때문이다. 타이거 우즈가 말했다. 나는 샷이 잘못되면 한 발자국 옮기면서 잃어버린다고. 그런데 우리는 어떤가? 완전 뚜껑이 열리면서 그다음 샷 그다음 샷 실수에 실수를 연발한다. 결국엔 양파! 잘나가다가 한 홀에서 무너져서 프로에 입문 못 하는 프로 지망생들이 한둘이 아니다. 골프는 인생과 완전 똑같다. 잘나간다고 자만해서도 안 되고 잘 안된다고 포기해서도 안 된다. 골프가 너무 안 돼서 골프를 때려치워야겠다고 마음먹으면 그다음 샷부터 잘 맞는다. 이게 골프다. 이게 인생이다. 힘을 빼고 욕심을 내려놓으면 잘 굴러가는 것이 골프고 인생이다. 각설하고. 오늘 아침 호텔 조식을 먹으면서 뭐가 나오나 적어 보았다. 일단 야채와 과일이 아홉 가지다. 강낭콩, 율무, 사과, 양배추, 수박, 방울토마토, 옥수수, 당근 등등. 그리고 소시지, 계란 완숙, 반숙, 찰밥, 꼬치구이 2가지, 죽, 토스트와 쨈, 쉐이크, 주스, 우유, 커피 8가지(아메리카노, 라테, 모카, 카푸치노 등등). 아무튼 훌륭하다. 우리 팀 선수들은 잘도 먹는다. 하기야 매일 27홀을 도니 체력 충전을 잘해야 한다. 잘 먹어야 공도 잘 칠 수 있다.

해외 나와서는 안 아파야 한다. 지난여름에 파타야 갔을 때 나는 잘 놀다가 5일째 되는 날 위장이 멈춰 버렸다. 아무것도 못 먹었다. 이유는 양치질 때문이다. 양치질할 때 양치하고 나서 반드시 마지막엔 생수로 입을 가셔야 한다. 동남아 물은 석회수이기 때문에 그 찌꺼기가 입안에 남아 있다가 음식과 함께 위로 넘어가면 위에 석회가 쌓이다가 며칠 지나면 위가 작동을 멈춘다. 동남아 여행 시 반드시 양치 후엔 생수로 입안을 팍팍 가시는 것 꼭 명심해야 한다. 메모 골프장 가는 길이 아침 출근길과 겹쳐서 매우 위험하다. 처음 운전하는 사람들은 조심해야 할 것 같다. 오토바이랑 차랑 막 엉켜서 운전이 쉽지만은 않다. 오늘 깨달은 것 중 하나가 레이트 힛이다. 우리는 스윙을 할 때 항상 덤빈다. 급하기 때문이다. 그래서 레이트 힛이 정말 중요하다. 한 템포 느리게 치는 것이다. 아무튼 스윙 교정을 하니 드라이버 거리도 40야드는 는 것 같다. 아무튼 기분이 좋다. 공이 똑바로 멀리 나가니까. 삐뚤어지게 나가는 공이 거의 없다. 그렇게 라운딩을 마치고 클럽하우스에 와서 싱하 맥주 맛있게 흡입. 맥주를 먹는데 주인아주머니(빔 엄마)가 빔 어쩌고저쩌고 말하는데 못 알아들었다. 어제 갔다 왔다고는 말했다. 빔을 어쩌라는 거지? 되게 호의적으로 말은 하는데 어쩌라는 건지. 이런이런. 까오팟 무 60밧짜리로 점심을 먹은 후에는 서비스 파 3 120m에서 열 번을 또 연습했다.

돈도 안 내고 이래도 되나? 아무튼 10개 중 파 8개, 버디 2개를 잡았다. 와우! 이 정도면 대단한 성적 향상이다. 오늘 저녁도 어제와 같은 집에서 먹기로 했다. 가성비가 좋으니까. 1시간 풋 마사지(200밧) 받고 무카타로 가자. 어제와 같은 집으로 갔다. 5시 반인데도 사람들로 붐볐다. 이 집 진짜 맛집인가 보다. 미리 예약을 했으니 망정이지 기다릴 뻔했다. 어제 실패를 거울 삼아 불판에 먼저 돼지고기 기름 덩어리로 번지르르하게 만든 다음, 고기를 구우니 어제처럼 타는 일이 없었다. 그리고 불판 주위에 있는 국물 속에 야채를 샤브샤브하여 건져내 고기와 함께 소스에 찍어 얹어 먹으면 압권이다. 이렇게 먹는 방법인가보다. 감자튀김도 진짜 맛있다. 아무튼 노련하게 본전(1인당 입장료 245밧)을 뽑고 나왔다. 호텔에 도착하여 배가 잔뜩 부르니 졸음이 왔지만 슬로우 조깅을 50분 하고 샤워하고 잠이 들었다.

- **〈람빵 귀환 7일 차〉 12.13.**

이제 금요일이다. 람빵에 온 지 일주일이 지났다. 어제 먹은 무카타 집 가격을 분석해 보았다. 5명이 총 1480밧을 냈는데 일단 입장료가 245밧이니 245×5=1225밧. 맥주 5캔×40밧씩 200밧 그러면 1480-(1225+200)=55밧이다. 이 55밧이 뭐냐면 키오스크로 시키는 것인데 한 판에 5밧인 거다. 우리는 키오스크로 시키는 게 귀찮아서 그냥 대충 가져다 달라고 했다. 그 한판에는 각각 삼겹살, 대하, 소고기 등등이 담겨 있다. 우리가 한 11개쯤 먹었으니 1480밧이 나온 것이다. 분석 짱 와우! 7시 20분 정시에 메모로 출발. 오늘은 금요일. 출근 차량은 역시나 많다. 발전소도 주 5일제라고 한다. 8시에 일단 티오프 시키고 나는 모닝 커피를 마시러 빔이 근무하는 발전소 앞 커피숍으로 향했다. 문을 열었을까? 입구에 들어서니 차량 한 대가 서 있었다. 다행히 문을 열었다. 빔에게 주문을 했다. 카페 모카 한 잔. 너도 한 잔 먹으라고 한국말로 하니까 잘못 알아듣고 혹십밧(60밧)이라고 한다. 얼마냐 라고 물어보는 줄 알았나 보다. 아무튼 여유 있게 모닝커피를 한 잔 마시고 나오면서 빔을 불러서 인사. 빔이 말한다. 내일 클럽하우스 간다고. 오케이. 커피숍을 나와 차를 몰고 와서 퍼팅 그린에서 퍼팅 연습 한 열 개쯤 했나? 거의 다 투 펏으로 깔끔하게 마무리. 롱펏도 기분 좋게 한두 개 들어갔다. 퍼팅도 계속하니까 늘긴 는다. 연습장 티박스로 가니 마담이 두 박스를 아예 가져온다. 오케이. 혹십밧(60밧). 장갑을 잃어버려 장갑(통무)을 파느냐고 물어보니 메이(아니요). 그러더니 조금 있다가 남자 주인이 헌 장갑 하나를 가져온다. 어제 장갑 없이 연습을 했더니 손에서 피가 났다. 손톱 틈새에서 피가 조금 났었다. 장갑은 필요하다. 이런 말이 있다. 골프는 장갑 벗을 때까지 모르는 거라고. 타이거 우즈도 말했다. 마지막 18번 홀에서 벙커에 들어간 공을 자기가 언제 헤드 날로 공 중간을 쳐서 그린을 오버해서 숲속으로 사라질지 모른다고. 그래서 장갑을 벗을 때까지 골프는 조심해야 한다. 18번 홀에서 장갑을 벗고 난 다음에야 실수해도 쓰리 펏이니 한 타 더 먹는 것이니까 대참사는 일어나지 않는다는 의미다. 아무튼 골프는 어렵다. 그래서 재밌다. 골프는 셀프 컨트롤 운동이다. 자기 스스로 스포츠맨십을 발휘하면서 하는 운동이 골프다. 그만큼 룰을 어기면 안 된다는 뜻이다. 골프는 룰을 제대로 안 지키면 진짜 재미없는 운동이다. 골프를 치면서 당연하다는 듯이 '하나 더 쳐' '빼놓고 쳐' 이런 말을 서슴없이 하는 사람들이 많다. 이런 동반자들하고는 골프를 치지 말아야 한다. 골프가 저질이 되기 때문이다. 우리가 골프를 아무리 못 쳐도 룰만큼은 PGA 선수 못지않게 지켜야 한다. 그래야 골프 맛이 난다. 당신이 요즘 골프가 재미없는 운동이 되었다면 룰을 제대로 안 지키고 설렁설렁 치기 때문일 확률이 100%다. 쫀쫀하게 쳐야 골프는 재미있다. 오늘은 연습하면서 레이트 힛의 중요성을 다시 한번 깨달았다. 레이트 힛(한 템포 늦게 치는 것)이 되어야 오른쪽 겨드랑이가 붙을 시간(이걸 전문용어로 레깅 동작이라고 한다)이 확보가 되는 것이다. 두 시간 동안 연습을 마치고 메모로 다시 와서 어프러치 연습장에서 연습을 했다. 어프러치도 레이트 힛이 중요하다. 서두르면 망한다. 고덕호 프로도 유튜브에서 어프러치 이것만은 하지 마세요 4가지 중에 한 가지가 서두르지 말라는 것이었다. 오늘도 27홀을 마치고 호텔로 고고! 내일 하루 남았다. 오늘 저녁은 풋마사지 한 시간 후에 지난번에 두 번 갔던 집으로 갈 예정이다. 전기통닭구이, 브로컬리 무침, 모닝글로리. 일본식 마파두부 비슷한 것, 쏨땀 이렇게 전화로 예약해 놓았다. 전기통닭구이를 두 마리 시켰다. 여성분들은 한 마리만 하자는 걸 내가 두 마리 먹자고 했다. 맥주 안주로 짱이다. 아! 아까 점심을 먹으면서 빔 마더랑 이야기를 나눴는데 빔이 한국에 가고 싶다던데요? 라니까. 오케이 한다. 한국에 가서 뭐 하고 싶대요? 라니까 여행이란다. 그래서 내가 전국 일주를 시켜 준다고 했더니. 마더가 하는 말, 빔은 가고 싶은 데만 가고 싶을 거라고. 아하 그래서 명동 강남 K팝 등 몇 군데를 이야기하니 오케이 한다. 내일 빔이 클럽하우스에 온다고 말한다. 내일 빔이랑 이야기한다고 했다. 마더 왈 오케이. 오늘 점심에는 파카파오무를 시켜서 먹었는데 소스가 하나 나왔다. 우리 팀 선수들이 좋아하는 그 소스다. 태국식 청양고추가 들어간 간장소스. 이름은 남쁘릭쁘라 소스. 어딜 가든 이거 하나만 시키면 만사 오케이다. 밥은 물론이고 야채나 심지어 빵을 찍어 먹어도 맛있다. 우리 입맛에 맞는 소스다. 남쁘릭쁘라 소스. 저녁때 맥주를 4잔 마시고 음주운전으로 호텔까지 왔다. 태국은 음주운전에 쫌 관대하다고 해야 할까? 잘은 모르지만 아무튼 조심해야 한다. 배부르게 먹고 와서 운동을 안 할 순 없다. 슬로우 조깅을 하다가 내일 마지막 날 골프 치고 와서 호텔에서 샤워를 해야 하기 때문에 레이트 체크아웃을 신청해 놨으므로 계산하러 내려갔다. 한 룸당 450밧을 내라고 해서 지난번에 오후 6시까지 체크아웃을 하기로 이야기된 거 아니냐고 했더니 카운터 아가씨가 16:00을 핸드폰 화면으로 보여 준다. 서로 의사소통이 잘못되었었나 보다. 16시를 나는 6시로 알아들었던 것이다. 이런이런. 카운터에게 시간을 조금 더 주면 안 되겠냐고 해도 받아들여지지 않는다. 그렇게 실랑이하다가 그냥 체념했다. 어차피 어제나 오늘같이 일찍 끝나면 샤워하고 체크아웃하고 시간은 충분하다. 다시 방으로 올라와 하다 만 슬로우 조깅 마무리. 50분을 다 채우고 샤워하고 람빵의 마지막 밤이라 생각되어서 맥주 한 잔 더 할까 하다가 안 땡겨서 그냥 잤다.

- **〈람빵 귀환 8일 차〉 12.14.**

메모 골프 마지막 날이다. 사고는 마지막 순간에 나기 때문에 안전운전에 최선을 다해야 한다. 토요일이라 출근 차량이 없어서 도로가 한산하다. 예정보다 10분 일찍 도착하여 순조롭게 출발. 체크아웃을 오후 4시에 해야 한다는 이야기는 하지 않았다.

아무래도 골프 치는 데 영향을 줄 것이 뻔하기 때문이다. 골프 끝나고 돌아오는 길 호텔 도착 5분 전에 이야기했다. 아니나 다를까. 손님들이 아우성이다. 아니 도대체 이건 아니지 않느냐는 등 불만이 이만저만이 아니다. 난처한 상황에 빠졌다. 아무튼 호텔에 다시 한번 이야기하기로 하고 일단 방에 가서 씻고 계시라고 하였다. 다행히도 카운터에 한 번 더 강력하게 요청하여 30분 연장을 받아냈다. 2시 20분에 방에 들어갔으니 샤워하고 짐 싸는 게 아무리 복잡해도 4시 반까지는 충분할 것 같은데 일단은 모르겠다. 레이트 체크아웃 문제는 앞으로도 잘 체크해야 할 것 같다. 원래는 짐 싸들고 골프장 가서 골프 치고 거기서 샤워하고 이동하는 게 원칙이고 순리다. 호텔 측도 좀 문제이긴 하다. 레이트 체크아웃 돈을 방당 450밧을 받았으면 4시가 아니라 5시나 6시까지 여유를 줘야지 달랑 오후 4시는 돈이 너무 아깝다. 아무튼 별일 없이 잘 마무리되길 바라면서 다른 이야기로 넘어간다. 오늘은 라운딩을 돌면서 김국진 생각이 났다. 김국진이 말하기를 골프는 막힘이 없어야 한다고 하였다. 동영상을 촬영해 보니 내 스윙은 막힘투성이다. 내가 봐도 답답하다. 골프 스윙은 노력하지 않으면 자꾸자꾸 모난 돌이 되어 간다. 자기가 편한 대로만 스윙을 하기 때문에 폼이 자꾸자꾸 이상해지는 것이다. 그래서 레슨을 정기적으로 받아야 하는 것이다. 프로들도 레슨을 받는데 하물며 우리들이야 말해 무엇하랴. 호텔에 도착해서 약 1시간 지났는데 비가 장대같이 쏟아붓는다. 원래 치앙마이나 람빵, 치앙라이 등 태국 북부는 건조기후로 겨울철에는 비가 거의 내리지 않는다. 지금 내리는 비는 완전 단비다. 요즘 골프장에서는 하루 종일 잔디에 물 주느라고 정신이 없는데 완전 천금 같은 단비다. 겨울철에는 비가 너무 안 오기 때문에 사실 골프장 그린이 여기저기 말라 가기도 한다. 오늘의 에피소드가 하나 있다. 라운딩을 마치고 클럽하우스에 도착하여 싱하 한 병을 마시고 잠시 쉬다가 우리 팀 선수들 점심 시켜 주고 후반 홀 나간 후 서빙하는 어린 학생들을 불러서 밥을 사 줬다. 파카파오 무를 하나씩 사 주었다. 같이 밥 먹으면서 중학생이냐고 물으니 1학년과 3학년이라고 했다. 메모중학교를 다닌다고 했다. 한 학년에 몇 반이냐고 물어보니 3개 반씩이라고 한다. 말을 더 걸며 꿈이 뭐냐? 하니까 한 명은 선생님이라고 하여 내가 아임 어 티처 라고 하니 놀라면서 반가워한다. 다른 한 명은 의사가 꿈이란다. 의사가 꿈인 친구는 지난번에 같이 밥 먹은 아이다. 선생님은 여행 작가라 이렇게 밥 먹으면서 이야기를 나누고 그걸 스토리로 삼는다고 하니 고개를 끄덕끄덕한다. 학생들 밥 사 줄 때 며칠 동안 계속 본 주방 아줌마가 나도 사달라는 시늉을 웃으면서 하길래 오케이 했다. 나중에 탕못 타올라이?(전부 얼마예요?) 470밧! 약 2만 원 나왔다.

우리 팀이 네 시 반에 캐리어를 들고 정시에 내려왔다. 호텔에 짐을 맡기고 피부각질제거용 약이 유명하다고 그걸 사 달라고 해서 네 명을 태우고 약국으로 갔다. 어저께 총 20개를 사다 줬는데 이번엔 다른 손님이 20개를 사길 원해서 약국에 가서 달라고 하니 다 떨어지고 6개밖에 없다고 해서 그것만 사다 주었다. 다시 차를 몰고 람빵의 유일한 한식당 자기야로 향했다. 다행히 오늘은 문을 열었다. 지난 수요일 왔을 때는 문이 닫혀 있었다. 네 분이 드시고 싶은 거 맘대로 드시라고 하였다. 떡볶이 2개, 비빔국수 2개, 김치볶음밥 2개, 떡라면 1개 이렇게 총 560밧! 23000원. 저녁을 먹고 시간이 있으니 카페를 가자고 의기투합하여 여기저기 차를 몰고 다니다가 좋은 카페를 발견했다. 자기야에서 센텐 백화점 쪽으로 약 100m 오다가 오른쪽에 있다. 들어가서 커피와 치즈 케이크 총 460밧. 40분 후에 오겠노라고 하고 나는 센텐 백화점에 가서 초밥을 사다가 호텔에 두고 나왔다. 손님들 보내고 냉장고에 킵해 둔 맥주랑 혼술을 할 예정이다. 카페에서 손님들을 모시고 호텔에 오니 밴이 와 있었다. 골프백에 항공 카바를 씌우고 짐들을 밴에 깔끔하게 싣고 공항으로 출발하기 전에 "그동안 고생 많았습니다, 아무런 사고 없이 잘 끝나서 다행입니다. 초보 가이드 따라다니느라고 고생 많았습니다." 이런저런 인사를 하고 밴을 치앙마이 국제공항으로 출발시켰다. 휴~ 이제 나만의 자유시간이다. 교사 시절 수학여행도 많이 인솔해 봤지만 이렇게 해외에 나와서 사람들을 인솔한다는 것이 여간 긴장되는 게 아니다. 더군다나 그냥 자동차에 따라다니는 가이드가 아니라 직접 내가 운전을 하면서 소화하는 일정이라 더 긴장되는 것이다. 손님들을 떠나보내고 호텔방으로 들어와 아까 사다 놓은 초밥(너무 많이 담아서 315밧이나 나왔다)이랑 리오맥주 3병을 다 흡입했다. 오랜만에 여유 있게 술을 마셔 본다. 오늘 원래 치앙마이로 올라가려고 했었는데 가만히 생각해 보니 시간상 람빵에서 하루 더 묶는 게 좋을 것 같아서 방을 예약했는데 완전 신의 한 수다.

• **〈람빵 귀환 9일 차〉 12.15.**

오랜만에 잠을 푹 잤다. 중간에 깨지도 않고 6시까지 디립다 잤다. 잠은 완전 보약이다. 세상을 살면서 아끼지 말아야 할 것 중 하나가 잠이다. 잠을 어떻게 자느냐에 따라 건강의 질이 달라진다. 세상을 살면서 아끼지 말아야 할 것 네 가지 기승전결이 있다. 잠, 먹는 것(잘 먹어야 한다는 이야기, 삼시세끼 잘 챙겨 먹어야 한다는 이야기), 운동, 그리고 독서다. 잔소리가 될 것 같으니 여기서 줄이고. 지금이 오전 7시 31분이다. 6시에 일어나 슬로우 조깅 50분 하고 샤워하고 글을 쓰는 중이다. 오늘 일정은 조식 먹고 여유 좀 부리다가 치앙마이 올라가는 길에 하리푼차이에서 골프를 치고 올라가려고 하는데 잘 모르겠다. 또 맘이 바뀔지. 완전 P. 1월 초에 친구들이 치앙마이로 골프를 치러 와서 가산쿤탄, 가산레가시, 하이랜드, 알파인, 메조에서 치는데 내가 운전해서 가야 하므로 미리 가서 그 골프장을 스캔하려고 하다가 접었다. 어차피 내비 켜고 가면 되는데 기름 낭비하면서 그럴 필요 있겠어? 람빵 레지던스 호텔을 아쉽게 뒤로하고 계획대로 하리푼차이로 향했다. 람빵에서 한 시간 만에 도착했다. 원래 워킹으로 18홀을 치려고 했는데 카운터 아가씨가 워킹은 안 된다고 한다. 카트 포함 1600밧 결제하고 18홀 시작! 나인 홀을 두 바퀴 도는 것이라 전반 나인 홀에 동영상 촬영을 하면서 라운딩을 돌았다. 8번 홀까지 더블 두 개, 파 3개, 나머지는 보기. 9번 홀이 파 5라 잘하면 파를 잡을 수 있으니 그러면 44타. 그런데 9번 홀에서 망했다 완전! 핑계를 대자면 써드 샷이 벙커에 들어갔는데 발자국 안에 공이 들어가 있었다. 앞 팀 누군가가 벙커 정리를 안 하고 간 것이다. 이런이런. 두 번 만에 벙커 탈출. 쓰리 펏. 완전 망했다. 후반 홀은 동영상 없이 가벼운 마음으로 치기로 하고 1번 홀 티샷! 갱짱러이! 8번 아이언 세컨 샷. 뒤땅성으로 맞아 벙커에 볼이 처박힘. 3/4쯤 잠겼다. 갭웨지로 젖 먹던 힘까지 동원해 쳤지만 다시 벙커 안으로 데구루루. 침착하자. 다시 샌드가 아니라 갭웨지로 벙커샷. 다행히도 2m에 붙음. 원 펏으로 마무리. 보기.

나름대로 소소. 그런데 그다음부터가 문제였다. 2번 홀 파 5. 드라이브 티샷이 헤저드로 두 번씩이나 직행. 100야드 남겨두고 친 다섯 번째 샷이 그린 오바 숲속으로! 완전 양파! 이런이런. 그다음 세 번째 홀 185야드 홀이다. 아까 드라이브로 쳐서 그린을 오바하여 이번에는 3번 우드 샷! 그런데 미스샷으로 벙커 전 50m 러프에 떨어짐. 러프에서 샌드로 엄청 세게 쳤는데도 러프에 채가 잡히면서 벙커로 들어감. 이런이런. 진짜 이때 심정은 완전 골프 그만 치고 집에 가고 싶은 심정이었다. 그런데 반전이 일어났다. 25m 벙커샷이 그대로 홀로 쏙 들어갔다. 나이스 파! 뭐지? 골프를 때려치우려니까 들어가네? 다음 홀 드라이브 굿샷! 세컨이 그린을 놓쳤지만 나이스 어프러치 파! 다음 홀 파 3 10m 온그린 버디퍼팅 들어갈 뻔함. 나이스 파! 다음 홀 385야드 가장 긴 홀. 드라이브 굿샷! 5번 우드 세컨 샷 굿샷. 7m 내리막 퍼팅. 갖다 붙인다고 한 퍼팅이 쏙 들어감. 나이스 버디! 나머지 두 홀도 파파! 진짜 신기하다. 때려치우고 집에 가고 싶은 마음이었었는데 그 순간부터 잘되기 시작하더니 언더를 쳤다. 골프가 완전 인생사다 인생사! 또 한 번 깨달은 오늘의 라운딩이었다. 중간에 캐디랑 이런저런 이야기를 나누다가 캐디들 한 달 수입이 어떻게 되냐고 물었더니 약 15000밧이란다. 65만 원 정도. 외국인 노동자들이 한국에 오면 한 달에 약 250에서 300을 번다고 치면 대충 5배다. 그러니 기를 쓰고 한국에 오려고 하는 것이다. 코리안 드림을 위하여. 불법체류도 최대한 할 수 있는 데까지 하려고 한다. 골프를 마치고 오랜만에 치앙마이로 돌아왔다. 이번엔 숙소를 한인타운이 밀집된 치앙마이 11번 도로 북동쪽에 잡았다. 조식은 없고 750밧! 람빵 레지던스 호텔에 비하면 진짜 너무 차이가 난다. 람빵 호텔에 비하면 그냥 하꼬방 수준이다. 그래도 혼자 지내기에는 괜찮다. 깨끗하기도 하고. 호텔 이름은 ZAK Residence다. 레지던스가 뭔 뜻인가 찾아보니 거주라고 나온다. 저녁에는 아는 동생들이랑 삼겹살 파티를 할 예정이다. 오랜만에 세븐 일레븐에서 리젠시를 사 가지고 가서 마실 예정이다. 또 술이 술을 먹는 건 아녀? 워드를 치는데 손톱이 길어서 불편하다. 분명히 손톱깎이를 챙겨 왔는데 어디에 숨어 있는지 찾을 수가 없다. 계속 못 찾고 하루이틀 지나가는 중이다. 장기간 해외에 체류하려면 손톱깎이, 염색약, 읽을 책, 노트북 등등 단기 여행과는 다르게 준비해 올 것이 많다. 삼겹살 파티를 하러 가는 길에 세븐 일레븐에 들러 리젠시를 사 가려고 했는데 떨어졌는지 리젠시가 없다. 대신 쌤쏭을 사 가지고 갔다. 리오맥주 3병짜리 세트도 같이 사 가지고 갔다. 오랜만에 삼겹살을 먹어 본다. 언제 먹어 봤는지 기억이 없다. 동생이 호주 양주 한 병을 가져와 쌤쏭은 제쳐두고 양주를 마셨다. 얼마나 오래 먹었는지 모르지만 2차를 가기로 해서 차를 타고 어디론가 갔다. 기억이 가물가물. 가라오케를 가니 아가씨들이 주르륵 들어왔다. 일렬로 서서 고르라는 것. 각자 맘에 드는 아가씨를 옆에 앉히고 폭탄주 투하. 이 가라오케 집은 한국 노래방 기기가 있다. 대학가요제 예선 탈락 출신답게 노래 엄청 불러댔다. 옆에 앉은 젊은 아가씨 얼굴 기억이 안 난다. 간신히 호텔을 찾아 잠들었다.

- **〈치앙라이 1일 차〉 12.16.**

어제 오랜만에 과음으로 한 8시쯤 일어났다. 운동은 필수라 스톱워치를 켜놓고 슬로우 조깅을 50분 했다. 호텔방이 좁아서 거의 제자리 마라톤이다. 샤워를 하고 해장국이 먹고 싶어 근처에 종로 뼈다귀해장국이 있다는 이야기를 들은 적이 있어서 구글 지도로 검색하니 도보로 2분 거리에 있다고 나왔다. 걸어갈까 하다가 차를 몰고 해장국집을 찾는데 잘 안 찾아진다. 빙빙 돌다가 호텔로 돌아오는 길목에 아주 조그맣게 써 있었다. 종로 뼈다귀해장국. 아니 간판이 왜 저렇게 조그말까? 겸손하게끔. 차를 주차하고 안으로 들어가니 종업원들이 청소를 하면서 양 양이라고 말한다. 안 된다는 말 같다. 손으로 엑스 표시를 하면서 오케이? 하니까 오케이. 다시 호텔로 와서 1층 로비에 있는 브랙퍼스트 식당으로 갔다. 계란프라이 식빵 소시지 햄 세트를 시켰다. 뜨끈한

국물이 먹고 싶어 핫 워터 오케이? 하니까 오케이 한다. 방에 가서 컵라면을 가지고 내려와서 종업원에게 주었다. 잠시 후 뜨거운 물을 부어서 컵라면을 가져오는데 기가 막힌 것을 하나 발견했다. 나는 지금까지 컵라면에 뜨거운 물을 붓고는 항상 뚜껑 위에 책이나 이런 것으로 덮었는데 이 종업원은 컵라면 은박지 뚜껑을 안으로 살짝 눌러 놓으니 책등으로 안 덮어도 되었다. 이런 이런. 이걸 몇십 년 동안 몰랐다니. 나만 몰랐나? 세상을 살다 보면 나만 몰랐던 것이 엄청 많다. 그래서 우리는 창피하게 생각하지 말고 계속 알아가야 한다. 책을 읽든, 뉴스를 보든, 유튜브를 보든 계속 알아가야 한다. 그렇지 않으면 퇴보한다. 라이프 이스 트레드밀(런닝머신)이다. 계속 걸어야 중간은 간다. 멈추면 퇴보하는 것이 인생이다. 각설하고. 오늘은 차를 몰고 치앙라이 여행을 해 보려고 한다. 한 세 시간 정도 운전해야 갈 수 있다고 나온다. 호텔을 잡고 가야 하는데 일단 가서 잡을 생각이다. 치앙마이를 12시에 출발하여 치앙라이로 차를 몰았다. 일단 주유소에 들러 기름을 만땅 넣었다. 여기 태국에서 기름 넣을 때 휘발유 차는 91 또는 95를 넣어야 한다. 91은 까오능, 95는 까오하 라고 하면 된다. 기름값은 대략 리터당 36밧 그러니까 한국 돈으로 1500원 정도이다. 기름을 넣고 세 시간 여정에 들어갔다. 정말 산 넘고 물 건너왔다. 중간에 시속 10km로 달려야 하는 비포장도로도 좀 있었다. 도로 확장 공사 때문에 임시 비포장인 도로다. 그리고 치앙라이 도착하기 1시간 전쯤에 어느 읍내를 지나는데 중고등학생들이 전통 태국 옷을 각양각색으로 입고 밴드를 앞세운 가두행진을 하는 행렬을 만났다. 대략 천 명쯤 되는 긴 행렬이었다. 멋있는 광경을 덤으로 구경했다. 그렇게 치앙라이에 도착하여 일단 치앙라이에서 유명하다는 커피숍으로 갔다. 라리타 카페다. Lalitta cafe. 아! 정말 카페에 들어서니 분위기 짱으로 만들어 놓았다. 입장료가 60밧이다. 그 안에 커피숍이 두 개 있었는데 한 군데 들어가 카페라테를 시키니 종업원이 입장료 티켓을 보여 달라더니 스캔을 뜨고 30밧을 깎아 준다. 89밧에서 59밧으로. 호텔이 살짝 걱정되기도 해서 종업원한테 물어보았다. 치앙라이에서 싸면서 괜찮은 호텔 어딘가요? 다른 종업원들과 상의하더니 푸완짠 호텔 뭐 그랬던가? 그래서 구글 내비에 입력하니 Miro Hotel이라고 뜬다. 오! 땡큐! 카페를 나와 내비에 입력하고 차를 몰고 시내로 들어갔다. 가다가 괜찮아 보이는 사원이 있어서 차를 주차하고 둘러보았다. 20분 정도 돌아본 다음 다시 차를 몰고 미로 호텔로 고고! 내비가 다 왔다고 안내한다. 길가에 일단 주차를 하고 둘러보는데 간판이 잘 안 보인다. 주위를 둘러보니 The Space hotel이 눈에 들어왔다. 그 호텔로 일단 고고. The Space hotel 카운터에서 2박 계산. 1박당 990밧! 일단 호텔 해결. 호텔에 가방을 두고 일단 차를 몰고 치앙라이 시내를 돌고~ 돌고~ 돌고~ 한 시간쯤 돌았나? 돌다 보니 대충 치앙라이 시내가 머릿속에 그려졌다. 차도 밀리고 이젠 별로 노잼이라 호텔로 가자. 호텔에 캐리어를 내리고 5시 반이 넘어서 저녁거리를 사러 시내 쪽으로 고고. 근처에 편의점이 있다고 카운터가 말해 줬다. 일단 시내 쪽으로 걸어갔다. 걸어가니까 확실히 가게들이 눈에 확확 들어온다. 차를 타고 스캔할 때는 잘 안 보이다가도 걸어가니까 가게별 특징이 눈에 잘 들어온다. 한 20분쯤 스캔했나? 아가씨가 있는 맥주 바에 들어갔다. 자그마한 아가씨랑 맥주를 마셨다. 리오 작은 거 한 병에 70밧. 아가씨가 자기도 서비스로 한 잔 사 달라길래 오케이. 칵테일 100밧짜리. 그렇게 리오 3병에 아가씨 칵테일 두 잔 한 40분 마셨나? 410밧을 내고 아까 봐 둔 회전 초밥이 아니라 회전 꼬치집(?) 이라고 해야 하나 아무튼 그 집으로 들어가서 계산부터 하는 줄 알았는데 일단 자리에 앉으시라고. 일단 국물부터 골라야 한다. 49밧짜리 국물. 매콤한 거로 달라고 하니 그림에서 하나를 찍어서 그걸로 주문. 그런 다음 돌아가는 꼬치, 상추, 삼겹살, 우삼겹, 배추, 생선, 오징어 등등을 내가 내려놓고 샤브샤브해서 먹으면 된다. 싱하 한 병을 시켜서 배부르게 포식하고 나올 때 계산하니까 375밧! 아이윌 컴 히어 투모로우 라고 주인장한테 인사하고 나왔다. 미소짓는 주인장! 일단 호텔에 와서 양치를 하고 다시 풋마사지 봐 둔 집으로 마사지 받으러 나갔다. Anna 마사지샵이다. 아가씨 네 명이 운영하는 집 같다. 풋마사지 1시간 후 슈퍼에서 창맥주 큰 거 4병을 사 가지고 호텔로 왔다. 창 흡입 중. 편의점에서 과자를 아무거나 하나 집어 왔는데 안에 땅콩이 들어 있는 게 아닌가? 맥주 안주엔 땅콩이쥐. 맥주를 먹는데 누군가 호텔 문을 두드린다.

- **〈치앙라이 2일 차〉 12.17.**

치앙라이 날씨가 의외로 쌀쌀하다. 날씨를 검색해 보니 현재 기온이 18도. 오토바이 타고 다니는 사람들이 털모자를 쓰고 다닌다. 어젯밤 1시까지 작업을 하느라고 늦게 잔 편인데도 아침 7시 10분에 일어났다. 스톱워치를 켜놓고 슬로우 조깅을 50분 하고 샤워를 하고 호텔 조식을 먹으러 내려갔다. 어제 뷔페에서 과식을 해서 그런지 별로 안 땡겨서 계란프라이 2개, 밥 조금, 식빵 1개, 주스 2잔, 카페라테 한 잔을 마시고 올라왔다. 오늘은 일단 치앙라이에서 유명한 백색사원과 골든 트라이앵글을 다녀올 예정이다. 백색사원을 구글맵에서 검색하니 17분 걸린다고 나온다. 렁쿤 사원이 정식 명칭인가 보다. 골든 트라이앵글(황금의 삼각주)은 1시간 14분 걸린다고 나온다. 일단 멀리 있는 골든 트라이앵글을 먼저 갔다가 돌아오는 길에 백색사원에 들를 예정이다. 오늘은 지난번에 치앙마이 나이트바자에서 산 태국식 옷을 꺼내 입었다. 여행을 할 때 현지 옷이나 모자 등을 쓰고 다니면 현지 사람들이 더 친하게 보는 경향이 있다. 아무래도 자기들과 동질감이 생기기 때문일 것이다. 뭐~ 그것 때문에 입은 것은 아니고 날씨가 추워서 옷을 두 겹으로 입느라고 꺼내 입은 것이다. 이런이런. 차를 몰고 일단 골든 트라이앵글로 향했다. 약 1시간 조금 더 걸렸다. 운전해서 가는 와중에 자동차 계기판에 경고등이 들어와 당황하면서 걱정했다. 이 낯선 이국땅에서 자동차가 서 버리면 어떡하지? 아무리 이벤트가 좋다고 하지만 그건 아니다. 안전운행이 최고다. 자동차야 잘 굴러가거라! 오전 11시경에 도착하여 황금의 삼각주를 구경하였다. 그런데 강 건너편 라오스 땅이 이상했다. 10년 전에 여기 왔을 때는 저쪽이 그냥 숲이었는데 지금은 고층 빌딩이 들어서고 난리다. 라오스가 요즘 엄청 개발붐이 일어나고 있는 듯하다. 중국에서 라오스까지 철도를 중국에서 놓아줬는데 그 바람에 중국 사람들이 엄청 밀려 들어오고 그중 하나로 이 골든 트라이 앵글에 콘도를 엄청 짓고 있는 것으로 보인다. 들리는 이야기로는 저기를 완전 라스베거스처럼 만들려고 한단다. 라오스가 완전 중국 자본에 의해 먹히고 있는 것 같다. 여기 오면 배를 한 번씩은 타는데 지난번에 타 보았기 때문에 패스. 지난번에 왔을 때 배를 타고 라오스로 넘어가는 데 중간에 배가 서 버렸다. 이유를 물으니 기름이 떨어졌단다. 이런이런. 잠시 후 다른 배가 기름을 가지고 와서 다시 출발한 기억이 있다. 그때 라오스 땅을 밟았었는데 정말로 가장 못사는 땅이라는 생각이 들었었다. 그런데 지금은 저렇게 엄청난 개발을 하고 있는 것이다. 그때 라오스에서 뱀술을 하나 샀는데 계속 차 트렁크에 싣고 다니다가 1년 전쯤인가 버렸다. 너무 징그러웠다. 도대체 왜 산 거야? 아무튼 골든 트라이 앵글을 잘 구경하고 빠져나와 Wat Pa Sak라는 사원엘 잠시 들렀다가 추이퐁 차농장을 찾아갔다. 찾아가는 길을 완전 농로로 내비가 인도를 해서 차라리 안 가고 말까 생각하다가 후회 안 하려고 돌고 돌아 어렵사리 찾아갔다. 도착하니 완전 대박이었다. 경치도 좋고 힐링하기 딱 좋은 명소다. 치앙라이 여행은 이렇게 오전에 골든 트라이 앵글 갔다가 배도 타고 그런 다음 추이퐁 차농장에 들러서 점심도 먹고 차도 마시고 하면 좋은 코스인 것 같다. 추이퐁 차농장에서 점심으로 치킨 데리야끼 라이스를 시켜서 먹었다. 당연히 차도 마셨다. 이름 기억 안 남. 케이크도 먹었다. 롤 케이크였던가? 첫맛은 좋았었는데 중간쯤 먹으니 맛이 별로여서 반은 남겼다. 아무튼 그렇게 명 때리다가 치앙라이의 꽃 백색사원으로 향했다. 1시간 10분 정도 걸렸다. 과연 백미 중의 백미다. 걸작품이다. 몇 번 와 봤는데도 (한 번 왔었나?) 진짜 대단한 작품이다. 진짜 강추다. 지금도 머릿속에 남아 있다. 그 화려함이란. 화이트 사원을 한 30분 둘러보았나? 입장료는 100밧이다. 차를 몰고 주차장을 빠져나오는데 큰일 날 뻔했다. 한국에서처럼 왼쪽을 보면서 나오려다가 오른쪽을 보려는데 큰 버스가 순간적으로 앞으로 쌩 지나갔다. 아! 그렇지 여기는 무조건 오른쪽을 봐야지 오른쪽. 명심 또 명심. 차도를 건널 때도 무조건 오른쪽을 먼저 보아야 한다. 안전운전이 최고다. 시간이 4시라 하나 더 볼까 하는 생각에 청색사원으로 향했다. 20분 정도 걸렸는데 괜스레 왔다. 치앙라이 여행은 무조건 3개만 보면 된다. 하루 코스로 골든 트라이 앵글 --> 추이퐁 차농장 --> 백색사원. 아~ 하나 빼먹을 뻔했다. Lalitta cafe. 호텔방에 4시 반에 도착하여 어제 남겨둔 창맥주 한 병을 마시고 작업을 좀 하다가 배도 덜고프고 해서 어제 갔던 안나 마사지집으로 갔다. 손님이 없어서인지 자꾸 타이 마사지를 받으라고 유도한다. 뭐라고 뭐라고 하면서 원 따운선밧 원 따우선밧. 내가 시큰둥하니까 화이브 헌드렛 밧 그래도 유혹을 물리치고 발마사지 한 시간을 받았다. 하루 종일 운전해서 그런지 발마사지 받으면서 내내 잤다. 호텔로 돌아오는 길에 슈퍼에서 리젠시 한 병을 샀다. 스니커즈 한 개랑. 그리고 저녁 겸 안줏거리를 사려고 이탈리안 쉐프가 만든다는 피자집엘 들어갔더니 손님이 만석이라 포기하고 나왔다. 치앙라이 시내 Wiang Inn 호텔 근처에 있다. 맛집인 건 분명한 것 같다. 서양 사람들로 꽉 찼다. 호텔에 와서 스니커즈랑 리젠시를 마시며 글 작업을 하고 저녁은 패스하고 그냥 잤다.

• 〈치앙라이 3일 차〉 12.18.

7시 20분쯤 기상하여 의무적으로 해야 하는 슬로우 조깅 50분 완료. 샤워를 하고 호텔 조식을 먹으러 내려갔다. 배가 고파서 (히우카우) 이것저것 잘 먹었다. 오늘은 호텔 체크아웃을 하고 치앙라이의 대중골프장이라고 하는 매콕 골프장을 가볼 예정이다. 인터넷에 보니까 그린피 700에 대략 1500밧이면 치는 것으로 나온다. 일단 고고! 호텔을 체크아웃하고 차를 몰고 시내를 가로질러 매콕 골프장 입구에 도착하니 경비가 막아선다. 그리고는 뭐라고 뭐라고 말을 하길래 번역기를 가져다 댔더니 오늘은 수리 중이라 휴장이란다. 이런이런. 그럼 원래 가려고 했던 산티부리 골프장으로 가야겠다. 원래 치앙라이에서 가장 좋은 골프장이 산티부리다. 매콕하고는 또 반대편이라 한 삼십 분 차를 몰고 산티부리에 도착했다. 백을 내리고 주차를 하고 카운터에서 타올라이? 하니까 계산기에 2950이라고 보여 준다. 허걱~ 겁나 비싸네. 표정관리하면서 계산을 했다. 그렇게 준비를 마치고 1번 홀 출발! 티샷을 하려고 장갑을 찾으니 장갑이 없네? 이런이런. 지난번에 하나 구입했었는데 어디다 둔 거야? 그냥 맨손으로 치자 오늘은. 첫 티샷 굿! 두 번째 3번 우드 굿! 60야드 남았나? 샌드로 쳤는데 엣지에 짧게 떨어짐. 잔디에서 20m 퍼팅, 1m에 붙임. 그런데 이걸 못 집어넣음. 보기. 오늘의 징조였음. 골프를 치면서 느낀 건 빨리 파를 잡아서 안정을 찾아가는 게 중요함. 그런데 오늘 라운딩은 정말로 헤매고 헤맸다. 안 되기 시작하니까 자꾸자꾸 늪으로 빠져든 느낌이다. 보기 더블 보기 더블 원투원투 무슨 복싱경기 하는 거? 이런이런. 후반 나인 홀엔 조금 잡혀 가는 느낌이었지만 만족스럽진 않았다. 끝나고 클럽하우스로 오면서 캐디한테 캐디팁이 얼마냐니까 손가락 네 개를 펴면서 시러이밧이란다. 400밧? 오노 300밧! 그렇게 나는 300밧만 주었다. 산티부리 골프장 진짜 좋다. 오래된 골프장 향기가 난다. 골프장 여기저기에 엄청 큰 나무들이 아름다운 자태를 뽐내고 있다. 물론 나는 헤매다 보니 그 아름다움을 만끽하지 못한 채 18홀이 끝나고 말았다. 전반 나인 홀 마치고도 리오맥주 큰 거 한 병을 마시고, 18홀 마치고도 목이 말라(카트는 캐디 혼자 타고 다니고 나는 계속 걸었음) 리오 캔맥주 하나 먹다가 부족해서 하나 더 먹었다. 하나에 59밧!(리오 캔맥주 작은 거가 메모 골프장에서는 40밧이다. 지난번 파타야 씨암 올드 코스 갔을 때는 80밧이었다) 가방에 있던 잔돈을 최대한 이용했다. 20밧짜리 두 장에 19밧은 잔돈으로. 잔돈이 눈에 들어오면 태국에 쫌 살았다는 증거다. 10밧짜리,

5밧짜리, 1밧짜리가 눈에 들어온다. 잔돈이 필요할 때가 있다. 화장실이 무료인 곳도 있지만 어느 곳에서는 3밧 내지 5밧을 내고 들어가야 한다. 치앙마이 나이트바자 광장 화장실도 5밧을 집어넣어야 서울 지하철마냥 가로막대를 통과할 수 있다. 오늘은 골프를 치고 람빵으로 가려고 한다. 치앙라이는 볼 장 다 봤으니 람빵으로 가서 메모 골프장에서 맹연습을 하려고 한다. 친구들이 1월 초에 들어오면 내기 골프를 해야 하기 때문에 창피 안 당하려면 실전 연습 많이 해 두어야 한다. 산티부리 골프장에서 람빵을 찍으니 3시간 반 걸린다고 나온다. 람빵으로 차를 몰았다. 세 시간 반이면 서울에서 부산 거리인가? 치앙라이에서 람빵을 지나 내려가는 길이 방콕으로 가는 1번 도로이다. 1번 도로인 만큼 도로 사정도 아주 좋다. 아무튼 힘들지 않게 람빵에 5시 반에 도착했다. 그 최고의 가성비 호텔 람빵 레지던스에 또 왔다. 짐을 풀고 저녁을 해결해야 했기에 지난번에 친구들과 갔었던 Bic C 안에 있는 MK 레스토랑에 갔다. 야채 샤브샤브에 삼겹살 투하. 밥과 싱하 두 병을 시켜서 포식했다. 중간에 소스가 너무 달아서 매운 소스를 달라고 하니 청양고추 썰은 것과 잘게 썬 마늘을 가져왔다. 달달했던 소스에 두 개를 다 집어넣어 버무리니 입맛에 딱 맞았다. 다 먹고 나서 껩땅 타올라이?(전부 얼마입니까?) 종업원이 내 탁자에 있는 주문서를 가져가더니 혹하하 한다. 그러면서 주인아줌마랑 막 웃는다. 655밧을 혹러이 하십하 하지 않고 내가 잘 알아들으려고 혹하하 한 것이다. 내가 계산하면서 크게 혹하하하하하~ 라고 막 웃었더니 자기들도 웃으면서 재미있어 죽을라고 한다. 그렇게 람빵 세 번째 귀환 첫날이 지나가고 있었다.

• 〈람빵 메모 접수 1일 차〉 12.19.

오늘부터 람빵 메모 골프장에서 진짜로 열심히 골프를 쳐 볼 생각이다. 완전 실전처럼 쳐 볼 생각이다. 언제는 실전 아니고 연습이었나?^^ 한 5일 정도 생각하고 있다. 옛날에는 메모 골프장에서 원 핸드 싱글도 쳤었는데 도대체 뭐가 문제일까? 나이는 숫자고 마음이 진짜라는데 맘같이 안 되는 게 골프다. 맘 같아서는 뭐 어려울 게 전혀 없는데 치다 보면 보기 더블이다. 지난번에 스윙을 고치려고 엄청 노력했는데 전혀 먹히지 않는다. 골프를 내 식대로 계속 치다 보니 그 치킨 윙 스윙이 몸에 밴 것이다. 출근 시간을 피해 약간 늦게 8시 30분에 출발하여 메모 연습장에서 공 한 박스를 친 다음 라운딩에 들어갈 예정이다. 어젯밤에는 일찍 자다가 밤 1시 반에 깨서 슬로우 조깅을 하고 샤워 후에 작업을 한두 시간쯤 했다. 오랜만에 독서를 했더니 마음에 양식이 조금 쌓인 것 같다. 예전에 샘터라는 잡지에 보면 맨 뒤에 이런 말이 있었다. "샘터 가족은 하루 한 페이지 이상 책을 읽습니다." 나는 이 말을 보면서 아니 책을 하루 한 페이지 안 보는 사람도 있나? 이렇게 생각했었다. 그런데 진짜로 습관이 안 되면 책 한 페이지도 안 읽고 지나가는 날이 수도 없이 많다. 그만큼 책을 가까이 두어야 한다. 모든 건 습관이다. '가성비 치앙마이' 밴드 작업 좀 하다가 메모로 출발! 아~ 어제 메모 골프장 미모의 캐디에게 문자를 넣었었다. If you have a time tomorrow 12 o'clock, we have a lunch together 18 number club house. 영어가 맞나? 아무튼 의사소통은 되었는지 OK라는 답변이 왔다. 전반 라운딩을 돌고 점심을 같이 먹을 생각이다. 오늘은 라운딩 전에 계획한 대로 메모 연습장에서 공 한 박스를 치고 라운딩에 돌입했다. 클럽하우스에서 골프백을 내리면서 워킹이라고 큰 소리로 캐디들에게 말해 주었다. 일부러 캐디들 들으라고 큰소리로 한 것이다. 요즘엔 거의 다 카트를 몰아서 비용이 만만치 않다. 워킹 라운딩 비용은 그린피 500에 캐디피 250, 총 750이다. 어제 산티부리에서 낸 2950의 1/4이다. 역시 메모가 가성비 갑이다. 오늘 라운딩은 앞 팀에 선수 네 명이 치면서 가길래 나도 최대한 천천히 치면서 따라갔다. 확실히 프로들 스윙을 가까이서 보니까 스윙에 거침이 없다. 막힘이 전혀 없다. 따라 하면서 오늘 좀 많이 배웠다. 내가 80대 초반을 친 걸 보니까 이제 좀 서서히 골프가 잡혀 가는 듯하다. 물론 숏 퍼팅이 제일 문제다. 연습 때는 다 들어가지만 실전에서는 안 들어가는 게 숏 퍼팅이다. 오늘따라 핸드폰을 호텔에 두고 와서(이렇다니까?) 51번 캐디와 연락을 할 수 없었다. 나인 홀 끝나고 18번 홀 클럽하우스 식당에 가니 51번 캐디가 없었다. 9번 홀에서 버디 잡은 기념으로 싱하 맥주 두 병을 흡입했다. 후반 홀도 대과 없이 잘 끝냈다. 숏 퍼팅 들어간 게 기억에 없지만^^ 워킹 750밧을 내고 치니 진짜로 전지 훈련하는 느낌이다. 그리고 골프는 워킹이 제맛이다. 카트를 타고 치면 뭔가 산만하다. 그런데 치앙마이 쪽 골프장에서는 거의 다 카트를 타야 한다. 골프장들이 한국인 호갱들을 상대로 뽕을 뽑는 중이다. 치앙마이 쪽 골프장들이 겨울철에 워낙 많이 밀리고 하여 메모로 오는 사람들도 더러 있다. 골프바를 운영하는 사장님(카카오톡 아이디 pht747)에게 연락하면 팀을 꾸려 차량으로 메모까지 왕복해 준다. 치앙마이 빅씨 옆에서 뽀끼뽀끼(BOKI BOKI) 식당도 같이 운영하고 있다. 갑자기 광고? 호텔에 오니 다행히 핸드폰이 잘 있었다. 방을 나갈 때 준비물을 항상 기승전결로 확인하고 나가야 한다. 기(핸드폰) 승(차키) 전(방키) 결(돈) 이렇게 버릇을 들이면 실수하는 일이 적어진다. 51번 아가씨에게 문자를 넣었다. Why didn't you come today? 잠시 후 답장이 왔다. Sorry, I'm not feeling well. 이런이런. 저녁을 뭘 먹을까 고민하다가 지난번 전기통닭구이 집이 맛있던 기억이 있어서 그 집으로 차를 몰았다. 종업원에게 사진을 보여 주며 이것 이것 싸 달라고 하니 컵쿤캅 한다. 한 20분쯤 지났나? 관광버스에서 사람들이 내리더니 예약된 좌석에 즐비하게 앉아서 식사를 한다. 나는 쫌 뻘쭘하다가 카운터에 가서 계산하는데 갭땅 타올라이? 총 310밧이란다. 500밧짜리를 내니 주인 할머니께서 10밧 디스카운트 하면서 200밧을 건네준다. 컵쿤캅! 컵쿤캅! 내가 몇 번 와서 깎아 준 건지 아무튼 태국에서 생활하다 보면 태국 사람들 진짜 친절하다고 느껴진다. 더군다나 운전할 때 보면 양보는 기본이다. 한번은 치앙마이에서 유턴을 하는데 한 20여 대 유턴하는 차량을 직진하는 차들이 서서 몇 분간 대기하는 장면도 보았다. 물론 그때 나도 유턴하는 차량 중 한 대였다. 태국 차들은 빵빵거리는 소리 거의 없다. 그냥 순순히 먼저 가라는 양보가 진짜 많다. 선진국이 따로 없다는 생각이 들었다. 운전을 하면서 한 가지 태국에서 운전할 후배 운전사들에게 할 말이 있다. 무조건 명심 또 명심. 좌회전은 껌, 우회전은 거룩하게. 우회전이 힘들기 때문에 거룩한 마음으로 크게 돌아야 한다. 그래도 크게 실수하는 한국인 운전자는 없었으니 자신감을 가지고 운전하면 큰 무리는 없을 듯싶다. 나도 처음 운전할 때는 와이퍼랑 깜빡이를 반대로 작동시키고는 하는 말 "너 말고^^"

• 〈람빵 메모 접수 2일 차〉 12.20.

나는 인터넷 나이 29세다. 인터넷에서 한 30여 가지 질문에 답을 주르륵 달았는데 당신의 나이는 29세입니다. 이렇게 나왔다. 재미 삼아 한 것이지만 나름대로 젊게 사는 것 같아 기분이 나쁘지는 않았다. 골프 치다가 태국 캐디들이 나에게 몇 살이냐고 물어보면 하십하 라고 뻥친다. 태국 캐디들이야 우리 한국 사람 나이를 잘 모르니 아~ 하면서 넘어간다. 김연자의 노래 〈아모르파티〉에 나온다. 나이는 숫자 마음이 진짜라고. 근데 나는 마음이 진짜가 아니라 체력이 진짜라고 생각한다. 당신의 나이가 몇 살이든 죽어라고 운동을 해서 체력을 강철체력으로 유지해야 한다. 그게 젊게 사는 비결이다. 오늘도 일어나자마자 스톱워치를 켜 놓고 슬로우 조깅을 50분 했다. 몸에서 약간의 진땀이 난다. 샤워를 하고 조식을 먹으러 내려가기 전에 작업을 먼저 하고 내려간다. 오늘은 원래 메모에서 며칠간 빡세게 훈련을 하려고 했는데 어제 밤 치앙마이 김사장이랑 통화하는 바람에 가싼 쿤탄으로 가기로 했다. 김사장은 지난번 여름에 치앙마이에 왔을 때 만났다. 지난여름 하리푼 차이 5번 홀 그늘집에서 맥주를 마시고 있는데 들어오더니 혼자 오셨어요? 네! 그러면 같이 치시죠 뭐. 그래서 만났다. 그늘집에서 나와 티박스에서 김사장이 어디서 오셨어요? 청주요. 청주 어디요? 율량동요. 제 공장이 남이면에 있어요. 진짜요? 우리 동네 근처다. 그렇게 라운딩을 끝내고 태국 주인이 하는 마시따 한국 식당에서 회식을 했다. 그렇게 서로 헤어지고(?) 아니다 내가 한국 들어가는 날 하리푼 차이 골프장으로 나를 찾아왔다. 오늘 한국 들어간다고 자기가 공항까지 마중 나간다고. 이런이런. 그렇게 골프를 같이 치고 김사장 콘도에 가서 낮잠도 자고 아무튼 이런저런 이야기 나누다가 밤 9시에 나를 공항에 내려줬다. 진짜 고마운 게 멋모르는 한국인들은 마지막 날 비행기 타러 공항 갈 때 서둘러 공항 가서 죽 때리는 경우 정말 많다. 잘 생각해야 하는 것 중 하나가 마지막 날이 그냥 허비할 마지막 날이 아니라는 것을 치앙마이 여행에서는 명심해야 한다. 골프 칠 거 다 치고 놀 거 다 놀고 마사지 받을 거 다 받고 공항에 가야 한다. 절대로 하루를 그냥 소비하면 안 된다. 김사장 배려로 그날도 공항지옥을 면했다. 그 은혜로 한국에 왔을 때 한 번 공장엘 찾아갔다. 가서 밥도 얻어먹고 즐거운 시간을 보냈다. 사모님 음식 솜씨가 남다르다. 아무튼 그렇게 서로의 시간을 보내고 이번에 치앙마이에서 다시 만난 것이다. 가싼 쿤탄 골프장은 진짜 옛날에 한 번 가 본 기억이 있다. 그런데 골프장 모습은 전혀 기억이 나지 않는다. 새로운 골프장이려니 하고 도전해야 할 것이다. 막힘없는 스윙, 거침없는 골프가 정답이다. 퍼팅은 생명. 어프러치는 공이 그린에 툭! 하고 떨어지는 순간까지 머리를 들지 않는다. 툭! 소리를 듣고 그린을 쳐다본다. 뭐 이렇게 되뇌어도 뜻대로 안 되는 게 골프다. 그래서 골프는 평생 느끼다가 마는 운동이다. 거꾸로 이야기하면 그만큼 어렵다는 이야기다. 어려우니까 사람들이 홀릭하는 것이다. 호텔 조식을 먹고 올라오는데 옆방에서 청소부 아줌마가 일하고 있었다. 청소부 아줌마를 불러서 내 방이 좀 지저분하니 오늘은 팁을 50밧 준다고 하면서 건넸다. 컵쿤캅! 컵쿤캅! 어제 맥주를 호텔방에서 많이 먹었다. 전기통닭구이도 사 가지고 와서 반도 못 먹고 남겼다. 아무튼 이것저것 치울 게 많아서 팁을 50밧 준 것이다. 호텔 체크아웃을 하고 조금 일찍이지만 가싼 쿤탄으로 차를 몰았다. 중간에 기름이 떨어져 기름을 천 밧만 넣었다. 내가 천 밧짜리를 보여 주니 주유원이 능~판~이란다. 1000밧이라는 이야기 같다. 한 시간 전에 골프장에 도착했다. 백을 내리고 1시 티업이라고 알려 주었다. 여유가 생겨 퍼팅장에서 퍼팅 연습을 하는데 도처에서 한국말이 막 들린다. 알고 보니 여기는 99.9%가 한국 사람들이다. 여기 있는 리조트에 묵으면서 골프를 치는 것이다. 역시 동남아의 젖줄은 한국 사람들이다. 오후 1시가 되어 티오프를 했다. 그런데 왠지 골프장이 낯설다. 십 년 전에 왔을 때 이 C코스는 없었다. 그래서 그런지 페어웨이가 완전 잡초투성이다. 실망에 실망이다. 메모보다 세배나 비싼데~ 이런이런. 메모는 750인데 여기는 2050이다. 가성비가 떨어지면 골프가 더 안 된다. 핑곗거리 삼아 더 안 된다. 골프가 안 될 때는 그린피라도 싸야 나름 위안이 되기 때문이다. 골프를 치면서 1번 홀에서 캐디가 퍼터가 없다는 것이 아닌가? 아니 이런이런. 생각해 보니 아까 퍼팅 연습장에서 퍼팅 연습을 하고 그늘집에서 맥주 한잔할 때 옆에 세워두고 그냥 라운딩을 시작한 것이었다. 캐디한테 경기과로 전화를 해서 가져오라고 했다. 그렇게 한 네 홀을 퍼터 없이 골프를 했다. 어프러치로 한 개는 붙여서 나이스 파! 마샬이 카트를 몰고 퍼터를 가져와 100바트랑 바꿨다. 컵쿤캅! 컵쿤캅! 아무튼 그럭저럭 노버디 골프(원더걸스의 노바디 노바디 원츄! 노래가 생각났다)를 마치고 치앙마이로 차를 몰았다. 지난번에 묵었던 ZAK residence에 도착하여 방이 있냐니깐 큰방밖에 없다고 해서 하나 달라고 했다. 1박에 1000밧. 하루치만 끊었다가 호텔방에 짐을 풀고 생각해 보니 치앙마이에서 2박 3일 여행을 해야겠다고 생각되어 내려가서 2000밧을 주고 2박을 더 추가하였다. 저녁에는 지난번처럼 김사장이 요리해 준 밥을 먹으며 즐거운 시간을 보냈다. 오랜만에 소주 폭탄주에 김치를 먹어 본다.

- **〈치앙마이 재리턴 1일 차〉 12.21.**

'스톱워치의 위력'이다. 무슨 일을 하든 간에 스톱워치를 켜놓고 하면 매 순간 성취감을 느끼기 때문에 그 일들이 의미 있게 다가온다. 한국에서 매일 헬스장에 가서 헬스를 할 때도 스톱워치를 켜 놓고 하곤 했다. 오늘도 아침에 기상하여 몸은 피곤했지만 일단 샤워를 한 다음 스톱워치를 켜 놓고 50분간 슬로우 조깅을 했다. 운동 후 다시 샤워를 하니 몸이 더 개운하다. 어젯밤에 과음을 한 건 확실하다. 폭탄주를 10잔도 더 마신 것 같다. 우스갯소리로 3소5적이라는 사자성어가 있다. 폭탄주가 3잔은 적고 5잔이 적당하다는 이야기다. 더 나아가 3소5적7다9사11환생도 있다. 세 잔은 적고 다섯 잔은 적당하고 일곱 잔은 많고 아홉 잔을 마시면 죽음이고 11잔을 마시면 다시 환생한다. 이런이런. 과유불급 1순위가 술이다. 반주 삼아 와인 한 잔! 몸에도 좋고 정신건강에도 좋다. 운동을 했더니 배가 고프다. 조식이 없는 호텔이라 방에서 컵라면을 먹는다. 처음 치앙마이 왔을 때 기억이 났다. 그날도 처음 아침을 컵라면으로 때운 적이 있었다. 컵라면으로 때우는 아침은 약간 서글픈 생각도 든다. 이런이런. 컵라면을 먹고 이를 닦으면서 아차 생각이 들었다. 아까 일어나자마자 이를 닦을 때 생수로 안 가신 게 생각났다. 이런이런. 그래서 호텔방에 들어오자마자 항상 생수를 세면대 옆에 두는 버릇을 들여야 한다. 석회수로 이를 가시다가 위장이 멈춰 버리면 안 되니까. 오늘은 골프를 접고 치앙마이에서 좀 생소한 곳을 탐방해 보려고 한다. 김사장이 원래 옛날부터 장박을 때리던 분이라 치앙마이 이곳저곳 생소한 곳을 많이 알고 있다고 해서 같이 다니면서 스캔해 볼 예정이다. 아침에 김사장 카톡이 오더니 답장을 해도 전혀 응답이 없다. 뭐지? 일단 근처에 센트럴 백화점이나 구경 가자. 호텔을 빠져나와 센트럴 쪽으로 걸었다. 걷는 중간에 보이스톡이 왔다. 깜빡 잠이 들었다고. 그래서 금방 챙겨서 나갈 테니 센트럴로 가 계시라고. 아 그런데 내가 김사장 집 쪽으로 가면 좋겠네 라고 하면서 내비를 찍고 걸어가는데 이맘때쯤이면 집을 나설 것 같아서 어디 어디 주유소 앞이라고 하고 서 있다고 카톡을 보냈다. 그런데 한 10분이 지나도 카톡을 안 읽었다. 그래서 더 걸어가다가 김사장과 통화. 그런데 서로 아무리 설명해도 어디가 어딘지 서로 모름. 그래서 외국에 나와서는 함부로 한국처럼 길가에서 만나기로 하면 안 된다. 왜냐하면 둘 다 길을 잘 모르니까. 그래서 결국은 어떻게 만났는가? 내가 근처에 있는 큰 상호를 내비에 찍으니 나와서 그걸 공유 버튼 눌러서 김사장에게 보내서 그렇게 찾아왔다. 이것도 오늘 처음 알았는데 예를 들어 서울역을 검색했다 치면 그 화면 중간에 보면 아가리를 벌리고 있는 표시를 누른 다음 거기서 카카오톡을 누르고 원하는 사람을 클릭해서 확인을 누르면 그 내비가 그 사람에게 공유되고 그 사람은 그걸 클릭하고 자동차를 몰고 오면 된다. 그렇게 어렵게 만나서 오늘은 몽족 마을을 가기로 했다. 도이수텝 올라가는 길로 가서 도이수텝을 지나고 또 어떤 마을을 지나고 계속 산길로 가고 또 간다. 중간에 길이 좁아서 차를 만나면 최대한 겸손하게 길을 비켜줘야 통행이 된다. 커브 길을 돌 때는 미리 빵빵 하라는 표시에 따라 빵빵하면서 돌아야 반대편 차에 신호를 줄 수 있다. 갈 적 올 적 정말 많은 차를 만났다. 몽족 마을을 가려면 이런 운전을 각오하고 가야 한다. 총 20번 정도는 차끼리 서로 최대한 공간을 활용하여 교차하면서 갔다 왔다. 몽족 마을은 태국 고산족이다. 이 사람들은 태국 국적도 없다. 미얀마나 라오스 등에서 흘러들어온 사람들이 고산지대에 터를 잡고 살고 있는 것이다. 먹거리가 없으니 마약 등을 재배하여 팔아 오면서 생계를 유지했는데 지난 국왕이 이들에게 유화정책을 펴면서 마약을 재배하지 말고 커피 등을 재배할 것을 권유하여 태국에 동화되도록 한 것이다. 도이창 커피가 유명한데 바로 이 고산족들이 생산한 커피다. 몽족 마을에 도착하니 약 100여 가구가 살고 있었다. 학교도 있었고 유치원도 있었다. 대략 한 300명쯤 산다고 봐야 하나? 차를 주차하고 식당 겸 커피숍에 들어가 시간도 12시가 넘어 밥을 시켰다. 오블렛 라이스 일명 오므라이스다. 50밧. 커피 하나, 맥주 하나 포함해서 대략 200밧 조금 넘게 냈다. 오므라이스는 그냥 먹을 만하다. 관광객이 그럭저럭 있는 편이다. 몽족 마을을 아는 사람들은 많이 아는 편인가 보다. 내려오는 길도 장난이 아니라 한참을 내려와서 도이수텝을 지나 치앙라이 대학교 뒤편에 있는 갈래 레스토랑으로 갔다. 운전도 피곤하고 하여 커피나 한 잔 하려고 들렀는데 진짜 멋있는 레스토랑이다. 꽃장식이 잘되어 있다. 호수도 끼고 있다. 여성분들이 좋아할 만한 레스토랑이다. 내비에 갈래 레스토랑이라고 치면 나온다. 레스토랑을 나와 김사장과 헤어지고 치앙마이 시내를 오랜만에 걸었다. 한 시간쯤 걸었나? 내 단골 마사지사 홈을 만나기 위해 가면서 홈에게 문자를 보냈다. Are you busy now? No! You will come? I can go now. OK I will wait for you. Okey, 마사지샵에 도착하니 홈이 기다리고 있었다. 그렇게 한 시간 풋마사지 시작. 진짜로 열심히 한다. 정성을 다해서 마사지를 해 준다. 굿굿! 마사지를 5시 55분에 마치고 6시 15분까지 마시따 식당으로 가야 하는데 그랩이 잘 안 잡힌다. 이런 이런. 나이트바자 쪽으로 나오니 툭툭이 몇 대가 보인다. 한 툭툭이 기사에게 두 유 노우 마시따? 하니까 맵 어쩌구 한다. 구글 맵으로 찍어서 보여 주니 오케이. 타올라이? 원 헌드레드 휘프티밧! 오케이 고! 툭툭이를 타고 마시따로 왔다. 김사장은 아직 미도착이다. 마시따 연예인 르완과 재회했다. 진짜 예쁘다. 르완에 빠진 어느 노총각이 한국에 갔다가 식구들을 모시고 맞선 겸 르완을 찾아왔는데 르완이 시큰둥하게 반응하여 빈정 상해서 돌아갔다는 이야기도 들었다. 김사장이 도착하여 삼겹살 세트 1인분에 299밧짜리 두 개를 시켜서 맥주 1병 소주 2병이랑 실컷 먹었다. 아! 중간에 내가 치앙마이 여행 소개 책을 출판할 예정인데 마시따를 소개하는 광고를 실을 테니 광고주가 되어 주세요 라는 이야기를 하니 르완도 주인도 웃긴 웃는데 좋다는 건지 그냥 알았다는 건지 아무튼 일단 낚시를 던지고 나왔다. 나오면서 르완한테 팁을 또 100밧 주었다. 이런이런. 나에게 정성을 다해 마사지해 준 홈에게는 팁을 1원도 안 주더니, 식당에서 그냥 대충 서빙한 르완에게는 100바트나 되는 팁을 거침없이 주다니. 이런이런.

- **〈치앙마이 재리턴 2일 차〉 12.22.**

잠을 너무 잘 잔다. 아침에 일어나 아픈데 없이 몸이 상쾌하면 오늘도 감사한 거다. 일어나자마자 찬물로 샤워를 하고 슬로우 조깅을 시작한다. 50분을 마치고 다시 본 게임 샤워. 오늘은 도이 인타논 국립공원을 가 볼 예정이다. 치앙마이 여행의 특징 중 하나가 대자연을 만끽하는 것이라는 데 태국의 국립공원은 어떨까? 한 시간 반 걸린다고 나온다. 대충 준비를 하고 차를 몰고 치앙마이 남쪽으로 향했다. 약 1시간 정도 가니까 국립공원에 도착했다. 아마도 한 시간 반은 국립공원 내 정상까지를 말하는 것 같았다. 티켓 끊는 곳에서 표를 끊었다. 성인 300밧! 여기서 표를 반드시 끊어야 한다. 한 15km 더 가야 군인들이 표 검사를 한다. 그때 표가 없으면 낭패다. 표를 검사한 후 그렇게 계속 오르고 올라갔다. 중간에 차가 시속 15km밖에 안 나온다. 그만큼 오르막길이다. 중간쯤에 휴게소가 있어서 아점도 해결할 겸 휴게소 식당으로 들어가 태국 음식을 시킬까 하다가 그냥 표준 메뉴 토스트 계란프라이 커피를 시켰다. 100밧! 간단하게 점심을 해결하고 다시 차를 몰고 오르막 오르막! 한참을 올라가니 오토바이랑 밴이 엄청 서 있어서 잠깐 내려서 구경을 했는데 사람들이 안 보였다. 뭐지? 다시 차를 몰고 계속 올라가니 정상 50m 전에(처음엔 여기가 정상 50m 전인지 전혀 몰랐음) 차를 주차하고 왼쪽을 보니 숲속트래킹 길이 있다고 표시되어 있다. 구글 번역기에 태국어를 번역하는 카메라로 비추어 보니 원시림, 개구리 서식지, 진달래꽃 뭐 이런 게 많이 나온다. 반바지 반소매라 날씨도 서늘해서 그냥 패스하려다가 오른쪽 위에 320이라는 숫자를 검색기로 비추어 보니 320m로 나온다. 아~ 금방 돌아오겠네~ 라면서 트레일 코스를 돌았다. 10분 걸렸다. 다시 차를 몰고 직진하니 100m도 안 가서 정상 주차장이 나왔다. 이런이런 바로네. 차를 주차하고 오른쪽을 보니 산 정상가는 길이라고 나온다. 한 30m 가니까 태국에서 가장 높은 곳이라는 안내판이 있다. 7년 전에 히말라야 갔을 때 정확한 고도계라는 앱으로 계속 우리가 얼마만큼 올라왔나 재면서 올라갔던 기억이 나서 앱을 실행해 보니 2556m라고 나온다. 백두산이 2774m이니 백두산에 버금가는 높이다. 그래서 아까부터 약간 숨이 차다고 해야 하나 뭐 그런 증상이 조금 있었던 것 같다. 일단 날씨가 추웠다. 12도. 어제 몽족 마을도 그렇고 여기도 그렇고 가벼운 겉옷을 가방에 넣고 오는 게 좋을 것 같다. 정상 구경을 마치고 내려오다가 아까 오토바이가 엄청 많이 서 있던 곳에 주차를 하고 이 많은 사람들이 도대체 어디를 간 거야? 라고 주위를 둘러보니 트레킹 코스 입구가 보였다. 입구로 가 보니 안내원이 방명록에 이름과 전화번호를 쓰라는 신호다. 조난에 대비하여 이름을 적고 트래킹을 가는 거였다. 그리고 입장료가 200밧이란다. 총 길이는 2.8km. 트레킹 준비가 안 된 나는 그냥 패스했다. 태국 친구들이 여기를 엄청 많이 오는 것 같았다. 아까 올라올 때 저 밑에서 오토바이 행렬을 엄청 많이 만났는데 그 많은 오토바이가 죄다 여기에 서 있었다. 그렇게 스캔을 마치고 내려오는 길에 보니까 왼쪽 편에 시장 같은 게 엄청 많았다. 수많은 밴들이 손님을 내려 구경 및 쇼핑을 하도록 하는 것 같았다. 나는 와치라탄 폭포를 찍고 계속 내려왔다. 거의 다 내려와서 좌측으로 들어가 약 1km 정도 가니까 주차장이 나오고 주차장에서 폭포가 보였다. 계단을 조금 올라가서 폭포수 관람을 했다. 폭포 소리가 정말 시원했다. 폭포수 관람을 하면서 태국 아가씨에게 사진 좀 찍어 달라고 부탁하니 카메라 렌즈를 정성스럽게 닦고 엄청 친절하게 찍어 준다. 감사합니다 하니까 자기도 따라서 감사합니다. 귀여운 태국 아가씨였다. 구경을 마치고 치앙마이로 돌아오는 길. 항동 골프 클럽을 치니 오후 3시 도착이라고 나온다. 아무래도 3시에 도착하면 골프가 불가능할 것 같아 패스. 피만팁 연습장 가서 골프 연습이나 하다가 귀가할까 하다가 치앙마이 국제공항에서 람빵 가는 길을 스캔해서 밴드에 올려주자 라는 생각이 나서 공항으로 차를 몰았다. 공항에서 렌트카를 받아서 람빵으로 간다고 가정하고 람빵 가는 11번 도로까지 스캔을 떴다. 중간에 차도 많이 막히고 해서 약 15분 정도 걸렸다. 나중에 동영상을 다시 보니까 잘한 일 같다. 아무래도 외국에 처음 도착하면 모든 것이 낯설다. 더군다나 운전대가 오른쪽에 있고 좌측 운행을 해야 하는 태국 운전은 더더욱 당황될 수 있다. 깜빡이와 와이퍼도 반대다. 좌회전과 우회전도 우리랑 반대다. 우리는 우회전이 쉽지만 여기는 좌회전이 쉽고 우회전이 어렵다. 동영상을 '가성비 치앙마이' 밴드에 올렸다. 동영상을 보니까 나름대로 성공작인 것 같다. 왜냐하면 일단 공항에서 람빵 가는 11번 도로까지 잘 인도했으니까. 그렇게 동영상 촬영을 마치고 어제 갔던 홈에게 발마사지 가야 하는데 이리저리 시간 보내다가 그냥 포기했다. 호텔에 조금 일찍 도착하여 작업 중.

- **〈치앙마이 재리턴 3일 차〉 12.23.**

유레카! 며칠 동안 못 찾았던 손톱깎이를 찾았다. 손톱을 정리하니 속이 다 시원하다. 워드도 잘 쳐진다. 우리는 망원경 같은 원대한 계획도 중요하지만 현미경 같은 손톱 밑 가시를 빼면서 살아가는 것도 중요하다. 한마디로 거추장스러운 일을 만들지 않으면서 살아가는 것이다. 계속 플러스 알파의 하루하루를 만들어 가는 것이 중요하다. 한국에서 태국으로 떠나기 전 가지고 있던 주식을 100% 정리하고 떠났다. 왜냐하면 여행하면서 계속 신경이 쓰일 것이 뻔하기 때문이다. 다행인지 불행인지 그 주식들을 가지고 있었다면 지금 -30% 수익률이다. 이런이런. 옛날이야기 하나 하면 코로나 때 마이너스 통장 1억짜리를 만들어 주식에 투자했던 적이 있다. 2년간 했었는데 첫해는 한 천만 원 정도 벌었나? 그런데 그다음 해 계속 손해에 손해 2천만 원을 잃었다. 와! 과연! 샀다 팔았다를 반복하니 1년에 수수료만 몇백만 원 날아갔다. 더군다나 나는 완전 ENFP라 샀다 팔았다 샀다 팔았다 완전 노답이었다. 이때 내가 만든 노래가 있다. 창피하지만 들려준다. "오전에 사서 오후에 팔고 호기심에 사서 깜놀에 팔고 이놈에 주식 인생 당장 때리쳐 한강이 보인다 착하게 살아라. 찢어지는 아픔을 느껴야 하나요 마음속에 눈물을 흘려야 하나요 주식 사랑 말을 마오 유행가 가산 줄 아오 반토막 주식 왜 돌아봅니까?"

이런이런. 주식 이야기 끝. 오늘은 차가 없는 관계로 치앙마이 도보여행이다. 치앙마이를 동북쪽으로 크게 휘감는 큰 도로가 11번 도로이다. 이 도로 바깥쪽에 한인 타운이 있다. 내가 묵고 있는 ZAK Residence도 한인 타운 근처에 있다. 여기서 걸어서 11번 도로를 따라 위(도이수텝 산이 있는 곳)쪽으로 올라가면 센텐 플라자 백화점이 있다. 일단 여기를 들렀다가 계속 위로 가면 마야몰이 있다. 여기도 구경하고 마야몰 사거리를 건너면 님만해민이다. 오늘은 이쪽을 워킹투어 할 예정이다. 호텔을 나와 센텐 백화점으로 걸어갔다. 백화점에 들어서서 일단 지하로 내려갔다. 지하 1층은 음식점 코너다. 아점을 해결하기 위해 이리저리 둘러보는데 어떤 여인이 자기가 먹는 것이 괜찮다며 먹으라는 신호를 보내 바로 낚였다. 같은 걸로 달라고 하였다. 음식이 나오는 사이 그 여인은 다 먹었는지 떠났다. 음식이 나왔는데 그냥 그랬다. 아! 마이싸이팍치 라고 할 걸! 마이싸이팍치!(고수는 넣지 마세요!). 국수에서 고수향이 폴폴 난다. 그래도 아침을 굶었으니 그리고 어제 과음도 했으니 꾹 참고 다 먹어 버렸다. 고기국수. 아점을 해결하고 센텐 백화점을 다 둘러보았다. 4층에 가니 거기에 또 푸드 코트가 있었다. 백화점이 온통 음식점이다. 뭐지? 센텐을 나와 마야 쪽으로 걸어가려고 했는데 왠지 노곤하다. 아! 센텐 안에 안마의자가 있었지! 거기 가서 한숨 자고 갈까? 다시 센텐으로 들어가 둘러보니 파는 안마의자였다. 이런이런. 다시 센텐을 나와 마야로 걸어갈 생각을 하니 거의 불가능이란 생각이 들었다. 결국 툭툭이를 타고 마야까지 갔다. 150밧! 마야몰 앞에서 내려 마야는 지난번에 스캔을 했기 때문에 패스하고 님만해민 쪽으로 들어갔다. 일단 몸이 피곤해서 발마사지를 받았다. 1시간 선불을 했는데 조금 있다가 남자 마사지사가 오길래 오노! 아임 쏘리 하면서 돌려보냈다. 좀 그래서. 조금 있다가 여자 마사지사가 와서 한 시간 발마사지를 받으면서 졸았다. 발마사지를 받으면 신기한 게 왼발 하다가 오른발로 넘어가면 잠이 온다. 마사지 후 님만해민을 헤집고 다녔다. 다니다 보니까 원님만이란 곳을 개척했다. 원투쓰리 할 때 그 원이다. 원님만은 완전 쇼핑몰이라고 해야 하나 아무튼 대단한 구경거리가 있는 곳이다. 동영상으로 스캔을 해서 밴드에도 올려 주었다. 님만해민에서는 필수 코스인 것 같다. 그렇게 한 시간 넘게 원님만에서 구경도 하고 점심 앤드 맥주도 마시고 그다음에 님만해민 이 골목 저 골목을 다 헤집고 다녔다. 이쪽이 보니까 젊은 친구들이 진짜로 많이 다니는 걸 알 수 있었다. 서울의 강남이라고 해야 하나? 아무튼 치앙마이의 강남이다. 소소한 맛집과 유명한 커피숍이 많다. 맛집 하나만 소개하면 카오소이님만 이라는 집이다. 태국 북부의 유명한 음식인 볶음국수를 파는 집이다. 기다리는 사람이 너무 많아서 먹어 보진 못했지만 맛집인 건 확실하다. 님마해민에서 에피소드가 하나 더 있다. 이리저리 스캔하다가 웬 예쁜 아가씨가 있는 마사지샵을 알게 되었다. 한참을 돌다가 그 마사지샵으로 다시 가서 타이 마사지를 받겠다고 했다. 그 아가씨 왈~ 미리 돈을 내란다. 오케이 하고 300밧을 지불하였다. 그런데 잠시 기다리란다. 화이브 미닛. 아니 너가 하는 게 아냐? 대충 콩글리시로 물어보니 다른 마사지사가 온다는 이야기. 이런이런. 그러면서 사진도 보여 준다. 뭐여~ 완전 낚시네. 이런이런. 그래서 나는 그러면 안 받겠다고 했다. 그랬더니 그 아가씨 더 가관. 번역기에 뭐라고 보여주냐면 취소하면 한 시간에 50밧을 내야 합니다. 이런 젠장! 아 그래 알았다. 취소해 달라고. 그렇게 250밧을 받고 나왔다. 이런이런. 나오는데 태국 아줌마가 들어왔다. 부른 마사지사가 온 거다. 미안하지만 사왓디 캅 하면서 나왔다. 지난번에도 낚시가 있더니 이번에도 완전 낚였다. 뭐지? 그렇게 한참을 둘러보는데 하늘에 대한항공이 날아가는 게 보였다. 갑자기 한국이 그리워졌다. 치앙마이 온 지 며칠이 지난 거야? 노스탤지어? 아무튼 그렇게 둘러보다가 해자를 지나 나이트바자 쪽으로 왔다. 한 시간쯤 걸었나? 나이트바자 쪽에 단골 마사지사 홈이 있어서 시간이 맞으면 마사지를 받거나 아니면 저녁을 나이트바자 푸드 코트 광장에서 해결하려고 왔다. 홈에게 문자를 하니 자기는 다른 손님을 기다리는 중이라고 한다. 그래서 나는 저녁겸 맥주로 꼬치 5개(100밧)랑 리오맥주 2병으로 저녁을 해결했다. 중간에 옆자리에 아들 둘을 데리고 온 부부가 익스큐스미 하면서 앉아도 되냐고 해서 오브코우스. 옆에 앉은 꼬마에게 내가 웨아 유 프럼? 아빠가 어디서 왔냐고 물어보시자나? 라고 하면서 대답을 재촉하자 저쪽 큰 꼬마가 대답한다. 아임프럼 저머니. 오! 저머니! 굿! 아임 프럼 코리아! 그렇게 안면을 트고 조금 있다가 내가 아임 트래블 롸이터라고 소개를 했다. 아빠가 아이들에게 이런저런 설명을 해 준다. 저 아저씨 여행작가래. 독일 아빠가 나에게 K-POP 어쩌구 하면서 자기 남동생 여동생이 K-POP 보러 서울엘 갔었다고 한다. 오 굿굿굿! 이라고 답해 주었다. 조금 있다가 음식을 가져온 아내에게도 내가 여행작가라는 설명을 친절하게도 해 준다. 더 친하게 할 수도 있었는데 내가 영어가 짧아서 쫌 그랬다. 그렇게 맥주를 마시면서 치어스도 하다가 내가 먼저 굿바이 하면서 자리를 떴다. 오랜만에 나이트바자에 온 김에 여기저기 둘러보았다. 한 가지 발견한 게 있다. 나이트바자 푸드 코트 화장실은 5바트를 내야 들어갈 수 있다. 그런데 나이트바자 북쪽으로 PHAPLOEN 푸드 코트가 있는데 여기는 화장실이 무료다. 깨끗도 하다. PHAPLOEN을 나와 남쪽으로 내려오는데 칵테일바인데 음악을 크게 틀어 놓고 수많은 테이블에 손님이 하나도 없었다. 내가 장사 좀 시켜 주고 가야겠다고 해서 들어가서 칵테일 한 잔을 주문하고 자리에 앉았다. 아니나 다를까 조금 있다가 손님 두 팀이 들어왔다. 조금 더 있으려는데 홈에게 문자가 왔다. I'm free now. 내가 Oh! 홈이 Where are you now Oba? 그래서 곧바로 I can go now 하고 마사지를 받으러 갔다. 한 시간 발마사지를 시원하게 받았다. 오늘 장장 몇 시간을 걸은 거야? 6시간? 마사지를 받고 툭툭이를 타고 호텔로 왔다. 툭툭이 기사에게 ZAK Residence를 맵으로 보여 주며 타올라이 하니까 200밧이란다. 그래서 노! 원 헌드레드 휘프티 밧이라니까 오케이 한다. 오는 길에 툭툭이 기사가 길을 잘 몰라 내가 맵으로 라이트! 레프트! 하면서 간신히 찾아왔다. 오늘도 치앙마이를 헤집고 다니면서 일정 끝. 오늘 든 생각. 매일 해외여행을 처음 온 날처럼 여행하자! 한국에 있는 딸로부터 문자가 왔다. "호텔은 좋은가요? 금방 크리스마스인데!" 그러고 보니 지금까지 호텔을 몇 번이나 옮긴 거야? 엠파이어님만호텔 —> 마원호텔 —> 리버사이드호텔 —> 람빵레지던스 —> SIBTIS호텔 —> 람빵레지던스 —> 리버사이드호텔 —> 마원호텔 —> 람빵레지던스 —> 자크레지던스 —> 더 Space호텔 —> 람빵레지던스 —> 자크레지던스. 많이도 옮겨 다녔네. 이런이런.

● 〈치앙마이 재리턴 4일 차〉 12.24.

엊그제 10년 된 중고차 SUV 한 대를 샀다. 이제 치앙마이에 오면 차 렌트 걱정은 안 해도 된다. 내 차가 생겼으니까. 그저께 산 SUV를 2박 3일 세차하는 곳에 맡겼다. 세차장 주인이 세차의 달인이다. 원래 방콕에서 일하시는데 지난번 치앙마이 핑강이 넘치는 바람에 침수된 고급차를 분해 세차하기 위해 치앙마이에 머무르고 있는 것이다. 중간에 세차장엘 가 보니까 가죽시트가 누런색이었는데 베이지색으로 변모시켜 놓았다. 완전 짱이다. 태국에는 우리나라 자동차가 거의 없다. 죄다 일본 자동차다. 태국이 근대화 작업을 할 때 일본과 손잡고 해서 여기는 거의 모두가 일본산이다. 태국이 근대화 작업을 할 때 우리나라는 아직 중진국 수준이었기 때문에 일본이 먼저 치고 들어온 것이다. 그런데 베트남은 다르다. 베트남이 개발 중일 때 우리나라 기업들이 엄청 많이 진출했다. 베트남은 그만큼 친한이라고 해야 하나 아무튼 그렇다. 교민 숫자만 봐도 태국에 사는 한국 교민이 15,000명인데 베트남에 사는 한국 교민은 15만 명이다. 딱 열 배다. 그런데 골프는 다르다. 베트남 골프장은 쫌 습하다. 그래서 태국으로 골프 치러 오는 한국 사람들 정말 많다. 그만큼 태국 북부 특히 치앙마이는 날씨가 뽀송뽀송해서 여기로 골프 치러 엄청 들어온다. 하루에 한국에서 들어오는 비행기가 6대다. 200명씩 잡아도 1200명이다. 이 중 1/3은 골프 치러 오는 사람들이다. 하루에 비행기가 7대다. 200명씩 잡아도 1400명이다. 이 중 1/3은 골프 치러 오는 사람들이다. 하루에 500명씩 쏟아져 들어온다. 오늘은 치앙마이 시내 북쪽에 있는 란나 골프장을 가 볼 예정이다. 치앙마이 시내에는 골프장이 두 군데 있다. 북쪽에 란나 골프장, 남쪽에 피만팁 골프장이다. 치앙마이가 가진 매력 중 하나다. 렌트카 없이도 그랩이나 볼트를 불러서 타고 골프장에 가서 골프 치고 올 수 있다. 오늘도 그랩으로 차를 불러서 란나를 가 볼 예정이다. 늦잠을 잤지만(어제 워낙 많이 쏘다녀서 피곤했나 보다) 슬로우 조깅 50분을 마치고 샤워를 하고 준비를 마쳤다. 그랩으로 차를 부르니 131밧이라고 나온다. 5분 후에 그랩이 왔다. 골프백을 싣고 약 15분 후 란나 클럽에 도착했다. 백을 내리고 워킹으로 계산을 하니까 1300밧이란다. 30밧을 내고 라커룸 키를 받아 가방을 두고 스타트로 가니까 진행요원이 5인 플레이를 주선한다. 한국인 두 부부와 라운딩을 했다. 두 분 다 은퇴를 하고 치앙마이에 몇 개월씩 골프 치러 온 사람들이다. 란나 골프장 거의 대부분이 한국 사람인 듯하다. 란나 골프장은 총 27홀이다. 대부분 18홀을 나무 그늘이 있는 곳에서 치고 경마장이 있는 나인 홀은 그늘이 거의 없어 그냥 혼자 연습하고 싶은 사람들이 가서 치는 곳이다. 란나 골프장은 치앙마이에서 최고의 난이도를 자랑하는 골프장이다. 모든 그린이 포대그린이다. 페어웨이가 그리 좋은 편은 아니다. 잡초 페어웨이다. 매 홀마다 뭔가 장애물이 꼭 있다. 나무가 가리든 물이 있든 벙커가 도사리고 있든 아무튼 파온이 쉽지 않은 홀이다. 파온이 안 됐을 때 어프러치도 쉽지 않다. 포대그린이기 때문이다. 80대 초반 치는 사람들이 여기 오면 95나 96을 친다. 타당 20밧짜리 내기를 하면 진짜 재밌는 골프장이다. 그러니까 골프 좀 친다는 한국 친구들 불러서 내기 골프를 하면 그 친구들 엄청 겸손해질(화가 날?) 골프장이다. 라운드 중간에 70대 노부부 중 남편 되시는 분이 내 곁으로 오더니 "혼자 여행 다니니 얼마나 좋아요? 나는 치앙마이에서 술집 한번 못 가 봤어요. 얼마나 감시를 하는지 원!" 이런이런. 해외에 부부동반으로 골프 치러 오신 분들 보면 아내분들은 얼굴이 밝은데 남편들은 얼굴 표정이 별로 좋지 않다. 이유가 뭐지? 이런이런. 아무튼 골프를 마치고 그랩을 부르니 오는 길은 순방향이라 120밧에 왔다. 냉장고에 리오 맥주 두 병을 킵해 놓고 갔는데 냉장고 콘센트가 안 꼽혀 있어서 맥주가 미지근하다. 이런이런. 냉장고 콘센트를 손님이 필요하면 꼽으라는 시스템이다. 이런 경우도 있군! 미지근한 맥주를 마시며 이 글을 쓴다. 아무튼 그건 그렇고 내일부터 약 일주일간 무얼 할지 고민이다. 내년 1월 1일 친구들이 들어오기 때문에 25일부터 26, 27, 28, 29, 30, 31, 1 이렇게 혼자 놀아야 한다. 제1안은 빠이로 가서 2박 3일, 그다음 딱으로 가서 1박 2일, 그다음 수코타이로 가서 1박 2일 그리고 마지막으로 람빵에서 2박 3일 이렇게 다녀 볼까 생각 중이다. 제2안은 치앙마이에 머물며 아직도 파악하지 못한 치앙마이 곳곳을 누비며 여행 일기를 쓰는 것이다. 둘 중에 어떤 것으로 할지 일단 잠을 푹 자고 나서 생각해 볼 예정이다.

• **〈빠이 당일 치기 한 날〉 12.25.**

환율이 거의 미친 수준이다. 오늘도 100만 원을 환전했는데 약 2000밧이 줄어들었다. 이런이런. 2000밧이면 메모 골프장 이틀 라운딩 비용이다. 호텔에 머물면서 장기 여행을 한다는 것이 쉽지만은 않다. 돈이 그야말로 푹푹 줄어든다. 100만 원을 환전하면 일주일이면 바닥이 드러나 다시 환전해야 한다. 한 달에 400을 쓴다는 이야기다. 하루에 15만 원씩 쓴다고 가정하면 한 달에 450만 원이다. 모르고 온 건 아니지? 최소로 써야 하루에 15만 원이다. 15만 원이면 환율이 올라서 3400밧이다. 비용을 따져 보자. 호텔비 1000+차량 렌트비 1500+메모 골프장 1050+점심, 저녁, 맥주 등 1000+기름값 400 최소로 잡아도 5000밧이다. 이런이런. 오늘부터 짠돌이 여행에 돌입해야겠다. 이러다가 파산할 것 같다. 일단 중고차를 샀으니 차량 렌트비는 안 들어간다. 호텔은 호스텔로 옮긴다. 골프는 잠시 쉬고 연습장이나 다니자. 1월 2일부터 장장 보름간 골프를 쳐야 하니 연습이나 해 놓자. 점심, 저녁은 최소비용으로 지출한다. 맥주도. 마윈호텔 750+호텔 조식 150+연습장 100+점심 150+저녁 350=1500밧으로 하루 생활하기. 마사지 아웃! 빠이여행 취소! 치앙마이 탐색하기 고고. 현재 주머니 돈 25860밧! 오늘부터 가계부를 쓰자! 지금 시간이 1시 58분이다. 어제저녁에 일찍 잤더니 잠이 중간에 깨 버렸다. 더군다나 사나운 꿈을 꾸다가 깼다. 한국에서 북파공작원들이 난동을 부리는 생생한 화면들이 꿈속에 나타났다. 시위하는 대학생들 가슴에 서슴없이 칼을 꽂는 끔찍한 장면들이 눈앞에서 펼쳐졌다. 극우보수 인사들이 중앙정부전복시도불가 라는 현수막을 들고 행진하는 광경도 눈에 들어왔다. 서울 시내 거리가 온통 전쟁터를 방불케 하는 그런 광경이 눈앞에서 펼쳐졌다. 이런이런. 내가 무슨 애국지사도 아니고 해외에 나와서 놀고 있는 주제에 나라 걱정은 태산이다. 냉장고에 아까 남겨둔 맥주 한 병을 꺼냈다. 다행히 차가워져 있었다. 새벽 2시에 맥주를 마신다. 이런이런. 안주는 소금. 한국에서부터 한 통 가지고 왔다. 나는 심심할 때마다 소금 한 톨을 입에 툭 털어 넣는다. 왜 좋은지 말하려면 또 엄청 썰을 풀어야 하므로 여기서 끝. 아! 내가 쓴《미용실에서 읽는 철학책》에 소금이 왜 좋은지 다 나와 있다. 이런이런.

책 광고를 때리다니. 어젯밤에 작업을 하느라고 늦게 리잠을 자는 바람에 오전에 일부러 늦잠을 잤다. 체력 충전을 위해. 일어나니 정확히 9시였다. 해는 중천이다. 창문으로 들어오는 햇살에 열기가 느껴진다. 늦었어도 12시 체크아웃이니까 스톱워치를 켜놓고 슬로우 조깅 시작. 중간에 지겨워서 30분쯤 지났을 때 샤워하고 다시 20분을 마무리했다. 이런 방법도 있었군! 오늘 짐을 싸서 ZAK Residence를 떠난다. 올드시티 내 싼 호스텔을 알아보러 갈 것이다. 가성비가 좋다는 말을 들어서 일단 차를 몰고 가 볼 예정이다. 별로면 마윈 호텔로 가든지. 아무튼 정처 없다. 일단 가는 길에 센텐 백화점에 들러서 아점을 해결하고. 그런데 내비가 말썽이다. 센텐을 찍었는데 도보로 이동하는 경로만 표시된다. 이런이런. 1월 1일 친구들이 들어오면 묵을 수리왕세 호텔도 도보로 이동하는 경로만 표시된다. 뭐지? 하는 수 없이 어제 검색해 둔 호스텔로 차를 몰았다. 해자를 이리저리 휘감아서 아마 해자 남쪽 어디쯤인가 보다. 주차장이 없는 것 같아 차를 간신히 길가에 주차하고 들어가서 방이 있냐니깐 400밧짜리 방 그림을 보여 준다. 방을 볼 수 있느냐니까 그림으로만 보란다. 이런이런. 여기 주차장이 있나요? 라고 물으니 당연한 듯 없다고 한다. 주차가 없으면 숙박 불가지. 우리 같은 자가운전자에겐. 호스텔을 나와 내비에 빠이를 찍어 보았다. 3시간으로 나왔다. 그래 빠이나 가자. 완전 즉흥적. 완전 P. 차를 몰고 빠이로 향했다. 일단 기름을 만땅 넣어야겠기에 란나 골프장 지나서 있는 주유소에서 (빠이 가는 길이 란나골프장 가는 길로 쭉 가야 한다) 기름 만땅 충전. 1950밧! 11시 반인데 아점도 해결할 겸 주유소에 딸린 커피숍에 들어가 딸랑 샌드위치 하나 사 가지고 나와서 주유소에서 준 물이랑 아점 해결. 자 이제 빠이로 출발하자. 빠이 가는 길이 커브가 760개라는 이야기를 들어서 도대체 어떤 길일까 궁금하기도 하고 약간 긴장되기도 한다. 인터넷에 보니까 밴 같은 거 타고 가면 멀미를 해서 떠나기 전 멀미약을 먹으라고 충고도 한다. 나야 자가운전이니까 멀미 걱정은 없다. 매딸려 가는 사람은 멀미를 해도 자기 스스로 주도권을 가지고 운전하는 사람은 멀미를 안 한다. 옛날에 대마도 갔다 올 때 파도가 엄청 크게 너울을 쳐서 배가 마치 놀이기구 바이킹 타는 것처럼 출렁거렸다. 근데 이때 나는 배 중간에 앉아서 마치 바이킹 타는 것처럼 파도를 출렁출렁 타면서 부산까지 왔는데 멀미를 전혀 안 했다. 배와 내가 일심동체가 되니 멀미를 안 한 것 같다. 아무튼 빠이 가는 커브길이 시작되었다. 치앙마이를 출발해서 약 1시간 후부터 시작된다. 치앙마이를 출발해서 란나골프장을 지나 약 30분 후에 좌회전을 해서 산을 넘어가는 길이 빠이 가는 길이다. 꾸불꾸불 장난이 아니다. 한 시간 반 동안 계속 돌고 돌아야 한다. 커브길이 760개다.

그렇게 2시간 45분 만에 빠이에 도착했다. 차로 빠이 시내, 아니다 시내가 아니라 읍내쯤 된다고 해야 할까? 읍내를 이리저리 돌다가 빠이 관광지를 구글맵에 쳐 보니 빠이 협곡이 나온다. 바로 내비에 입력하고 출발! 아까 왔던 그 길로 약 5분 만에 도착했다. 입장료가 1밧이다. 빠이 캐년이라고도 한다고 영어로 써 놨는데 엄청 대단하지는 않았다. 20분 정도 관광 후 내려와서 배가 고파서 아까 올라가면서 봐 둔 옥수수 하나를 20밧에 사서 맛있게 먹었다. 화장실을 가려고 하니 입장료가 5밧이다. 그렇지 화장실 관리를 하려면 받아야지. 다음 관광지로는 프라닷 매옌 사원이 뜬다. 아까 빠이로 들어갈 때 오른쪽 산 중턱에 불상이 있었는데 그곳을 말하는 것이다. 내비에 찍으니 13분이라고 나온다. 잠시 후 도착해 계단을 오르고 또 올랐다. 도이수텝 계단보다도 더 많다. 불상이 있는 꼭대기에 올라가면 빠이 전경이 한눈에 보인다. 뭐라고 해야 할까? 평온한 하나의 큰 부락이라고 해야 하나? 빠이는 스쿠터 천국이다. 서양 젊은이들이 너도나도 스쿠터를 타고 하루 종일 돌아다니는 곳이 빠이다. 저녁때가 되면 수많은 노점상들이 도대체 어디서 몰려나왔는지 길거리를 가득 메운다. 자! 빠이에 왔으니 일단 1박을 해야지? 근데 도대체 호텔이 어디 있는 거야? 예약도 안 하고 와서 이리저리 헤매다가 호텔 비슷한 데를 잘 찾았다. The Queater라고 했던가? 아무튼 카운터에 가서 원 나잇 방이 필요하다고 하니 여권을 달라고 해서 아! 드디어 호텔을 잡았네! 라고 생각하는 순간 아뿔사! 카운터 아가씨가 방이 1인실은 없고 패밀리용밖에 없다고 한다. 5000밧! 허걱. 그렇지 않아도 아까부터 아직 네 시 반이라 아직 해도 창창한데 치앙마이로 돌아갈까 라는 생각도 있었는데, 더군다나 오늘이 크리스마스라 빠이 시내에 방이 없을 것 같아서 일찍 서둘러서 치앙마이로 가자. 그렇게 4시 40분에 빠이 시내에서 출발. 시내를 빠져나오다가 길을 잘못 들어 웬 마을로 들어가서 이집 저집 다 인사하고 빙빙 돌다가 간신히 치앙마이로 출발했다. 아~ 이때 핸드폰 배터리가 번아웃 되어서 내비 없이 치앙마이 가는 길을 찾다가 집집마다 인사를 다 하고 온 것이다. 오는 길도 여전히 꼬부랑 꼬부랑. 다행히 산을 거의 다 넘어왔을 때 어둑어둑해졌다. 빠이 꼬부랑길은 우리나라 대관령을 생각하면 된다. 갈 때는 길고 긴 꼬부랑길을 계속 가야 한다. 그리고는 마치 대관령에서 강릉을 내려갈 때 급경사로 순식간에 내려가는 것처럼 빠이 꼬부랑길도 마찬가지다. 치앙마이로 올 때는 빠이 쪽에서 약 15분 정도(이것도 앞차에 따라 다르다. 진짜로 짐을 잔뜩 실은 화물차를 만나면 난감하다. 애네들 시속 10km다. 꼬부랑길에서 추월 잘 해야 한다) 빡세게 급경사를 타고 올라오면 그다음부터는 줄줄줄 내리막을 타고 1시간 이상 내려오면 대충 평지에 도착한다.

그렇게 또 세 시간을 운전해서 치앙마이에 도착했다. 휴~. ZAK residence에 도착하여 방이 있냐니깐 다행히 있다고 하면서 어제와 같은 방으로 주겠노라고. 땡큐. 체크인을 하고 어제 먹었던 종로뼈다귀해장국에 가서 해장국 한 그릇에 참이슬 한 병 흡입. 어제랑 마찬가지로 하루 종일 굶은 거나 마찬가지. 호텔에 들어와 노트북 작업 좀 하다가 이제 리오를 사러 간다. 또? 맥주? 오늘 지출한 돈 1950밧(기름값)+55밧(샌드위치)+1밧(입장료)+5밧(화장실)+20밧(옥수수)+1000밧(호텔비)+450밧(해장국, 소주)=이것만 해도 3481밧이다. 25860-3481 = 22379! 아! 아침에 청소부 팁 20밧! 22359밧! 주머니에 현재 돈 22400밧! 대충 맞는다. 아마도 가방에 있던 잔돈을 써서 그런가 보다. 리오 두 병짜리가 세븐 일레븐에서 얼마였더라?

- **〈그리운 고향 메모 가는 날 1일 차〉 12.26.**

"가장 완벽한 계획이 뭔지 알아? 무계획이야. 왜냐하면 인생이란 게 뜻대로 되는 게 하나도 없거든." 기생충의 명대사다. 이번 여행을 계획하면서 도대체 약 80일간 무얼 하면서 지낼 것인지 살짝 걱정되기도 했다. 매일매일 골프만 친다는 것도 완전 미친 짓 같고, 그렇다고 치앙마이를 헤집고 다닌다는 것도 하루이틀이지 세 달씩이나 필요해? 뭐 아무튼 이런저런 생각이 많았었다. 한마디로 무계획 여행이었다. 일단 치앙마이에 상주하니까 친구들이 놀러 올 때면 거기에 맞추어 놀면 되고, 그렇지 않은 날은 또 어떻게 하면 되겠지 라고 생각했다. 그렇게 하루하루 지내고 있는 중이다. 어제 빠이를 다녀온 건 진짜 잘한 일이다. 밀린 숙제를 한 기분이랄까? 치앙마이 여행에서 이곳저곳을 다니고 있는데 아무래도 빠이가 빠지면 뭔가 허전한 느낌이 있었는데 그걸 채운 느낌이다. 오늘은 메모 골프장이 가고 싶어졌다. 지난번에 메모에서 치고 얼떨결에 가싼 쿤탄으로 넘어와 잡초밭이라 실망했고, 며칠 후 란나도 잡초밭이라 실망했다. 좀 제대로 된 골프장에서 골프 치고 싶어졌다. 오늘 쓸 돈을 미리 계산해 보자. 500밧(메모그린피)+250밧(메모캐디피)+300밧(메모캐디팁)+100밧(중간에 맥주 1병)+160밧(점심과 맥주)+950밧(람빵 레지던스호텔비)+350(자기야 한식과 백화점 참이슬 한 병)= 2610밧에 하루를 살자! 아~ 청소부 팁 20밧 추가. 2630밧! 오늘 책 제목을 또 바꿨다. 치앙마이 77일간의 미주알고주알 이야기. 처음 제목은 그냥 77일간의 치앙마이 일기였다. 여기서 치앙마이 77일간의 좌충우돌 기록으로 바뀌었다가 미주알고주알 이야기로 했는데 최종은 아직 멀었다. 책을 여러 번 출판해 봤지만 제목 결정이 가장 힘들고 가장 중요하다. 제목에서 뭔가 혹(HOOK)하고 당기는 것이 있어야 한다. 오늘부터 작업을 하면 항상 USB에 백업 파일을 저장해 둘 것이다. 하루하루 쌓이다 보니 소중한 재산이 되어 한꺼번에 날아가면 안 되니까. 바탕화면에도 저장하고 USB에도 저장하고. 중간에 깨서 슬로우 조깅을 하고 작업을 하다가 아무래도 잠이 부족할 것 같아서 리잠을 푹 잤다. 기상해 보니 7시 반이었다. 이런이런. 원래 메모로 7시에 출발하기로 했는데. 아무튼 대충 챙겨서 ZAK residence를 떠났다. 람빵 메모클럽을 내비에 치니 2시간 5분이라고 뜬다. 메모로 고고. 1시간 40분 만에 도착! 도대체 몇 km로 달린 거야? 7시 40분경에 출발했으니 예정대로라면 9시 45분 도착인데 9시 20분에 도착했다. 미쳤어 완전. 어제 빠이 좀 다녀왔다고 코너링의 달인이 되었나? 아무튼 람빵으로 내려오는 길에 내 차가 제일 빨랐다. 메모에 도착해서 곧바로 라운딩 시작. 오늘은 직접 스코어카드를 기록하면서 라운딩을 했다. 옛날에 천안상록 골프장을 엄청 다녔을 때 스코어카드에 직접 기록하면서 골프를 친 적이 있는데 그때 골프가 많이 늘었다. 예를 들어 베스트 샷! 최악의 샷! 파온○×, 퍼터수, 스코어 이런 식으로 적었다. 오늘은 세 개만 적었다. 스코어, 파온○×, 퍼터수. 확실히 직접 기록하면서 골프를 치니 골프가 마디다고 해야 하나 한 샷 한 샷에 집중하게 된다. 역시 파온이 어렵다. 그래서 누구는 인생 좌우명이 'PAR와의 경쟁'이다. 매홀 파를 목표로 하고 실수하여 보기를 잡은 만큼 버디를 낚는다면 이븐이다. 오늘은 드라이브 샷이 정말 시원하게 나가 즐겁게 골프를 마쳤다. 역시 하수는 드라이버가 멀리 똑바로 나가야 골프 치는 맛이 나는 법이다. 즐겁게 골프를 마치고 18번 홀 클럽하우스에서 파카 파오무(쌀밥에 돼지고기 볶은 거 곁들임)랑 싱하 맥주 두 병을 흡입했다. 맥주를 먹고 술이 좀 올라 운전하기 쫌 그래서 퍼팅 그린으로 향하는 데 지난번 그 예쁜 51번 캐디가 오빠! 한다. 내가 라인으로 18번 홀 클럽하우스로 오라고 하긴 했었다. 그래서 커피 한잔할래? 하니까 오케이 한다. 다시 18번 홀 클럽하우스 내에 있는 커피숍으로 가서 커피를 같이 마셨다. 이름을 이제야 물어보았다. 노이나다. 내가 책 출판 이야기를 하면서 같이 사업 구상 이야기를 하니까 두 손 엄지를 치켜세우면서 엄청 좋아한다. 한 20분쯤 이야기를 나누다가 영어 문자로 자기가 캐디 일을 나가야 된대서 오케이 하고 헤어졌다. 그리고 나는 커피를 들고 퍼팅 그린으로 가다가 이런이런 퍼터를 커피숍에 두고 나왔네~ 요즘 자주 일어나는 현상! 터덜터덜 다시 커피숍으로 가는데 빔이 보였다. 아니 어떻게 된 거지? 발전소 앞 커피숍에서 근무하는 시간인데? 아무튼 커피숍으로 오라고 해서 커피를 사 준다고 했더니 뭐라고 뭐라고 하더니 망고 스무디 비슷한 걸 주문한다. 같이 자리에 앉아서 빔에게도 사업 이야기를 하니까 정말 좋아한다. 아~ 그 전에 빔이 한국 여행 온다는 이야기를 빔 엄마한테 들은 게 있어서 한국 여행 오면 선생님이 다 가이드 해 준다고 하니까 엄청 좋아했다. 친구랑 둘이 오라고 했다. 혼자 오면 위험하니까. 혼자 오면 안 위험해? 라고 물으니 괜찮다고 한다. 뭐지? 아무튼 그렇게 시간을 보내다가 빔도 근무하러 가야 해서 자리에서 일어났다. 클럽하우스를 나오는데 빔 엄마가 나한테 아유 해피 투데이? 라고 한다. 나는 예쓰 예쓰. 내가 자꾸 갈 때마다 빔 이야기를 했더니 그러는 건가? 아무튼 그랬다. 빔과 헤어지고 퍼팅 그린에 가서 퍼팅 연습을 좀 했다. 한 십 분? 요즘 퍼팅이 완전 오리무중이다. 이렇게 쳐 봐도 안 되고 저렇게 쳐 봐도 안 되고 무슨 일관성이 하나도 없다. 그러다 보니 완전 갈지자 퍼팅이다. 골프의 생명은 퍼팅인데. 이런이런. 연습을 끝내고 차를 몰고 람빵으로 향했다. 아직 호텔이 미정이라 람빵 코코넛 호텔을 찍고 고고. 코코넛 호텔은 메모에서 람빵으로 오다 보면 람빵 입구에 있어서 람빵 레지던스에 비해 3분 정도 덜 걸린다. 물론 약간 외곽에 있어서 장단점은 있다. 시내를 나갈 때는 불편하긴 하다. 코코넛 호텔에 도착하여 주차를 하고 카운터에 방이 있냐고 물어보니 오늘 1박만 가능하다고 했다. 당연히 좋다고 했다. 조식 포함 900밧이다. 람빵 레지던스보다 50밧 싸다. 호텔에 짐을 풀고 밀린 빨래를 꽉꽉꽉 했다. 그리고 노트북으로 작업을 하다 보니 오후 5시가 넘었다. 6시쯤 장을 보러 자기야->센텐 백화점을 돌아올 예정이다. 구글맵에서 보니 호텔 근처에 최고 평점의 맛집 Nice Lampang이 있었다. 배는 별로 안 고프지만 그래도 저녁은 때워야겠기에 500m 거리에 있는 Nice Lampang으로 향했다. 걸어가도 되지만 밤이고 해서 또 돈도 2만 밧이나 주머니에 있는데 돌아다니기에는 차가 안전하니 차를 몰고 일단 가는데 내비에서 오늘은 휴무일 수도 있습니다 라고 나온다. 이런이런. 막상 가 보니 진짜 휴무였다. 그럼 계획대로 자기야로 가야지. 돌아서 나오다가 또 큰일 날 뻔했다. 골목을 빠져나와 우회전을 해야 하는데 한국식으로 우회전을 하려다가 오른쪽에서 오는 오토바이랑 부딪힐 뻔했다. 진짜 위험하다. 우회전. 지난번 치앙라이 화이트 사원 주차장에서 빠져나올 때도 오른쪽에서 오는 버스를 미처 발견하지 못해 깻잎 한 장 차이로 안 부딪혔는데 이번에도 또 그랬다. 우회전은 거룩하게 우회전은 거룩하게. 진짜로 명심하고 또 명심할지어다. 낮에 시속 100km 이상 달렸다고 자랑질을 하더니 말똑이다. 조심조심 자기야로 가서 떡볶이랑 비빔국수를 하나씩 사 왔다. 합쳐서 150밧! 딱히 소주 안주 할 게 없어서 산 것이다. 사장님도 소주 안주로 추천할 만한 게 없다고 하신다. 매콤한 국물이 있는 것이 없기 때문이다. 자기야를 가기 위해 주차할 때는 약 200m 전에서 주차해야 한다. 자기야 바로 앞에는 빨간색 보도블록 경계석이기 때문이다. 빨간색과 흰색이 교차로 칠해져 있는 보도블록 경계석 옆에 차를 세우면 안 된다. 재수 없으면 바퀴에 철근 쇠고랑이 채워진다. 치앙마이에서 쇠고랑 찬 차를 몇 대 보았다. 아무튼 두 개를 포장해서 차에 싣고 센텐 백화점으로 갔다. 진로 두꺼비가 있었다. 두 병을 사 왔다. 병당 129밧! 오늘 한 병 먹고 또 필요할지 몰라서 사 온 것이다. 이러다 두 병 다 먹는 거 아녀? 오늘 쓴 돈. 그린피(500)+캐디피(250)+캐디팁(300)+점심과 맥주(260)+커피 망고(200)+기름값(1000)+호텔비(900)+저녁(150)+소주(258)= 3818밧! 장거리를 뛰니 자동차 기름값이 팍팍 들어간다. 연비를 따져 보면 2000밧을 넣으면 대략 500km가 찍힌다. 그렇다면 100km에 400밧이다. 메모 왕복이 65km다. 그러니까 메모 왕복 하루에 260밧이 들어가는 셈이다.

- **〈그리운 고향 메모 가는 날 2일 차〉 12.27.**

서울 날씨가 영하 7도다. 한국이 추우면 태국도 영향을 받는다. 호텔에서 잘 때 이불을 겹쳐서 두 개를 덮고 자야 한다. 왠지 서늘하기 때문이다. 한낮에는 29도까지 올라가지만 새벽에는 15도까지 떨어지기도 한다. 한국이 춥기 때문에 그 영향이 있는 것이다. 그래도 동남아에 나와 있는 우리는 견딜 만하지만 한국은 모든 것이 추운 요즘이다. 정치, 경제, 사회, 문화 어느 것 하나 녹록한 게 없는 우리 현실이다. 우리나라의 진짜 문제는 정치도 정치지만 경제다. 코스피는 2400대에 머물러 있다. 경기침체는 기업이 후원하는 골프대회에도 직격탄을 날렸다. 당장 내년도 KLPGA 중 한화클래식, 하나금융그룹 싱가포르여자오픈, 교촌레이디스 오픈, SK텔레콤-SK쉴더스 챔피언십이 역사 속으로 사라졌다. 셀프리온 퀸즈 마스터스도 취소를 저울질 중이다. KPGA 쪽도 마찬가지다. 데상트코리아 먼싱웨어 매치플레이는 이미 무산되었고, KB금융 리브챔피언십, 백송홀딩스-아시아드CC 부산오픈, 렉서스 마스터스 등도 저울질 중이다. 기업 입장에서야 어려울 때 가장 먼저 줄이는 부분이 이렇게 후원하는 대회를 줄이는 것일 테고 그 영향을 가장 먼저 받는 쪽이 KPGA나 KLPGA 대회일 것이다. 박세리 이후 지난 20여 년간 황금기를 달려온 한국의 골프산업계 전반이 최대의 위기를 맞고 있는 건 확실하다. 골프장 사정도 마찬가지다. 코로나 때 천정부지로 치솟은 그린피, 카트비, 캐디피 등이 내리기는커녕 계속 고공행진이기 때문에 이미 MZ 세대 골퍼들은 죄다 장갑을 벗었고, 골프 좀 친다는 사람들은 동남아 해외 골프로 눈을 돌리고 있고 이렇게 우리 골프산업계도 암흑기에 접어들고 있다. 20년 전 일본에서 수많은 골프장들이 부도가 났던 게 주마등처럼 떠오른다. 한국에서 골프 칠 때 가장 아까운 돈 중 하나가 캐디피다. 내가 처음 골프를 시작할 때 캐디피가 8만 원이었다. 이제 내년부터는 캐디피가 15만 원에서 16만 원으로 인상된다는 소문이다. 나는 골프 칠 때 캐디에게 멍텅구리로 볼을 놓으라고 한다. 라이를 내 감으로 보고 친다. 사실 캐디 중에는 라이를 잘 못 보는 캐디들도 부지기수로 많다. 그리고 사실 퍼팅을 어떻게 하느냐에 따라 라이는 절대적으로 달라지는 것이다. 골프를 못 치는 이유가 만 가지가 넘지만 캐디 때문에 골프를 망치는 경우도 많다. 그냥 최대한 예의 바르게 겸손하게 경기보조만 해 주었으면 좋겠다. 캐디 문제는 해외 사정도 비슷하다. 어느 골프장의 경우 27홀을 돌려야 하는데 캐디가 부족하니까 그냥 동네에서 모심던 아줌마들 데려다 캐디 옷 입혀서 내보내는 경우도 많다. 지난번 모 골프장에서 보니까 캐디가 라이는커녕 카트 운전도 잘 못하는 걸 봤다. 한국 사람들이 해외 나와서 골프 치면서 불만인 것 중 하나가 아니! 캐디피는 뭐고 또 캐디팁은 뭐여? 라는 것이다. 캐디피 따로 캐디팁 따로 내는 구조가 이해가 안 가는 것이다. 나도 십 년 전부터 그렇게 해 왔지만 그 기원이 어떻게 되는지는 모르겠다. 해외 골프 캐디팁도 야금야금 오르는 중이다. 메모도 250밧에서 300밧으로 오른 지 오래되었고 치앙마이나 방콕 파타야는 400밧 500밧으로 오르는 중이라는 것이다. 돈 많은 사장들이 문제다. 100밧 이래야 한국 돈 4000원이니 400밧, 500밧 막 주니 캐디들이 돈맛을 알아 은근히 더 주길 바라는 눈치다. 나는 절대로 더 이상 주지 않는다. 해외에 나오는 후진들을 위해 물을 흐리는 행동을 절대 하지 않는다. 300을 받기로 계약하고 일을 했으면 정확히 300밧만 주면 된다. 괜스레 400, 500 주면 다음 사람에게 민폐다. 마사지 팁도 마찬가지다. 300에 발마사지 한 시간 하기로 했으면 300만 주면 된다. 그러면 깔끔하다. 그런데 괜스레 100밧, 200밧 팁으로 남발하면 일하는 마사지사들 버릇만 나빠질 수도 있다. 마사지하면서 이 손님은 나에게 얼마큼 팁을 주려나 이 생각뿐이다. 뭐 다 그런 건 아니지만. 어제도 땡볕에 18홀을 워킹으로 돌았지만 끝나고 나서 300밧만 정확히 주었다. 그리고 내가 메모를 가면 당연히 워킹할 줄 알고, 팁도 300밧 더 이상 국물도 없다는 걸 다 소문나서 안다. 계약은 계약이니 원칙대로 해야 한다. 단기간 해외 나오는 손님들은 꼭 주지해야 할 사실이다. 오늘은 아침에 호텔 조식을 먹고 느지막이 메모로 출발했다. 요즘 자꾸 자동차가 사고 날 뻔한 게 있어서 처음 해외 나와서 운전하는 것처럼 조심조심 메모로 향했다. 사실 천천히 운전하니까 경제속도인지라 기름도 덜 먹는다. 계기판 기름 수치가 327에서 303으로 24km 떨어졌는데 32km 떨어진 메모 골프장에 벌써 도착했다. 일거양득이군. 오늘은 1번 홀에서 시작하려는데 카트 8대가 몰려들었다. 갑자기 사람이 많아져서 캐디와 나는 4번 홀 쪽으로 갔다. 거기도 사람이 많기는 마찬가지. 아무튼 앞 팀 4명이 다 치길 기다린 후 첫 티샷! 4번 홀 5번 홀 엄청 느리다. 태국 사람들 골프 치는 거 엄청 답답하다. 세월아 네월아 친다. 6번 홀에서 착하게도 나에게 티샷을 하라고 손짓하더니 그린으로 가니까 먼저 퍼팅하시라고 한다. 컵쿤캅! 하고 퍼팅 마무리한 다음 7번 홀로 갔다. 이제부터는 앞에 아무도 없다. 그렇게 18홀까지 돌고 맥주와 점심을 먹고 아까 못 돌았던 1, 2, 3번 홀을 돌았다. 1번 홀 돌면서 재미 삼아 싱하 캔맥주 하나를 공 옆에 두고 티샷을 했다. 동영상을 티샷부터 마무리까지 한 번에 다 찍어 보았다. 약 10분 35초가 걸렸다. 이때쯤 되면 골프장에 손님이 아무도 없다. 오전에 치고 다 빠진다. 한낮이 되면 엄청 덥다. 오늘도 31도까지 올라갔다. 막판에 칠 때 조금 힘들었다. 어제 잠을 좀 설쳤기 때문이다. 해외 골프 와서 매일매일 골프 치려면 잘 먹고 잘 자야 한다. 체력은 국력이다. 체력이 받쳐 주어야 놀 수도 있는 것이다. 지금도 조금 피곤해서 발마사지 한 시간 받고 왔다. 마사지 받는 내내 잤다. 피곤을 푸는 데는 마사지가 최고다. 특히 발마사지. 타이 마사지도 괜찮다. 마사지 받으러 가는 길에 람빵 시내에 있는 람빵 박물관에 들러서 관람하고 갔다. 람빵의 역사를 전시해 놓은 박물관이다. 십 분이면 관람할 수 있다. 오늘 골프 치면서 깨달은 사실, 공을 건드리면 저주받는다. 8번 홀에서 러프에 잠긴 공을 옆으로 꺼내놓고 3번 우드로 올리려다가 벙커로 직행 반대편 벙커로 직행 왔다 갔다 하다가 트리플. 이런이런. 그래도 오늘은 오랜만에 8자를 그려 다행이다. 드라이버 큰 에러 없었고 스크램블링이 세 번 있었다. 오늘 저녁은 진짜 태국 로컬 식당에서 먹었다. 메뉴판이 태국어라 구글 검색기에서 카메라로 해석해서 음식을 시켰다. 닭날개 튀김, 모닝글로리 튀김, 해산물 카레 그리고 밥. 그리고 리오 맥주. 성공적으로 시키고 맥주도 세 병씩이나 먹고 겝땅하니까. 조금 있다가 계산서를 가져오는데 총 410밧이다. 둘이 먹었는데 정말 싸다. 맥주가 3병인데. 맥주값만 해도 골프장에서는 300밧인데? 하면서 계산을 했다. 로컬 중의 로컬 식당이 진짜 싸긴 사구나! 오늘의 태국어 까오는 밥, 팟은 볶다, 꿍은 새우 그래서 까오팟꿍 하면 새우볶음밥, 무는 돼지고기 그래서 까오팟무 하면 돼지고기볶음밥, 까이는 닭고기 그래서 까오팟까이 하면 닭고기볶음밥 이렇게 된다. 세 개 중에 하나를 시켜서 드시면 된다. 내일은 딲에 있는 푸미폰 댐 골프장에 가서 1박 2일 동안 골프를 쳐 보려고 한다.

- **〈그리운 고향 메모 가는 날 3일 차〉 12.28.**

어제 맥주 3병을 마시고 자서 컨디션이 별로였는데 소금을 입에 한 톨 넣고 슬로우 조깅을 하니 컨디션이 급상승했다. 아마도 혈액순환이 꽉꽉 되어서 그런 거라고 짐작된다. 깨끗하게 씻고 호텔 조식을 먹으러 내려갔다. Rampang Residence 호텔 조식은 역시 굿이야! 어제 코코넛 호텔에 비하면 할아버지다. 오늘은 꼬치를 5개나 먹었다. 어제 로컬 태국 음식점에서 죄다 풀만 먹었기 때문이다. 아 닭날개 몇 개도 먹었군! 마지막으로 커피 한 잔을 마시고 방에 올라와서 시계를 보니 8시 33분. 어제 푸미폰 댐 골프장을 가기로 마음먹었기 때문에 구글 내비에 눌러 보니 3시간 5분이 나온다. 이런이런. 갑자기 가기 싫어졌다. 몸도 피곤하고 기름값이 얼마야? 막 핑곗거리가 생겨난다. 옛날에 푸미폰 댐 골프장에 갔었는데 그린이 스펀지 같았었지? 이 핑계 저 핑계 대며 안 가기로 다짐한다. 이런이런. 그래 오늘도 그리운 고향 메모로 가자. 메모 가서 심혈을 기울여 집중해서 쳐보자. 혹시 알아? 옛날처럼 원 핸드 싱글을 칠지? 아~ 방을 빼야 하는군. 어제 구글 검색에 보니까 람빵 시내에 The Space Hotel이 뜨는데 신축이고 4성급이라 하던데 거기 가서 자 봐야겠다. 아고다에 보니까 가격도 할인을 해서 850밧 정도 했던 것 같다. 일단 예약을 해 보자. 앱에 들어가 이리저리 검색을 하는데 '해당 날짜에 이용 불가' 라고 뜬다. 다른 호텔들도 죄다 그렇다고 뜬다. 뭐지? 아~ 연말연시라 숙박과의 전쟁이구나! 곧바로 호텔 프런트로 뛰어 내려갔다. 오늘 내일 여기서 더 잘 수 있나요? 잠시만요? 이십팻 이십까오? 예쓰 이십팻(28) 이십까오(29) 장부를 살펴보더니 잠시 후 오케이 한다. 휴~ 다행이다. 내 방 키를 달라고 하더니 컴퓨터로 뭔가 작업을 한다. 방 출입 허가를 입력하는 것 같다. 작업 후 내가 2000밧을 주니 200밧을 돌려준다. 어? 50밧 더 싸네? 뭐지? 아무튼 일단 2박 3일이 보장되니 맘이 편해졌다. 30일은 또 그때 가서 생각해 보자. 선크림을 바르고 메모로 출발하자. 해외 장기 골프는 선크림도 잘 발라야 한다. 예전에 어떤 분을 보니까 코 옆에 맹구 같은 점이 하나 생겨 있었다. 한 달 동안 매일매일 골프 치면서 선크림을 바를 때 대충대충 발라서 코 옆을 잘 안 발라서 빨갛게 부어올라 맹구 같은 점이 생긴 것이다. 동남아 강렬한 햇빛! 선크림 골고루 잘 바르자. 열 시쯤 메모에 도착하여 워킹으로 라운드 시작! 그런데 1번 홀에서 갑자기 아니? 오늘은 블루티에서 한번 쳐 볼까? 이런 생각이 들었다. 어차피 혼자 치는 거 밀리지도 않는 골프장에서. 그리고 어차피 쓰리 온 인데 블루티라고 별 거 있겠어? 그렇게 시작한 1번 홀 드라이브 샷부터 흔들림. 삼십미터 어프러치 샷 대가리. 이런이런. 더블. 뭐 블루 티니까. 이렇게 생각하니 맘이 편했다. 2번 홀 드라이버 세컨 써드 모두 굿샷! 퍼팅 3m짜리 들어감. 나이스 버디!!! 아무튼 블루티에서 쳐서 89타! 오잉? 뭔 일이래? 맘을 비우니 오히려 편하다. 아니면 재수가 좋은 건지 아무튼 즐거운 라운딩이었다. 5번 홀 중계를 안 할 수가 없다. 티샷이 블루티라 나무 사이를 지나려면 300m 티샷이 필요하다. 그래서 어차피 불가능하니 툭 치고 포온 작전으로 가자. 파 5니까. 그런데 살살 달래 치면 밀린다고 티샷이 나무 사이로 들어감. 가 보니 다행히도 나무 사이 1m 공간으로 잘 빼내면 페어웨이 저 멀리까지 보낼 수 있는 구조. 5번 아이언으로 칠까 하다가 거리도 필요하니까 3번 우드로 치자. 앞 팀이 밀려서 한참을 기다리면서 고민 많이 했다. 이러다 사고 나는 거 아녀? 나무 맞고 직후방으로 튕겨 나오면 내가 맞을 수도 있는데? 그래도 좌우 폭이 1m나 되는 나무 사이를 못 빠져나오겠어? 두 나무도 하나는 3m 앞, 오른쪽 나무는 5m 앞이라 똑바로만 치면 괜찮은 구조였다. 앞에서 캐디가 오케이 사인을 보내왔다. 자 3번 우드 샷! 아 진짜! 그 사이를 못 뚫고 지나가고 오른쪽 나무를 맞고 왼쪽으로 날아감. 와~ 완전 후회막급. 이러다 사고 날 수도 있겠구나 싶었다. 골프를 잘 치는 것도 중요하지만 안전하게 오래 치는 게 더 중요하다고 그렇게 되뇌었건만 진짜 앞으로는 겸손하게 쳐야겠다. 옆으로 간 공을 5번 아이언으로 250야드 남은 지점까지 보냈다. 여기서 3번 우드 약간 미스샷이었지만 70야드 전까지 보냄. 골프를 치다가 맘이 급해지면 거리가 멀어 보인다. 자신이 없으니까. 그래서 자꾸 한 클럽 더 긴 거로 잡는다. 아니나 다를까? 70야드면 A나 샌드를 쳤어야 했는데 P로 쳐서 그린 오바. 완전 뚜껑이다. 침착하자 침착하자. 어프러치 절대로 헤드업 하지 말자. 20m 어프로치 다행히도 2m에 붙었다. 휴~ 집어넣으면 더블. 맘 비우고 무조건 똑바로만 퍼팅하자. 그런데 이 퍼팅이 쏘옥 들어감. 와우! 산수갑산을 갔다 왔는데 더블로 막았다. 휴~. 오늘은 힘은 들었지만 그래도 보람(?) 있는 라운딩이었다. 점심은 중간 그늘집에서 먹었기 때문에(10번 홀 그늘집 밥이 진짜 싸다. 40밧) 라운딩 후 18번 홀 클럽하우스로 가니 빔이 와 있었다. 너무 반가워서 어찌된 거냐고 했더니 발전소가 쉬는 날이라 자기들 커피숍도 쉰다고. 싱하 맥주 한 병을 가져오라고 하여 시원하게 흡입. 빔이 자동적으로 옆자리에 앉더니 술도 따라 준다. 한국 여행 이야기 등등 이런저런 이야기를 했다. 한국 여행은 봄가을에 오는 게 좋아 날씨가 그때가 좋거든. 끄덕끄덕. 손님이 많아서 빔이 요리하러 갔는데 지난번에 내가 밥 사줬던 중학생 2명이 써빙을 하고 있었다. 내가 멀리서 이름이 뭐였지 라고 물으니 1학년은 피우 3학년은 힘이라고 했다. 맥주 한 병을 더 달라고 해서 먹다가 힘이 너무 예뻐서 힘을 오라고 했다. 그리고 인터뷰 아닌 인터뷰를 했다. 가까이서 보니 진짜 예쁘다. 코에 점도 하나 있다. 코에 점 있는 연예인들이 미인이 많았는데? 아무튼. 힘에게 이런저런 이야기를 하다가 학교 재밌니? 등등 물어보다가 방학 이야기가 나왔다. 힘이 지금이 방학이라고 했다. 그래서 언제부터 언제까지 방학이냐니까? 12월 28일부터 1월 6일까지라고 했다. 엥?

그렇게나 짧아? 이때 나는 완전 한국식 사고방식으로 물어봤다. 졸업은 언제 해? 2월 언제쯤이겠지? 했더니. 4월 26일이란다. 엥? 그럼 고등학교는 어디로 가니? 람빵 하이스쿨로 간다고 했다. 그럼 거기 어떻게 다녀? 자취? 하숙? 통학? 셔틀버스가 있어요 라고 대답한다. 응 그렇군. 태국의 방학에 대하여 자세히 물어보았다. 태국은 4, 5월이 엄청 더우니까 이때 방학하는 것 같았다. 그리고 6월 2일이 고등학교 입학식이라고 했다. 아하 그러니까 6월부터가 1학기 시작인 것이다. 6, 7, 8, 9, 10 이렇게 다니고 방학, 그리고 2학기는 12, 1, 2, 3, 4. 이런 식인 것 같았다. 맥주 두 병을 먹어서 운전하고 오기 좀 그래서 어프러치 연습장에서 연습을 했다. 오늘 대가리를 3개나 때렸으니 반성모드. 어프러치 하러 가면서 지나가는 캐디한테 이 메모 골프장은 몇 시까지 치느냐고 물어보니 5시 반이라고 한다. 막팀이 5시 반 정도에 끝나는 구조인가 보다. 오후가 되니 날씨도 그리 덥지 않고 라운딩하기 좋은 날씨였다. 아~ 중간에 힘에게 알바비를 얼마 받느냐고 물어보니 하루에 200밧이라고 하였다. 5시쯤 메모를 출발하여 람빵에 5시 반에 곧바로 발마사지 집으로 직행. 한 시간 졸면서 마사지로 하루의 피로를 풀고 센텐 백화점으로 가서 초밥이랑 두꺼비 한 마리 잡아 왔다. 호텔 석식!

- **〈그리운 고향 메모 가는 날 4일 차〉 12.29.**

태국 고춧가루 정말 맵다. 호텔 조식을 먹으면서 쇠고기 버섯 죽에다 고춧가루를 살짝 뿌려서 먹었는데도 콧등에 땀이 난다. 해장으로 최고다. 태국 고춧가루! 태국 무에타이처럼 매운맛이다. 오늘은 해외에 장기체류 하면서 나 스스로 조심해야 할 것 5가지를 생각해 보았다. 첫 번째는 사람 조심이다. 특히 어린 여자들을 함부로 건드렸다간 한국으로 못 돌아갈 수도 있다. 두 번째는 자동차 사고다. 나도 몇 번 아찔한 순간이 있었지만 순간순간 조심해야 한다. 가만히 생각해 보니 항상 오른쪽을 먼저 보라는 말도 틀렸다. 무조건 어느 순간에나 양쪽을 다 보는 습관을 들이는 게 좋을 것 같다. 세 번째는 타구 사고다. 어제도 아찔한 순간이 있었지만 골프공의 위험함을 알아야 한다. 절대 동반자 치는 데 앞으로 나가면 안 된다. 우리는 마음이 급하면 동반자가 샷을 하기 전에 앞으로 간다. 이는 매너상으로도 안 좋고 안전에도 절대적으로 안 좋다. 옛날에 우리 동호회에서 있던 일이다. 파 3에서 마지막 선수가 치는데 앞에 친 두 사람이 약간 앞으로 걸어갔다. 그날은 비가 오는 날이어서 마지막 샷을 하는 선수가 손이 미끄러지면서 클럽이 날아갔다. 클럽은 앞에 걸어가던 두 사람을 진짜 살짝 스쳐서 연못에 빠졌다. 진짜로 큰일 날 뻔했던 아찔한 순간이었다. 절대로 볼 치는데 앞으로 나가서는 안 된다. 이는 절대 지켜야 할 불문율이다. 네 번째는 건강관리다. 음식, 조깅, 양치질 등등 하나하나 하루하루 건강관리에 최선을 다해야 한다. 해외에 나와서 아프면 진짜 서럽다. 놀러 해외에 나왔는데 아프면 모든 게 파이다. 마지막 다섯 번째는 핸드폰 관리다. 만약 핸드폰을 잃어버린다고 생각해 보아라. 아마도 모든 게 스톱일 것이다. 나도 언젠가 백화점에 들어가 쇼핑을 하다가 보니 주머니에 핸드폰이 없어서 뜨악했던 적이 있다. 다행히 뒷주머니에 있었던 핸드폰이 빠져서 차에 있었기는 했다. 그런데 차까지 오면서 만약 차에 없으면 어떡하지? 라면서 오만가지 상상을 다해 본 적이 있다. 핸드폰 관리 철저! 명심해야 한다. 현재시간 08:23분! 메모로 출발하자. 현재 남은 돈 12350밧!(중략) 드디어 메모에서 원 핸드 싱글을 달성했다. 77타! 전반 38타 후반 39타! 버디 3개 잡음. 이 얼마 만인가? 아마도 내 기억으로는 메모 원 핸드 싱글이 2016년 겨울이었던 것 같다. 정확히 8년 전이다. 어제 블루티에서 친 효과가 있는 건지, 아무튼 최고의 라운딩이었다. 중간에 무안 비행기 사고 소식을 들어서(핑계지만) 더블 두 개를 잡으면서 흔들렸지만 차근차근 풀어나가다 보니 원 핸드 싱글이 달성되었다. 기념으로 스코어 카드를 사진 찍어서 밴드에도 올렸다. 하필 비행기 사고 참사가 발생한 날 원 핸드 싱글을 달성해서 왠지 멋쩍었다. 오늘 아침에 해외 장기여행하면서 조심해야 할 것 5가지를 적었는데 비행기 사고는 그러한 모든 것의 종착역이다. 그건 내 영역이 아니다. 비행기가 추락하면 그것으로 끝이다. 그래서 우리는 오늘도 즐겨야 한다. 카르페 디엠! 아무튼 그건 그렇고. 지난번 히말라야를 가기 위해 카투만두에서 포카라로 가는 비행기가 추락하여 72명 전원이 사망한 사건이 있었다. 그 비행기는 내가 히말라야 갈 때 탔던 바로 그 비행기다. 완전 프로펠러식 비행기다. 2차 대전 때 일본군이 쓰던 비행기다. 비행기를 타면 스튜어디스가 솜을 나누어 준다. 소음이 견디기 힘들면 귀에 꼽으라는 것이다. 그 비행기가 추락했다는 소식을 접하면서 남의 일 같지 않았다. 이번 비행기 사고도 남의 일이 아니다. 나도 어차피 비행기를 타야 한국으로 돌아간다. 우리는 비행기를 타고 해외를 수시로 드나들지만 어떤 불가항력으로 사고가 날지 아무도 모른다. 비행기 사고는 우리 힘으로 어찌하지 못하는 부분이다. 우리는 그냥 우리가 할 수 있는 부분에서 최선을 다할 뿐이다. 하루에 전 세계에서 뜨는 비행기가 5만 대다. 사실 비행기 사고가 가장 확률이 낮다. 그런데 한번 났다 하면 오늘과 같이 전멸이다. 그래서 무서운 것이다. 레인 맨 영화에서 형이 그래서 비행기를 안 타려고 했다. 조금 오바하네!~ 아무튼 그렇게 18홀을 마치고 클럽하우스에 가니 빔이 있었는데 그렇게 크게 반겨 주는 것 같지 않았다. 뭐지? 어제 힘이랑 너무 많은 인터뷰를 해서 질투하는 건가? 아무튼 그렇게 싱하 맥주 한 병을 혼자서 마시는데 아까 라인을 주고받은 미나에게서 톡이 왔다. 원래 오늘 라운딩에서 나와 캐디는 워킹이었었는데 잠시 홀과 홀 사이 먼 곳을 이동할 때 미나가 카트 서비스를 해 주어서 라인을 땄다. 미나가 빅씨 앞에 있다고 하길래 나는 람빵 빅씨인 줄 알았더니 그게 아니고 메모 읍내 빅씨를 말하는 거였다. 내가 커피를 사 주겠다고 하니 오케이 한다. 빅씨 앞에서 기다리겠다고 한다. 내가 출발한다고 하니까 도착하면 전화를 달라고 했다. 메모 읍내는 가까워서 15분 만에 도착했다. 이 도로를 수년간 지나쳤지만 메모 읍내가 있는 줄 몰랐다. 미나를 만나 내 차를 타고 커피숍을 갔다. 약 1시간 동안 이런저런 이야기를 주고받았다. 한국에 2년간 있다가 비자가 만료되어 태국으로 돌아왔다고 했다. 안산 수원 쪽 공장에서 일했다고 했다. 아하! 그래서 아까부터 한국말을 잘하는 거였군. 딸 둘을 키우는 싱글맘이다. 태국은 싱글맘 천지다. 태국 여자들은 은근히 자식이 있는 걸 자랑 비슷하게 한다. 그래서 나는 왜 그럴까 생각해 봤는데 몇 년 만에 그 이유를 알았다. 자식을 자랑하는 건 나는 게이가 아니에요. 이런 뜻 같았다. 맞는 건지는 모르지만. 미나는 영어를 능숙하게는 아니지만 나보다 더 잘했다. 메모 캐디가 총 몇 명이냐고 물어보니까 약 150명이란다. 하루에 몇 명 정도가 일을 하느냐고 물어보니 요즘 같은 경우 약 90명 정도가 일을 한다고 했다. 워킹 힘들어! 내가 워킹이 좋다고 하니까 미나가 하는 말이다. 태국 아이들은 걷는 걸 진짜 싫어한다. 습성인 것 같다. 땡볕에 걷는 걸 진짜 싫어한다. 그나저나 나는 아이 라이크 워킹이라고 말하니 힘들어 힘들어! 한 시간 수다를 떨다가 미나가 맥주도 먹었어서(나를 만났을 때 맥주 한 잔을 들고 있었다) 화장실을 간 사이 카운터에게 타올라이? 하니까 쩻십밧이라고 한다. 70밧이다. 커피 두 잔에 3000원? 1500원씩이다. 이런이런. 커피숍도 메모 읍내에 있는 것 치고는 근사했는데 진짜 싸다. 그렇게 커피숍을 나와 미나를 태우고 아까 빅씨 앞에 미나 차 있는 데까지 태워다 주면서 바이바이 했다. 미나가 맥주 한 잔 더 리필해 달라는 투정 비슷한 걸 부렸는데 거절했다. 너무 센 여자 같았다. 커피숍에서 손을 잡아 봤는데 진짜로 힘이 장난이 아니었다. 무서워~

- **〈그리운 고향 메모 가는 날 5일 차〉 12.30.**

원 핸드 싱글 친 기념으로 나대더니만 늦잠을 잤다. 그러거나 말거나 일단 슬로우 조깅 시작! 우리 몸 근육의 80%는 허벅지다. 허벅지 근육은 당뇨와 반비례한다. 허벅지 근육이 탱탱할수록 당뇨에 걸릴 확률이 적어진다. 왜냐하면 허벅지 근육이 당 소비를 꽉꽉 하기 때문이다. 배가 안 고프다가도 쓰레기를 버리러 갔다가 아파트 계단을 올라오면 배고 고파진다. 당이 소비되었기 때문이다. 무조건 허벅지 근육을 키워야 된다. 죽는 날까지. 허벅지 근육을 키우는 운동으로는 계단 오르기가 가장 접근성 뛰어난 운동이다. 수시로 할 수 있으니까. 그다음 접근성 좋은 운동으로는 스쿼트다. 팔짱을 끼고 한 20개씩 5회 정도 해 주면 허벅지가 탱탱해진다. 세 번째는 자전거다. 헬스장에서 타든 아니면 천변 자전거 도로에서 자전거를 타 주면 허벅지 강화에 최고이다. 아무튼 허벅지와 당뇨는 반비례라는 사실을 꼭 주지해야 한다. 오늘은 메모 골프장 갔다가 어제 미나 말대로 메모 읍내에 있는 호텔에서 묵을 예정이다. 지금껏 메모 골프장에 골프 치러 오면 무조건 람빵에서만 묵었었다. 그게 정답이라고 생각했다. 그런데 가만 생각해 보면 메모에 그럴듯한 호텔이 있다면 거기서 묵고 10분 거리에 있는 메모 골프장에 왔다 갔다 하면 금상첨화라는 생각이 든다. 일단 한번 가 보자. 이 책의 작가 이름을 가명으로 훈민과 정음이라고 지어 놓고 엄청 좋아했었다. 내 이름이 훈 자로 끝나니까 거기서 착안하여 훈민정음을 도용한 이름이다. 그런데 오늘 슬로우 조깅을 하면서 생각이 바뀌었다. 완전 P. 여행작가 훈남. 훈민과 정음은 아무래도 무슨 노티가 난다. 라테 이야기를 늘어놓을 것 같은 이름이다. 훈남은 그냥 미소가 떠오른다. 그냥 내 이름이 김재훈이니 마지막 글자를 따서 훈남이라고 하니 도용도 아니다. 여행작가 훈남. 훈훈한 남자(?). 아무튼 괜찮은 이름 같다. 골프에서 그립이 70%를 차지한다고 한다. 우리 삶에서도 이름이 차지하는 비중도 70%다. 말이 되는 얘기여? 아무튼. 슬로우 조깅하다 말고 너무 지겨우니 샤워를 하고 나머지 십분 슬로우 조깅 마무리. 요즘 슬로우 조깅하면서 중간에 약간씩 다른 일을 하고 다시 조깅을 하기도 한다. 물론 다른 일을 할 때는 스톱워치를 멈춤으로 해 놓는다. 샤워할 때 주유소에서 기름 넣을 때 준 큰 생수로 마지막에 씻으니 한결 개운하다. 뭐지? 플라시보 효과? 오늘 호텔 조식을 먹으면서 하나 발견한 게 있다. 태국식 죽이 자주 나오는 데 이 죽에다 soft boil egg를 한두 개 넣어서 먹으면 금상첨화다. 아무튼 새로운 것을 계속 시도해 봐야 돼. Rampang residence를 체크 아웃하고 캐리어를 차에 싣고 메모 골프장으로 향했다. 오늘이 다섯 번째 메모 가는 날이다. 가장 행복한 사람이 매일 골프 치는 사람이라는 이야기도 있다. 매일 골프를 치려면 네 가지가 필요하다. 우선 시간이다. 그리고 돈이다. 그리고 건강이다. 그리고 동반자다. 그런데 해외 골프는 앞에 세 가지만 있으면 된다. 동반자 없이 그냥 혼자 쳐도 재미있다. 시간이 남아도는 사람은 돈이 없고 돈이 많은 사람은 시간이 없어서 골프를 못 친다. 시간과 돈이 많아도 건강이 안 받쳐 주면 골프를 칠 수 없다. 어느 골프선수는 87세에 죽으면서 말했다.

"이제 골프를 못 치는구나!" 골프는 치면 칠수록 재미있는 운동이다. 그냥 소 닭 보듯 하면 절대로 재미를 못 느낀다. 완전 홀릭이 되어야 재미있다. 나는 요즘 골프를 치면서 스코어 카드를 하나하나 기록하면서 친다. 파온을 했느냐에 따라 O× 그다음 칸에는 퍼팅 숫자 1 또는 2 또는 3. 그다음 칸에는 그 홀에서의 스코어를 적는다. 파온을 하고 투 펏이면 O2O 이런 식이다. 오늘은 전반에 잘 쳤지만 후반에 체력이 떨어졌는지 마지막 다섯 홀에서 11211을 쳤다. 83타! 골프를 마치고 18번 홀 클럽하우스로 갔다. 빔과 그 식구들이 있었다. 싱하 맥주 한 병을 시키니 빔이 가져와서 따라 준다. 당연하다는 듯이. 그렇게 먹다가 메모 호텔 이야기가 나왔다. 빔 마더가 뭐라고 뭐라고 하더니 메모 시티 내에 인타논 하우스를 소개해 준다. 나는 오케이 라고 했다. 전화를 해서 예약을 잡으라고 했다. 그렇게 4시 반경에 메모 골프장을 나와 인타논 하우스를 찾아갔다. 호텔인지 게스트하우스인지 처음엔 약간 어색했다. 약간 귀곡산장 분위기다. 아무튼 방을 잡고 샤워를 하고 메모 읍내를 차로 스캔하려고 나갔다. 이리저리 다니다 보니 메모 야시장이 보였다. 차를 세우고 야시장을 다 둘러보았다. 완전 태국스러움을 느낄 수 있는 야시장이다. 메모가 군이니 우리나라 군 단위 시장이라고 보면 된다. 닭날개 파는 집이 있어서 타올라이? 하니까 닭날개 하나에 15밧을 부른다. 어? 엄청 비싸네? 내가 팽막(너무 비싸요~) 하니까 주인 남자가 축제 기간이라서 비싸다고 둘러 댄다. 동영상도 찍고 그렇게 구경하다가 옆에 있는 미니 빅씨로 가서 리오맥주 두 병을 샀다. 빅씨 앞에 꼬치 파는 아줌마에게 꼬치 두 개를 맥주 안주용으로 사 가지고 호텔로 왔다. 어제 메모 읍내에서 만났던 미나에게는 라인 톡을 안 했다. 좀 무서워서~. 호텔에서 맥주를 먹을 때 병따개가 꼭 필요하다. 항상 다른 병을 기울여서 따는 데 힘이 너무 든다. 내가 무슨 웨이터 출신도 아니고. 간신히 맥주를 따서 먹으려고 하는데 호텔에 컵이 없다. 카운터로 가 보자. 컵(깨우) 좀 하나 주세요~ 카운터로 가니까 아까는 할머니였는데 주인이 예쁜 아가씨로 바뀌어져 있었다. 딸인가 보다. 글래스, 컵, 깨우 하나 주세요. 라고 하니까 자스트 모멘 하더니 가져다준다. 내가 물어보았다. 내일 아침 호텔 조식이 있는 건가요? 없다고 한다. 그래서 그럼 아침을 어디서 먹나요? 라고 던지니 잠시 머뭇거리더니 자기가 죽을 사다 준다고 한다. 오케이! 몇 시쯤 나가시냐고 해서 8시쯤 나갑니다. 그러니까 7시(쩻몽)쯤 죽을 가져다주겠다는 신호 같다. 아무튼 컵을 가지고 호텔에 들어와 아까 산 꼬치를 안주 삼아 맥주 흡입 후 잤다.

• 〈그리운 고향 메모 가는 날 6일 차〉 12.31.

어제 유튜브에서 무안 비행기 사고 영상을 너무 많이 봐서 트라우마가 생겼다. 자꾸 당시 비행기 내의 상황이 떠올라 안 좋다. 비행기를 많이 타 봤지만 항상 조심스럽다. 지난번 어떤 글에서 이륙이 어려운가요? 착륙이 어려운가요? 라는 제목으로 글을 쓰면서 정답은 둘 다 어렵다입니다 라고 했었는데 착륙이 훨씬 더 어려운 것 같았다. 바퀴가 안 내려오면 진짜 문제다. 엔진 두 개가 다 꺼져서 유압으로 움직이는 랜딩기어 또 비행기가 내리면 브레이크 역할을 하는 날개 쪽 판넬(?) 이런 것들이 전혀 작동을 하지 않은 것이다. 더군다나 엔진이 두 개가 다 꺼졌기 때문에 조종사는 수분 내로 활주로에 내리는 수밖에 다른 도리가 없었을 것이다. 나는 이 사고의 근본 원인을 무안공항의 위치에 있다고 생각한다. 철새도래지 등 새 떼 천지인 곳에 공항을 건설하는 것 자체가 문제였던 것이다. 아마도 그 지역 국회의원이나 당시 정치권에서 선심성으로 공항을 유치했을 것이다. 우리는 살면서 독이 든 성배를 마시는 경우가 정말 많다. 주위에 널려 있는 사람들 중 사탄도 정말 많다. 그래서 중심을 잘 잡아야 한다. 남의 말에 이리저리 흔들리지 말아야 한다. 나도 지난 시절 해외 골프장 카트 사업 어쩌고 하는 바람에 8천만 원을 사기당했다. 사기꾼은 지구 끝까지 거짓말을 한다. 환심을 사기 위해 간, 쓸개를 다 빼줄 것처럼 행동한다. 8천만 원을 빌려준 게 2015년이다. 한 푼도 못 받다가 지난 2022년인가 내가 정훈장교 출신이라 우리 동기들 중에 법무법인에 근무하는 변호사들이 많으니 그 친구들에게 부탁해서 너를 감옥에 보내겠다고 협박을 했더니 2천만 원을 보내왔다. 그리고는 아웃이다. 사기꾼들은 다 안다. 1억을 빌려갔어도 한 달에 50만 원만 갚으면 안 잡혀간다는 사실을 다 안다. 왜냐하면 50만 원을 갚았다는 것은 돈을 갚을 의지가 있다는 것을 보여 주는 것이기 때문에 안 잡혀간다. 어제 사기 친 놈에게 최후 통첩 문자를 보냈다. "12월 하루 남았다! 이제 마지노선이다!" 어젯밤 9시경에 보이스톡이 왔는데 안 받았다. 또 어쩌고 저쩌고 하면서 몇 월까지 꼭 갚을게요. 이럴 게 뻔하기 때문이다. 이 자식이 12월에 돈을 해 준다고 지난번에 문자가 왔었다. 아무튼 각설하고. 호텔에서 자는데 이불이 얇아 약간 추워서 중간에 옷을 입고 잤다. 한국 날씨가 추우면 여기도 조금 영향을 받는다. 8시쯤 일어나 아침에 슬로우 조깅을 하는데 어제 그 예쁜 호텔 주인 아가씨가 밥을 챙겨 왔다. 국에 말아서 밥을 먹는데 꿀맛이다. 어제 저녁을 패스해서 더 그런 것 같다. 남김없이 다 해치우고 그릇도 깨끗이 씻어서 가지런히 정리해 두었다. 좋은 인상을 남겨 두기 위해서. 그렇게 깔끔하게 아침을 해결하고 올해 마지막 날 골프를 위해 메모로 출발! 오늘 골프는 완전 냉탕온탕!

버디 세 개에 양파도 잡고 후반전엔 힘이 빠져서 더블더블. 스코어가 뭐 중요해 그냥 힐링하면서 라운딩 하면 되지 라고 생각하지만 그렇지 않다. 샷이 잘되고 스코어가 잘 나와야 기분도 좋고 힐링도 되는 것이다. 골프가 희한한 게 늪에 빠지면 계속 더 빠져 들어간다. 중간에 블루티에서 치는 태국 아저씨들 두 명이랑 조인해서 쳤다. 실력이 좋으신 분들이다. 그런데 내가 더 잘 쳤다. 7번 홀 버디 8번 홀 9번 홀 파파! 그렇게 전반전을 마치고 밥을 같이 먹고 10번 홀부터는 따로따로 라운딩 시작! 아무튼 18홀을 마치고 클럽하우스에서 싱하 두 병에 파카파오 무를 시켜서 먹었다. 무슨 사건이 일어나려는지 주방 쪽에서 불이 났다. 빔 엄마가 소화기를 들고 주방으로 뛰어가더니 불을 진압했는지 연기가 자욱했다. 이런이런. 오늘은 다시 Lampang Residence로 귀환했다. 이렇게 좋은 호텔을 두고 괜스레 고생했네! 밀린 빨래를 꽉꽉해서 베란다에 널어놓았다. 오후 5시지만 햇볕이 아직 강해 바짝 마를 것이다. 장기로 태국 여행 올 때 캐리어에 철사 옷걸이 몇 개 챙겨 오면 유용하다. 옛날에 한 달 살기 다닐 때 많이 챙겨 왔었는데 이번엔 까먹었다. 빨래 널고 할 때 진짜 유용하다. 방은 서향이 더 좋은 것 같다. 넘어가는 햇볕에 빨래를 뽀송뽀송하게 말릴 수 있으니까. 2024년 마지막 라운딩 8자를 그렸으니 내일 다시 2025년 첫 라운딩 메모로 고고. 맥주를 사러 미니 빅c

에 갔는데 피부미용크림이 엄청 많았다. 번역기 카메라로 해석을 해 보니 "3일 만에 잡티 깨끗이 제거!" "밤새도록 영양을 공급하여 하룻밤 사이에 탱탱해집니다." 라는 등 선전 문구가 엄청났다. 두 개를 사 와 봤다. 개당 50밧 정도이다. 태국 여자들 중에는 햇볕 자체를 싫어하는 사람들도 많다. 하얀 피부를 유지하기 위해. 그래서 골프장 캐디보다 마사지사를 선호한다. 햇볕이 없는 곳에서 일을 할 수 있으니까. 밤 10시에 호텔을 나서 새해맞이 행사하는 공원엘 도보로 가 보았다. 수많은 사람들이 공연을 보면서 새해맞이 행사를 하고 있었다. 람빵 시내 시계탑에서 북쪽으로 500m만 가면 큰 공원이 있다. 수많은 장식과 람빵 시내 모든 노점상들이 다 모여 있는 것 같았다. 정확히 2025년이 되자 수많은 폭죽이 터지며 장관을 연출했다. 해외에서 맞이하는 새로운 한 해이다. 새로운 2025년을 위하여!!!

• **〈치앙마이 골프장 스캔 1일 차〉 1.1.**

다사다난이라고 해도 전혀 이상하지 않을 2024년이 저물어 갔다. 날짜 하나 바뀐 것이지만 새로운 마음으로 새로운 한 해를 설계하고 차근차근 살아가야 할 것이다. '하루를 열흘처럼 살아라.' 내가 항상 되뇌이던 말이다. 그냥 대충 살아도 하루, 새벽에 일어나 밤 12시까지 치열하게 살아도 하루다. 그런데 이 두 사람 간의 차이는 열 배 차이가 난다. 하루에 열 배인데 한 달, 1년, 십 년이 지나면 전혀 다른 사람이 되는 것이 우리네 인생이다. 신은 우리 누구에게나 70년의 시간을 허락했다. 이 광활한 우주를 경험하라고. 자기에게 주어진 시간과 기회를 어떻게 사용하느냐는 자기 자신에게 달려 있다. 오늘 썰은 여기까지. 오늘은 새해 첫 날 첫 라운딩이기도 하니 내가 사랑하는 메모 골프장에서 치고 치앙마이로 올라갈 것이다. 겸손 모드 골프(?). 오전 10시에 티오프 하여 묵묵히 치는 데 잘 안 풀린다. 그래도 몇 가지 깨달은 바는 있으니 나름대로 소득이다. 메모에서 일주일간 매일 나 홀로 골프를 치면서 많은 것을 깨달았다. 예전에 태국에 골프 치러 왔을 때 쳤던 장타가 살아났다. 367야드 파 4에서 세컨 샷이 90야드가 남았으니 드라이브 샷이 277야드 날아간 것이다. 90야드를 피칭으로 쳐서 50cm에 붙였다. 버디! 스코어도 중요하지만 골프가 기분 좋은 날이 있고 스코어는 좋지만 기분이 별로인 날도 있다. 드라이브 탓인가? 그러면 하순데? 이런이런. 아무튼 그건 그렇고 오늘 친구들이 치앙마이에 입성하여 같이 내일부터 치앙마이에서 이곳저곳 다니면서 골프를 칠 예정이다. 치앙마이 골프장 중에는 하이랜드와 알파인이 좋은 골프장에 속한다. 이 두 골프장을 포함하여 메조, 가산 레가시, 가산 파노라마 이렇게 가 볼 예정이다. 메모 골프를 마치고 치앙마이로 차를 몰고 올라오는데 졸려서 죽는 줄 알았다. 중간에 주유소에서 두 번씩이나 쉬었다가 올라왔다. 1월 1일이라 그런지 도로에 차가 엄청 많다. 두 시간 걸려서 치앙마이 모벤픽 수리왕세 호텔로 왔다. 나이트바자 메리어트 호텔 바로 앞에 있다. 메리어트, 수리왕세, 두왕따완, 인터콘티넨탈 이런 4성급 5성급 호텔이 나이트바자 바로 옆에 위치한 호텔들이다. 수리왕세는 4성급 호텔이다. 약간 엔틱 느낌의 호텔이다. 1박에 3000바트다. 람빵 레지던스의 3배다. 이런이런. 수리왕세 호텔을 끼고 바로 앞에 있는 맥주바가 내가 그렇게나 많이 갔던 맥주바다. 그 당시 호텔은 전혀 눈에 안 들어왔었는데 진짜 인연이다 인연! 람빵 갈 때 부탁해 놓았었는데 가수 아저씨는 허리케인 박을 준비해 놓았을까? 시국이 시국인 만큼 지금 노래할 분위기는 아니다. 호텔에서 조용히 맥주나 마시면서 친구들이랑 환담을 나누어야겠다. 친구들은 오늘 밤늦게 도착한다. 공항 마중을 나가야 한다. 내가 치앙마이에 상주한다고 나를 만날 겸 골프도 같이 칠 겸 치앙마이행 비행기에 몸을 실은 것이다. 창 맥주 5병을 사다가 냉장고에 킵해 두었다. 한국에서 소주를 가져온다니까 이따가 치앙마이 도착 기념으로 3소5적을 마실 예정이다. 수리왕세 호텔 사거리에서 남쪽으로 가 보니까 거기도 마사지샵 천지였다. 나는 매일매일 동쪽인 핑강 쪽에서 와서 북쪽 거리나 서쪽 거리로만 갔었는데 남쪽도 약 500m 정도 엄청 번

화가다. 발마사지샵은 오히려 더 많다. 그러니까 메리어트 호텔 사거리에서 반경 500m 내에 모든 유흥문화가 다 있다고 보면 된다. 지금 flightradar24 앱으로 친구들이 오고 있는 비행기를 검색해 보니 조금 전 광저우를 지나 이제 베트남 북부 쪽으로 날아가고 있다. 1시간 48분 후에 착륙한다. 저녁을 굶고 노트북 작업을 계속하다가 앱을 확인하니까 비행기가 치앙마이 활주로와 일직선으로 서는 것을 보고 공항으로 출발! 공항까지는 15분 정도 소요. 공항 주차장에 차를 대고 대합실에서 한 30분 정도 대기하다가 11시 30분경에 공항에서 반갑게 재회! 치앙마이 입성을 격하게 환영합니다!!! 하이파이브! 하이파이브! 내 차에 짐을 싣고 호텔로 고고! 호텔에 짐을 풀고 나이트바자 푸드 코트들이 거의 다 문을 닫아서 사거리에 바나나 빈대떡을 파는 아가씨에게 빈대떡 두 개를 사와서 치앙마이 귀국 기념으로 호텔방에서 폭탄주 흡입. 한 2시까지 먹었나?

- **〈치앙마이 골프장 스캔 2일 차〉 1.2.**

4성급 호텔이지만 호텔 조식을 신청하지 않았다. 왜냐하면 호텔 조식이 7시부터라 우리 골프장 부킹 시간이 이르기 때문에 호텔 조식을 먹고 출발하면 늦기 때문이다. 5시 반에 기상하여 씻고 6시부터 컵라면과 햇반 그리고 김치로 아침 식사 마무리. 더 맛있다! 역시 오랜만에 먹어 보는 한국 맛의 김치! 이스 굿! 오늘은 가산 레가시로 골프를 치러 간다. 치앙마이에서 약 30분 거리에 있다. 골프는 그야말로 접대 골프를 쳤다. 친구들이 한국에서 멀리 치앙마이까지 골프 치러 왔는데 내가 너무 잘 치면 좀 그래서다. 이건 거짓말이고 잘 치려고 해도 잘 안된다. 이런이런. 이건 또 핑계인지 모르지만 메모와 같은 페어웨이 잔디가 아니고 가산 레가시는 잔디가 있긴 있지만 거의 땅에 붙어 있는 잔디라 조금만 잘못 치면 뒤땅을 치기 때문에 어려운 것이다. 아이언을 공부터 눌러 쳐야 하는 데 어느 세월에 자꾸 쓸어치는 습관이 몸에 배었나 보다. 골프는 찍어 쳐야 돼. 아~ 그리고 골프 치는데 햇볕 때문에 우산을 쓰고 라운딩 하는 게 중요하다. 그런데 오늘 하나 더 깨달았다. 우리가 골프장에서 우산을 쓰고 다니면 뽈~ 소리가 날 때 안전한 핵우산 역할을 한다. 아무튼 그렇게 그렇게 접대 골프를 잘 마치고 클럽 하우스에서 점심을 해결하고 치앙마이 시내로 들어와서 친구가 검색해 온 ○○마사지샵을 갔다. 아가씨들이 있는 마사지샵이다. 셋이 들어갔는데 어느 외국인 남자가 여자 한 명을 데리고 마사지실로 입장한다. 아마 예약한 아가씨인가 보다. 우리는 좀 기다리다가 카운터에게 아가씨들 얼굴 좀 볼 수 있느냐니까 아가씨들이 주르륵 4명 나왔다. 한 친구가 그중에 한 명을 선택하여 마사지실로 갔다. 나는 너무 퇴폐 분위기가 나서 마사지를 거부하고 마사지 받는 시간에 근처 시내를 스캔하였는데 정말 치앙마이스러운 찻집을 하나 발견했다. 치앙마이 대학교 올라가는 길에서 왼쪽으로 들어가면 내가 옛날에 묵었던 그린 펠리스(태국어로는 긴펠레라고 한다) 근처에 있는 HAPPY ALLREGY BAKERY다. 타이티를 한 잔 시켜서 먹었는데 지난번에 추이퐁 차농장 갔을 때 먹었던 그 차다. 추이퐁 차농장 갔을 때는 빵이랑 먹어서 그런지 맛이 이상했는데 오늘은 티만 마시니까 맛이 정말 좋았다. 차를 한 잔 마시고 나왔는데 전봇대 위에 어떤 글씨가 있고 화살표 표시가 있길래 번역기 카메라로 비추어 보니 '이야기는 계속 이어집니다.' 라고 써 있어서 그쪽 골목으로 들어가 보았다. 가 보니 어느 식당인데 사람들이 낮인데도 바글바글 많이 있었다. 완전 태국 로컬 음식을 파는 집이었다. 사진도 찍어서 '가성비 치앙마이' 밴드에 올려 주었다. 이제 호텔에서 좀 쉬다가 나이트바자 근처 태국 식당으로 밥을 먹으러 나갈 예정이다. 셋이 호텔을 나섰다. 계획은 없다. 어차피 나이트바자 근처엔 엄청난 먹거리 시장이 형성되어 있으니까. 일단 나이트바자 푸드 코트 광장으로 갔다. 일단 구경 먼저. 그리고 인근 태국 식당을 돌아보다가 한곳을 골라 들어가면서 가져온 술 먹어도 돼요? 라고 하니 종업원이 노! 한다. 이런이런. 그래서 그러면 다시 나이트바자 광장으로 갑시다! 그렇게 광장에 자리를 잡고 음식을 하나씩 가져오기 시작. 맥주 두 병, 꼬치 5개(100밧), 등갈비(100밧), 닭고기 스테이크(100밧), 닭다리(100밧), 맥주 두 병 추가 그리고 우리가 가져간 소주는 꺼내 놓으면 안 되니까 가방에서 꺼내 물처럼 컵에 따라 놓고 폭탄주 만들기. 한 시간을 먹었나? 중간에 중학생들이 하는 K-POP 댄스 공연도 구경하면서 가성비 좋게 흡입. 배도 부르니 이제 2차로 발마사지나 받고 들어가자. 이리저리 헤매다가 한 명은 들어가고 둘이서 발마사지 1시간 성료. 아무튼 내일 골프를 위해 호텔방 맥주 2차는 생략.

- **〈치앙마이 골프장 스캔 3일 차〉 1.3.**

어제 가산 레가시 골프는 5시간 40분 걸렸다. 확실히 치앙마이 쪽 골프장은 오버부킹을 해서 엄청 밀린다. 가산 시리즈 골프장이 제일 많이 밀린다고 유튜브에도 나온다. 가산 쿤탄이 그중 최고다. 지난번에도 이야기했듯이 가산 쿤탄에는 아예 거기 리조트에서 살면서 골프 치는 한국인들 천지이기 때문이다. 어떤 때는 관광버스가 들어와 사람들을 풀어놓으면 완전 미어터진다. 특히 1월 달에 치앙마이 골프장들이 엄청 밀린다. 그리고 무조건 가이드들이 오전에 부킹을 집어넣기 때문에 오전에 집중적으로 밀리는 형국이다. 왜냐하면 가이드들 입장에서는 손님들을 빨리 라운딩 시키고 여기저기 쇼핑이나 또는 저녁 일찍 가라오케를 모시고 가려고 하기 때문이다. 치앙마이 가라오케는 두 가지 가격이 있다. 하나는 로컬 가격 다른 하나는 관광객 가격이다. 이 관광객 가격에 가이드 차지가 붙어 있는 것이다. 이런이런. 호텔에 탁자와 의자를 구비해서 아침을 먹을 수 있는 구조로 만들어 놓았다. 어제 호텔 종업원한테 부탁하고 팁도 주었다. 오늘도 아침은 컵라면과 햇반 그리고 김과 김치다. 해장으로 최고다. 어제 1차에서 잔뜩 먹고 친구들은 그냥 취침했는데 나만 창맥주 한 병 흡입하고 취침. 이런이런. 그래서 그런지 해장 컵라면이 더 맛있다. 오늘은 가산 파노라마를 가는 날이다. 오늘 가면 가산 시리즈는 다 가 본다. 골프장에 들어서니 분위기 좋다. 그렇게 라운딩 시작. 오늘도 사람들이 많아서 예정시간보다 30분 늦게 티오프 했다. 중간에는 그렇게 크게 밀리지는 않았다. 어제 접대 골프를 확실히 해 주었기 때문에 오늘은 내 실력대로(?) 쳤다. 동반자는 89타, 91타를 쳤는데 나는 81타 싱글을 쳤다. 5일 만에 다시 싱글을 달성했다. 드라이버 대실수는 한 번도 없었다. 아이언도 스크린 칠 때 벽에다 대고 쌔린다고 생각하고 치니 헤드업이 안 되어서 대부분 무난했다. 어프러치는 한 번 뒤땅 쳤고 나머지는 그럭저럭. 퍼팅은 쓰리 퍼팅 한두 번인가 있었고 대체로 무난. 버디 2개 잡음. 이런 식으로 치니 싱글이 되었다. 가산 시리즈 골프장 중에 가산 파노라마가 제일 낫다. 꼴찌가 가산 쿤탄이고 그다음이 가산 레가시다. 가산 쿤탄은 치앙마이에서 거리도 멀다. 50분 걸린다. 중간에 맥주 타임에서 맥주를 마시는데 계란을 안주로 해서 먹는다. 태국에서는 계란에 간장을 얹어서 먹는다. 나름대로 맛있다. 한국에서 제사 지내고 제사상에 있는 계란에 간장을 얹어서 먹었었는데 그 생각이 났다. 77일간의 여행을 마치고 설날 전에 들어간다. 오늘을 기점으로 약 20일 남았다. 하루하루 지나면서 이런저런 이야깃거리가 생겨나는데 앞으로 20일간은 어떤 스토리가 펼쳐질까? 오늘은 두리안 이야기 좀 해야겠다. 두리안은 과일의 황제라고 불린다. 그만큼 맛있다는 이야기다. 그런데 냄새가 심해 사람들은 잘 못 먹는다. 그냥 꾹 참고 먹으면 우리 후각은 20초면 금방 적응되기 때문에 그다음부터는 두리안을 잘 먹을 수 있다. 태국에 오면 한번 시험해 보기 바란다. 두리안이 여기서 대략 12000원 내외라면 청주 육거리 시장에서는 6만~7만 원 한다. 요즘 중국이 동남아에서 두리안을 엄청 수입해 간다. 중국 사람들이 두리안 맛을 안 것이다. 그래서 동남아 여러 나라에서 두리안을 엄청 심는다. 돈벌이가 되니까. 그런데 여기에는 약간의 음모론이 있다. 그 많은 두리안을 중국이 수입하다가 시진핑이 두리안 수입 금지를 선언해 버리면 동남아 여러 나라는 완전 패닉이 될 수도 있다. 알게 모르게 중국이 베트남 라오스 미얀마 캄보디아 등등 동남아 여러 나라를 손아귀에 쥐고 흔들려는 계략(?)이 숨어 있는지도 모른다. 오늘 저녁엔 두리안을 먹어 봐야겠다. 호텔에서 빨래를 맡길 때 지난 마윈 호텔에서는 호텔 프런트에 맡기면 1kg에 70밧을 받았었다. 그런데 오늘 수리왕세 호텔 프런트에 물어보니 각 종류별로 가격이 매겨져 있었다. 엄청 비싼 구조다. 그래서 호텔 도어맨에게 물어보니 손가락으로 호텔 앞 Laundry 간판을 가리킨다. 빨래를 담아서 가져가니 저울에 재보더니 1kg라고 하면서 50밧이라고 한다. 내일 오후 4시에 찾으러 오면 된다고 한다. 진짜 싸다. 빨랫거리가 있을 때 근처에 Laundry가 있으면 잘 찾아서 이용하면 가성비 짱일 듯싶다. 오늘도 나이트바자 광장 푸드 코트로 저녁을 해결하러 갔다. 가방엔 한국에서 가져온 소주 360mm 한 병 챙겨서. 어제와 같은 시스템. 꼬치, 치킨 스테이크, 그리고 두리안과 함께 폭탄주 투하. 두리안 때문인지 술이 온몸에 퍼지는 속도가 빠르다. 얼굴이 빨개졌다. 이런이런. 오늘 두리안을 먹으면서 드는 생각 '어느 음식이 우리 몸에 효자 노릇을 할지 우리는 모른다.' 사실 우리가 아는 건강 지식이 제대로 백 퍼 맞는다고 볼 수는 없기 때문에 편식하지 말고 이것저것 맛있게 먹는 게 중요하다고 생각한다. 아무튼 배부르게 먹고 산책 겸 나이트바자 구경. 지난번부터 알던 PHAPLOEN도 구경. 친구들이 하는 말. 여기가 훨씬 퀄리티가 좋네~. 그래서 내가 여기는 좀 더 비싸. 아무튼 내일은 여기 오기로 합의. 그렇게 호텔까지 산책 겸 나이트바자 구경. 호텔로 와서 나는 홈에게 문자를 해 보았다. Are you busy now? 홈이 No! 그래서 곧바로 발마사지를 받으러 갔다. 오늘은 홈이 메이크업을 하고 있었다. 그러면서 나에게 묻는다. 어떠냐고. 내가 엄청 엄청 칭찬해 줬다. 왜냐하면 지난번부터 내가 홈에게 화장을 좀 약간 하라고 했던 터였다. 예쁜 얼굴인데 매일 쌩얼이라 화장을 좀 하면 더 예쁘겠다고 느꼈기 때문이다. 오늘은 그래서인지 홈이 화장을 했다. 스와이 막!(엄청 예뻐요!). 마사지를 받으면서 홈에게 이런 말도 했다. 한국말을 모르니 영어로 "남자는 운동, 여자는 미용."이라고 말해 주었다. 남자는 운동을 하고 여자는 미용을 하는 것은 상대방에 대한 예의야! 홈이 감탄했는지 어땠는지 아무튼 리액션은 좋았다. 발마사지 한 시간 받고 호텔에 와서 또 창맥주 한 병을 꺼내 마시면서 오늘의 일기를 쓴다. "내 인생의 일기를 쓴다." 서울의 달 노래 가사 중 일부분이다. 서울의 달 노래는 박성은이 JTBC 모창대회 왕중왕전에서 1등을 한 노래다. 송가인의 〈서울의 달〉을 초등학생인 박성은이 진짜 똑같이 불러 1등을 먹은 것이다. 진짜 그 영상을 보면 감동과 웃음이 절로 나온다.

- **〈치앙마이 골프장 스캔 4일 차〉 1.4.**

오늘은 하이랜드 골프장을 가는 날이다. 하이랜드는 10년 전에 치앙마이 처음 왔을 때 한번 돌아 본 적이 있다. 치앙마이는 2013년 1월에 처음 개척했다. 완전 자유여행으로 왔는데 당시 네이버 블로그를 운영하는 사장님만 믿고 치앙마이행 비행기에 몸을 실었다. 공항에서 만나 사장님 차를 타고 웬 이상한 집으로 가서 잠을 잤는데 완전 귀곡산장이다. 아침에 일어나니 사장님이 냄비에다 김치찌개를 해가지고 와서 밥이랑 잘 먹었다. 그런데 하나둘 알아 가면서 우리가 너무 비싸게 주고 생활하고 있다는 것을 깨닫고 긴펠레로 숙소를 옮겼다. 귀곡산장을 하루에 5만 원씩 주고 잤는데 긴펠레는 만 원이었다. 그렇게 독립을 하고 치앙마이 근처 골프장들을 하나씩 하나씩 점령해 나갔다. 매일매일 골프장을 찾아다니며 골프 치는 재미에 푹 빠졌었다. 그 당시 든 생각. 해외 골프는 역시 남자의 로망이야! 그렇게 흘러온 해외 골프 세월이 10년이다. 각설하고. 아침 일찍 일어나 우리가 묵고 있는 호텔 조식은 어떤지 스캔하러 내려가 보았다. 4성급 호텔 조식답게 다양하게 차려져 있었다. 스캔을 마치고 방으로 올라와 컵라면 햇반 그리고 김치로 아침을 해결하고 이제 하이랜드로 출발할 시간이다. 하이랜드는 좀 멀어서 50분 걸린다. 10시 13분 티다. 비싼 골프장이라 크게 밀리지는 않을 것으로 예상되는데 어떨지 모르겠다. 희한한 일이 또 일어났다. 11번 도로를 시속 100km로 달리는데 분명 800m 앞 좌회전입니다 라고 했는데 좌회전하기 전에 과일 판매대 앞에서 아이들이 호객행위를 신나게 하길 래 그거 구경하다가 순간적으로 좌회전 들어가는 곳을 그냥 지 나쳤다. 이런이런. 일단 유턴하는 데까지 갔다. 한 2km쯤 가니 까 유턴하는 곳이 나와서 유턴을 하고 다시 치앙마이 쪽으로 가 다가 다시 유턴을 하여 아까 좌회전 들어가는 곳이 나왔다. 또 호 객행위를 하는 아이들을 감상(?)하다가 좌회전을 놓칠 뻔하다가 가까스로 놓치지 않고 들어갔다. 아무튼 그렇게 그렇게 하이랜 드에 도착하니 약간 품격 있는 골프장이라는 느낌이 들었다. 그 렇게 라운딩 시작! 첫 번째 홀 드라이버 샷! 페어웨이로 잘 간 공 이 가 보니까 어디론가 사라지고 없다. 이런이런. 골프를 치다 보 면 진짜 희한한 일이 많은데 그 중 하나가 똑바로 나간 공이 그 자리에 가보면 없는 경우가 있다. 이때 진짜 멘붕이다. 새가 물어 갔나? 아무튼 첫 홀부터 조짐이 이상하더니 87타로 마무리. 하이 랜드 그린 정말 어렵다. 포대그린이라 잘못 공략했다간 완전 더 블 시스템으로 간다. 18홀 마치고 클럽하우스에서 맛있게 점심 을 먹고 호텔로 돌아오는 길 아까와는 다른 길로 내비가 안내한 다. 구글 내비의 단점이 있다. 좋은 도로로 안내하는 게 아니라 무조건 지름길로 안내한다. 그래서 가다 보면 진짜 안 좋은 도로 를 가야 하는 경우도 많으니 참고해야 한다. 대충 큰 그림을 머릿 속에 넣고 가면 좋을 듯싶다. 한번은 치앙마이에서 천공사원을 치고 가는데 진짜로 험한 길로 안내를 했다. 도이사켓 온천을 지나 좌회전해서 산을 넘어가는 길인데 정말 첩첩산중이다. 올 때 보니까 이렇게 가지 말고 그냥 도이사켓 온천 들어가는 길을 패스하면 완전 큰길로 천공사원엘 갈 수 있다. 글피 하이랜드를 다시 한번 가는데 구글 내비도 참고하지만 내 머릿속에 있는 큰 그림으로 차를 몰고 가 봐야겠다. 지난번 빠이 갈 때도 분명히 큰길이 있는 것 같은데 좌회전하여 샛길로 안내하길래 무시하고 4차선을 달리니까 사거리가 나오고 좌회전하여 4차선으로 달린 적이 있다. 치앙라이 푸이퐁 차농장 갔을 때도 마찬가지다. 구글 내비만 믿고 가다가 한 10km를 완전 농로로 간 적이 있다. 이런이런. 다른 골프장도 그렇지만 하이랜드도 99.9%가 아니라 100% 죄다 한국인이다. 그카캐(그린피+카트비+캐디피)가 1인당 4050밧이다. 태국 현지인들은 너무 비싸서 못 친다. 그리고 오늘 하이랜드에서 치다 보니 은퇴자들은 없다. 이유가 있다. 은퇴자들은 오랫동안 장박을 때리는 분들이라 이렇게 비싼 골프장에서는 치지 않는다. 매일매일 골프를 쳐야 하니까. 그래서 지난번 란나 골프장 갔을 때 보니까 은퇴자분들이 대부분이었다. 매일 골프를 친다는 건 비용이 진짜 장난이 아니다. 해외 장기 여행을 하다 보니까 돈이 제일 많이 드는 순서가 있다. 첫 번째는 골프비용이다. 두 번째가 차량 렌트비다. 골프를 치려면 차량이 필요하기 때문이다. 세 번째는 호텔비다. 그리고 식비, 맥주값, 마사지비 이런 순서이다. 인터넷에 보면 젊은 친구들이 180만 원에 치앙마이 한 달 살기를 했다고 나온다. 당연히 골프를 치는 건 아니고 골프를 안 치니 렌트카는 당연히 안 빌리고 호텔도 호스텔이나 에어비엔비로 한 달 렌트를 하고 술은 절대 안 하고 식비도 아주 저렴한 로컬식으로 하면 치앙마이 한 달 살기 180만 원으로도 충분하다. 각설하고. 하이랜드 골프를 마치고 호텔 근처 발마사지 집에서 능추몽큰(한 시간 반) 마사지를 받고 곧바로 툭툭이를 타고 치앙마이에서 유명한 공연을 보러 갔다. 툭툭이 비용은 처음엔 300밧을 부르는 걸 깎고 깎아서 150밧으로 갔다. 300밧이면 40분 동안 치앙마이 시내 야경투어를 하는 비용이다. 일단은 깎고 보자. 지난번 어디 갈 때도 200밧 달라는 걸 150밧을 부르니 기사가 0.1초 만에 오케이 하였다. 툭툭이를 타고 간 공연 이름은 SIAM DRAGON CABARET SHOW다. 한 시간 10분짜리 공연이다. 파타야 알카자쇼만큼은 안 되지만 나름대로 재미있는 공연이었다. 치앙마이 유일한 쇼다. 공연 장소는 마야몰에서 도이수텝 쪽으로 500m 올라가다가 오른쪽에 있다. 공연 관람 후 그랩으로 차를 불러 호텔로 와서 소주를 챙겨서 어제 스캔 떠 논 PHAPLOEN으로 갔다. 약간 늦은 시간이라 그런지 자리가 많이 비어 있었다. 호텔에서 소주를 챙길 때 긴팔 옷을 하나 입고 갔는데 정말 잘했다. 야외에서 먹으니 의외로 치앙마이 밤이 추웠다. 가방 속에 긴 팔 셔츠 하나 정도는 넣고 다니면 추위에 떠는 일이 없을 것이다. 호텔로 돌아와 글을 쓰는 데 지금 바깥에서는 내가 허리케인 박 노래를 부탁했던 그 가수 아저씨의 노래가 흘러나오고 있다. 신나는 음악이다. 락앤롤. 나가고 싶은 충동이 생겼지만 밤도 깊고 해서 참았다.

- **〈치앙마이 골프장 스캔 5일 차〉 1.5.**

오른쪽 팔꿈치가 약간 아프다. 골프 엘보인지도 모르겠다. 하기야 한 달 넘게 골프를 치고 있으니 말똑이다. 지금 한국에서는 시민들이 나라를 지키기 위해~. 아무튼. 골프 엘보가 온 이유를 생각해 보니 소위 떡잔디 영향도 있지 않나 생각된다. 조선 잔디와 다르게 태국 골프장 중에는 떡잔디가 많다. 기후관계상 떡잔디만 자랄 수 있다. 이 떡잔디에서는 정확히 공을 먼저 내리쳐야 에러가 없다. 공을 눌러 쳐야 한다는 이야기다. 쓸어치거나 하면 거의 뒤땅이다. 이렇게 찍어 치다 보니 오른쪽 팔꿈치에 무리가 가는 것 같다. 이것 또한 핑계일 수 있다. 선수들도 보면 떡잔디 골프장에서는 손바닥보다 더 크게 잔디를 떠내는 샷을 하는 장면을 많이 볼 수 있다. 잔디 타령하지 말고 어깨와 팔에 힘을 빼고 클럽 무게로 돌리는 샷을 한다면 엘보가 올 리 없다. 죄다 내

스윙에 문제가 있는 것이다. 오늘은 메조 골프장 가는 날이다. 메조는 메모를 개척하기 전에 많이 갔었다. 치앙마이에서 중상급에 속하는 골프장이다. 과수원을 개조해서 만든 골프장이다. 몇몇 홀은 고난이도를 자랑한다. 무조건 보기 전략으로 쳐야 하는 홀이다. 어제 하이랜드 B코스 3번 홀인가는 무조건 보기 작전으로 가야 하는 홀이다. 여기서 무리하다가 트리플을 잡았다. 메조는 비교적 치앙마이 시내에서 가깝다. 북쪽으로 약 20분 거리에 있다. 치앙마이 북쪽에 있는 골프장이 3개다. 메조, 그린밸리, 로얄 치앙마이. 그린밸리는 회원제 골프장으로 바뀌어서 우리는 칠 수 없다. 옛날에 몇 번 가봤는데 나름대로 괜찮은 골프장으로 기억된다. 로얄 치앙마이는 북쪽 26km에 위치하고 있다. 옛날에 한번 쳐 봤는데 그저 그런 골프장이다. 오늘도 호텔에서 컵라면에 햇반과 김 그리고 김치로 즐거운 아침 마무리. 7시 반에 출발하여 메조를 오랜만에 찾아가는 길이라 엄청 낯설었지만 한 방에 잘 찾아갔다. 도착하여 백드롭을 하고 잠시 후 티샷! 많이 와봤지만 역시 나무를 넘기는 홀이 많았다. 홀을 아는 사람과 잘 모르는 사람 차이가 많이 나는 곳이 메조다. 몇몇 홀은 확실한 보기 플레이 작전으로 가야 한다고 했건만 전반 8번 홀에서 물에 두 번 빠지고 트리플. 아무튼 재미있는 라운딩이었다. 골프를 마치고 클럽하우스 뷔페에서 점심 식사. 1인당 300바트. 다양하게 가져다 먹으니 포식을 함. 맥주와 함께. 호텔에 도착하여 빨랫감을 지난번 그 Laundry 집에 가져가니 이번에 1.5kg이라 80바트. 지난번에 맡겼던 빨래를 어제 찾아왔는데 깨끗하게 빨아서 잘 다려서 가지런히 포장해서 주었다. 대만족. 호텔 근처에 Laundry를 검색해 보니 7개나 있었다. 여행할 때 적절히 이용하면 좋을 것이다. 이제 발마사지를 받고 한국마트를 들러서 소주를 사 가지고 올드시티 북쪽에 위치한 무카타에 가서 잘 차려진 뷔페를 신나게 먹고, 오늘이 일요일이니 올드시티 중간에 있는 선데이 마켓 구경을 갈 예정임.

• <치앙마이 골프장 스캔 6일 차> 1.6.

어제는 님만해민 쪽 한국마트 지두랑에 들러 컵라면과 김치, 햇반 그리고 소주를 구입하였다. 지두랑 사장님에게 근처에 맛있는 무카타 있느냐니까 좌측으로 돌아가면 바로 있다고 해서 근처 무카타에서 포식을 하였다. 걸어서 선데이 마켓을 갈까 하다가 서로 피곤하기도 하고 하니 일단 호텔로 가기로 합의하여 그랩을 타고 호텔로 직행. 배가 너무 불러서 2차는 꿈도 못 꾸고 각자 방으로 해산했다. 오늘 아침에 컵라면을 먹기 위해 물을 끓이면서 확인해 보니 김치를 안 사 온 것이 아닌가? 이런이런. 어떤 이유인지 모르지만 카운터가 빼먹은 것이다. 분명히 카운터 탁자 위에 있었는데. 어쩔 수 없이 김치 없는 컵라면으로 아침을 때웠다. 정말 김치 없이 라면을 먹으려니 목이 메인다. 맛이 이렇게 없을 수가. 대충 아침을 때우고 치앙마이 최고의 골프장 알파인으로 출발! 알파인 골프장은 소문으로만 들었지 처음 가 보는 골프장이다. 약간의 로망을 가지고 있는 골프장이 알파인이다. 이름값을 하려나? B코스 1번 홀부터 돌면서 느낀 점은 일단 페어웨이가 넓다는 것이다. 알파인 골프장은 티박스에 섰을 때 부담이 전혀 안 드는 골프장이다. 그만큼 시원하게 티샷을 할 수 있는 골프장이란 느낌이 든다. 그린 상태는 하이랜드가 약간 더 좋은 것 같다. 전반에는 그럭저럭 잘나가다가 전반 마지막 홀에서 스리 펏 더블 그리고 후반전 몇몇 홀에서 망해서 간신히 8자를 그렸다. 알파인에 대한 로망이 현실이 된 순간이었다. 내일 마지막으로 하이랜드로 가는데 잘 쳐 봐야겠다. 어제부터 이틀 연속 발마사지를 받는데 기가 막힌 마사지사를 만났다. 경험치가 많은 아주머니 마사지사다. 이름은 또이다. 나이트바자 사거리 스타벅스에서 남쪽으로 20m 가면 P. da라는 마사지 가게가 있는데 거기에서 근무한다. 또이는 혈을 잘 찾아서 눌러 준다고 해야 하나 아무튼 전혀 아프지도 않으면서 진짜 시원하게 마사지해 준다. 저녁은 우리끼리 명명한 식사방식으로 할 예정이다. 장똘뱅이 저녁 식사. 나이트바자 푸드 코트 광장에 가서 자리를 잡고 맘에 드는 음식을 주문해서 먹는 방식이다. 소주도 가져가서 먹을 수 있고 가성비 최고의 식사다. 맛도 좋은 집을 알고 있으니 그걸 시켜서 먹으면 된다. 추천 메뉴로는 꼬치구이집이다. 꼬치 5개에 100바트다. 꼬치 이름을 돼지고기 꼬치구이는 무뼁이라고 부르고, 닭고기 꼬치구이는 까이얀이라고 부른다. 다음 추천 메뉴는 닭날개 파는 집이다. 앞에서 말했지만 동남아에 오면 닭고기를 강추한다. 왜냐하면 우리 한국과 다르게 여기서는 닭들을 건강하게 키우는 구조이기 때문에 닭고기를 먹으면 몸에도 좋다. 아무튼 자기가 맘에 드는 음식을 골라서 먹을 수 있는 나이트바자 푸드 코트 광장이 가성비 갑의 저녁 식사 장소다. 오늘 저녁은 친구들이 내일 한국으로 떠나는 마지막 밤이기 때문에 좀 과하게 먹어 볼 예정인데 잘 모르겠다. 치앙마이 오기 전에는 가라오케도 가고 이것저것 유흥문화도 즐기자고 했지만 막상 와서 생활하다 보니 그런 건 괜스레 돈만 낭비한다고 생각되어 너도나도 희망하지 않는다. 아침에 컵라면 그리고 오전엔 골프, 골프 후 클럽하우스에서 점심, 점심 후 호텔로 귀가하여 발마사지 받고 저녁 식사하고 자는 이런 일상구조다. 사실 매일매일 골프를 치기 위해서는 잘 먹고 일찍일찍 자는 게 중요하다. 체력 관리가 그만큼 중요하다는 이야기다. 정말 체력은 국력이다. 골프 치러 오시는 분들은 꼭 명심해야 한다. 나이트바자 광장에서 저녁을 먹고 나이트바자 거리를 구경하다 물건들을 자세히 보니까 그냥 지나칠 때랑 다른 면이 있음을 발견했다. 기도할 때 나는 종소리, 손수 그리신 옷 천 그림 등등 우리가 잘 모르는 면이 물건 속 사연으로 자리 잡고 있었다. 1차 저녁 식사 후 2차는 그야말로 허리케인 박 가수 아저씨가 부르는 호텔 앞 길거리 카페에서 리오맥주를 마셨다. 장미꽃 한 송이 산 걸 핸드폰 플래시로 병 바닥에서 장미꽃을 비추니까 작품이 되었다. 탁자 위에 놓고 리액션 박수와 환호를 보내며 한 2시간쯤 놀았나? 2차를 마치고 호텔로 가기 전 나는 늦은 밤이지만 린을 만나러 갔다. 이런이런.

- **〈치앙마이 골프장 스캔 7일 차〉 1.7.**

치앙마이 골프장 스캔 마지막 날이다. 색다른 골프장을 가야 하지만 그냥 오늘은 지난번 갔던 하이랜드로 간다. 치앙마이에서 선두를 달리는 톱 2 골프장이 하이랜드와 알파인이다. 개인적인 소견으로는 하이랜드에 한 표를 더 주고 싶다. 골프장의 생명은 그린이다. 그런 점에서 하이랜드에게 한 표를 더 준다. 하이랜드의 그린은 예술이다. 모든 홀 그린 상태가 최적이다. 알파인은 그린마다 상태가 조금씩 다르다고 해야 하나? 아무튼 좀 그렇다. 메조 골프장 같은 경우는 1번 홀 그린은 완전 자갈밭이다. 그리고 중간에 어떤 홀도 자갈밭이다. 그러나 하이랜드는 모든 홀 그린 상태가 최적이다. 어제 골프를 마치고 호텔로 돌아오는 길에 지두방 한국마트 2호점을 들러서 김치를 사려고 했는데 품절이다. 지두방 2호점은 11번 도로 바깥쪽 한인타운에 있는데 진짜 장사가 잘된다. 특히 한인타운에는 요즘 장기 투숙자들이 많으니 시장을 보러 나와서 물건들을 싹쓸이 쇼핑을 해 간다. 호텔로 돌아와 근처 미니 빅c에서 김치를 샀다. 여기서도 살 수 있는 걸 괜스레 멀리까지 갔네~ 오늘 티오프 시간은 친구들이 저녁 밤 비행기를 타야 하므로 2부터 12시 10분 것을 잡았다. 오전에 호텔 체크아웃을 하고 9시에 도이수텝으로 향했다. 치앙마이에 오면 꼭 들러야 하는 곳. 친구들은 처음 가 보는 곳이니 필수코스다. 도이수텝에서 친구들의 안전 귀국을 위해 경전을 들고 탑돌이를 세 바퀴 돌았다. 도이수텝에서 하이랜드를 찍으니 1시간이 나온다. 10시 20분 도이수텝 출발! 내비가 안내하는 대로 가는데 어째 시골에 시골길로 안내한다. 약간의 우여곡절 끝에 하이랜드 안착! 일단 점심부터 해결하고 라운드 시작! 한낮인데도 전혀 덥지 않다. 보기플레이로 간신히 8자를 그리며 치앙마이 골프장 스캔 일정을 마쳤다. 골프를 마치고 다시 수리왕세 호텔로 왔다. 9시 넘어서 공항엘 가야 하므로 발마사지를 받고 장똘뱅이 식사를 하기 위해서다. 정이 든 나이트바자 광장에서 맥주와 함께 저녁 마무리. 이제 공항으로 간다. 공항에 도착하여 짐을 내리고 나는 주차장에 차를 주차하고 대합실로 가서 친구들을 배웅하였다. 2층 보안 검색대 앞까지 가서 이별을 했다. 왠지 이별은 서글프다. 왠지~ 짠하다. 한국 가면 또 만나지만 왠지 좀 그렇다. 오늘 공항에서 체인징 파트너가 이루어진다. 친구 두 명이 떠나고 후배 부부가 들어온다. 아시아나로 들어오면 그 비행기를 타고 친구 두 명은 한국으로 들어간다. 내가 치앙마이에 있다고 하니까 나를 믿고 찾아온 것이다. 아시아나가 안전하게 착륙하고 한 40분쯤 지났나? 후배 부부가 입국장으로 들어왔다. 완전 대환영을 해주었다. 치앙마이에 온 것을 격렬히 환영합니다!!! 오시느라고 정말 고생 많았어요! 그렇게 우리는 만나 짐 실은 카트를 끌고 공항 주차장으로 가서 내 차에 짐을 차곡차곡 실었다. 자! 이제 람빵으로 출발이다. 도대체 람빵을 몇 번이나 가는 거여? 밤 12시가 넘어서인지 도로에 차가 한산하다. 안전 운전이 최고이니 정말 천천히 달렸다. 한 시간 반 동안 차 안에서 정말 이런저런 이야기를 나누며 즐겁게 람빵 레지던스에 도착했다. 도착하니 새벽 2시! 경비원에게 키를 맡겨 둔다고 했기에 경비원이 오더니 키를 건네준다. 후배 부부에게 트윈베드로 하실까요? 싱글베드로 하실까요? 아무래도 둘이니 트윈베드가 나을 것 같다는 대답에 방 배정 마무리. 방 예약을 할 때 오늘 낮에 급하게 6박을 잡는 바람에 트윈베드밖에 없어서 그걸 급하게 잡았었다. 여기도 사연이 있다.

지난 12월 초 후배와 서로 카톡을 주고받으면서 내가 코코넛 호텔보다 람빵 레지던스가 좋다고 하니까 후배가 그럼 코코넛 취소하고 람빵 레지던스로 잡을게요. 이런 카톡을 주고받다가 나는 후배가 방을 예약했는 줄 알고 내 방만 예약했었다. 그러던 차에 어제 하이랜드에서 골프를 치면서 누구 이름으로 예약을 했냐고? 키를 받아 놔야 된다고? 이렇게 문자를 하니 방은 내가 예약해 주신다고 했는데요? 아니 이런이런! 뭐지? 서로 오해가 있었나? 부랴부랴 람빵 레지던스에 전화를 걸어 방을 예약했던 것이다. 새벽 2시에 도착하여 짐을 가지고 호텔에 입실 완료! 람빵 레지던스에 온 걸 환영합니다! 푹 쉬시고 호텔 조식 7시에 1층에서 뵙겠습니다! 안녕히 주무세요! 가이드 하는 사람은 뭔가 앞장서서 말을 해 주어야 한다. 처음 온 사람은 아무래도 썸성글르니까. 가이드가 몇 번째여? 이런이런.

- **〈메모 재탈환 1일 차〉 1.8.**

어제 같은 날은 글을 쓸 시간이 없다. 하루 종일 일정이 빡빡하여 그냥 잠들고 이렇게 새벽에 글을 쓴다. 어제 람빵 도착이 새벽 2시임에도 맥주나 한잔할까 하여 차를 몰고 미니 빅c를 갔다. 치약 면도기 영양크림을 사고 리오맥주 3개짜리 세트를 계산대에 올려놓으니 어린 학생이 리오는 안 된단다. 아마 술을 파는 시간이 지나서인가 보다. 그래서 내가 사정사정했더니 그래도 안 된다고 한다. 메이 다이! 안 된다는 태국 말인가 보다. 그래서 결국 맥주는 포기. 태국에 술 파는 시간은 오후 5시부터 24시까지다. 아침에 일어나 보니 맥주를 패스하고 잔 게 신의 한 수다. 그러잖아도 치앙마이 호텔이 너무 건조해서 며칠 전부터 목감기 증세가 있었는데 어제 맥주까지 먹었으면 완전 피곤한 상태에서 다운될 뻔했다. 오전 6시 반에 기상하여 씻고 호텔 조식. 친구 부부는 벌써 내려와 있었다. 그렇게 셋이 오순도순 아침 식사 마무리. 해외 생활이라는 게 누구에게는 항상 반복되는 일상이지만 처음 온 사람에게는 모든 게 신기한 법이다. 따라서 항상 처음 온 사람의 입장에서 모든 걸 추진해야 한다. 몇 번 친구들이 놀러 와서 가이드 하면서 느낀 점이다. 오늘도 호텔 조식을 먹으면서 이것저것 설명해 주었다. 당연히 좋아하는 분위기. 아침에 빨랫거리를 호텔 프런트에 부탁했는데 옷가지를 세더니 120밧이라고 한다. 이런이런. 치앙마이 Laundry 50밧짜리가 생각이 났다. 오랜만에 메모 골프장에 다시 입성했다. 오늘도 역시 사람이 없다. 원래 1월 달엔 사람이 많았는데 이렇게 적은 걸 보면 아마도 제주항공 추락사고 후 많은 여행객들이 해외여행을 취소하는 바람에 치앙마이 쪽 골프장이 덜 붐비고 그 여파로 메모는 한적한 곳이 되었다고 추측이 된다. 그 바람에 나와 후배 부부는 완전 황제 골프를 칠 수 있게 되었다. 후배 와이프는 한국에서 연습을 하고 와서 오늘 메모에서 처음으로 머리를 올리는 날이다. 한적한 골프장이라 약간 느려도 문제가 되지 않으니 여유 있게 머리를 올릴 수 있는 구조이다. 머리 올리는 선수에게는 미안한 말이지만 진짜 심난하게(?) 골프를 쳤다. 아내는 헛손질에 남편은 코치 겸 잔소리. 골프는 리듬이 중요한 데 오늘은 첫날이고 또 해외까지 오서서 머리를 올리는 데 다 이해해야 한다. 중간에 샷이 잘되면 굿샷! 이라고 엄청 크게 소리쳐 주었다. 초보자 입장에서야 얼마나 마음 졸이고 미안할까 생각되어서 그렇게 한 것이다. 아무튼 서로 기분 좋게 18홀 마무리. 처음 머리 올리는 선수치고는 아주 잘 쳤다고 생각된다. 어느 두 홀에서는 연속 파를 잡기도 하였으니 말이다. 라운딩 후 내 단골집인 18번 홀 클럽하우스에서 파카파 오꿍을 시켜서 맥주랑 먹고 메모 골프 연습장으로 갔다. 모두들 반성모드에 돌입했다. 30밧 하는 공 1박스씩 치고 호텔로 돌아와 샤워 후 마사지를 받으러 나갔다. 태국 온 첫날이기도 하니 타이 마사지 2시간짜리를 추천. 후배 부부가 마사지 받는 시간에 나는 호텔로 와서 작업을 하는데 한국에서 카톡이 왔다. 오늘 아침에 입국한 친구들이 사진을 보내왔다. '대방어 해단식이 시작되었습니다.' 라고 하면서 비주얼 짱인 대방어회 사진을 보내왔다. 와우! 진짜 먹고 싶다. 맞아 한국에 맛있는 음식들이 진짜 많지. 뭐여? 해외에 와서 저렇게 맛있는 음식도 못 먹고! 한국 생각이 안 났다고 하면 거짓말이다. 해외에 오래 머물다 보면 문득문득 한국 생각이 난다. 아무튼 그건 그렇고. 치앙마이는 왜 골프의 성지가 되었는가? 그건 순전히 날씨 때문이다. 11월부터 3월까지는 거의 비가 오지 않는 건기이기 때문에 골프 치기 최적의 날씨이다. 예를 들어 대만의 카오슝 같은 곳은 골프장이 많지만 그리고 한국에서 가깝기도 하지만 골프를 예약하고 비행기를 타고 가면 3박 4일 내내 비가 와서 골프도 못 치고 비가 주룩주룩 오니 관광도 그저 그렇고 3박 4일 동안 비만 맞다가 돌아가는 일도 왕왕 있다. 골프를 못 친다고 골프 그린피를 돌려주지도 않는다. 이런이런. 치앙마이는 이런 일이 거의 없다. 치앙마이 여행 와서 하루 종일 비가 온 적은 10년이 넘는 세월 동안 딱 두 번 경험했다. 그만큼 치앙마이 날씨는 골프 치기 최적의 날씨인 것이다. 오늘도 한낮에는 30도까지 올라갔지만 전혀 덥지 않다. 한국의 추석 전 날씨랑 비슷하다. 마사지를 끝내고 람빵 시장을 지나 디귿 자로 차를 몰면 우리 호텔 쪽으로 턴을 한다. 그러면 센텐 백화점 입구를 지나 약 100m 가면 무카타가 있다. 오늘은 다행히도 자리가 있다. 후배 부부를 먼저 들여보내고 나는 차를 도로 가에 주차를 하고 들어갔다. 오늘 무카타의 진실을 알았다. 무카타에 가서 잘 먹는 방법 중 하나는 일단 자리에 앉으면 고기판에 기름을 미친 듯이 바른다. 고깃덩이는 냉장고에 있다. 양념장을 만들어 온다. 그리고 삼겹살을 시키는 것이다. 무카타 원리상 삼겹살이 가장 노릇노릇하게 익는 구조이다. 맛도 고소하다. 고기를 구우면서 기름 덩이를 아예 중앙 상단에 놓아두면 고기가 타지 않는다. 그리고 고기를 함부로 뒤집으면 안 된다. 그냥 막 뒤집으면 고기가 판에 달라붙어 잘 떨어지지 않는다. 고기를 판에 올리고 좀 기다려 주면 고기가 판에서 잘 떨어진다. 고기를 잘 굽는 방법이다. 가져간 참이슬에 리오 맥주를 시켜서 3소5적을 능가하는 술을 마셨다. 마지막엔 후배가 대하를 굽는데 신의 한 수다. 생 대하를 껍질을 벗겨서 구우니 이건 완전 홀릭이다. 최고다. 오늘 무카타를 정복하는 방법을 알았다. 그렇게 신나게 소맥을 마시고 운전은 후배한테 하라고 했다. 호텔까지 똑바로 1km만 가면 되니까 너가 해! 똑바로 가는 운전이야 뭐 어렵진 않지. 호텔에 안착! 그렇게 메모 재탈환의 1일은 저물어 간다.

- **〈메모 재탈환 2일 차〉 1.9.**

어젯밤 각자 방으로 흩어지고 나는 2차 생각이 나서 호텔을 나섰다. 혹시 모르니 돈은 2만 밧은 호텔방에 두고 2천 밧만 주머니에 넣고 호텔을 걸어 나섰다. 일단 단골 마사지샵엘 들렀다. 단골 마사지사가 맥주를 마시고 있었다. 창맥주. 나한테도 앉으라고 하더니 맥주를 따라 준다. 한 서너 잔 마셨나? 그리고는 1시간 타이 마사지. 마사지를 마치고 호텔로 돌아오는 길에 아까 마사지샵 갈 때 어느 술집 앞에 아가씨들이 대여섯 명 앉아 있는 것을 보았는데 다시 거길 지나치다가 술이나 한잔하고 갈까? 하면서 아가씨 한 명을 데리고 술집으로 들어갔다. 가장 예쁜 아가씨를 데리고 들어갔는데 이 자식이 옆자리에 앉는데 팬티 안이 살짝 보였는데 좀 이상했다. 주인을 불러서 푸잉? 푸차이? 하니까 푸차이란다. 남자라고? 그래서 그 아가씨를 퇴짜시키고 밖으로 주인하고 나가서 아가씨들을 쭈욱 가리키면서 푸잉 푸차이 하니까 7명 중 5명은 푸차이란다. 이런이런. 그래서 그중에서 가장 태국적인 아가씨를 고르니 푸잉이란다. 그 아가씨를 데리고 들어가 한 시간 동안 술을 마셨다. 말이 안 통하니 번역기로 이야기를 주고받는데 말을 안 하니 술이 안 깬다. 이런이런. 호텔에 갈 수 있냐고 아가씨한테 물으니 지금은 근무시간이라 안 된다고 한다. 당연하지. 그냥 한번 물어본 거야 짜샤! 호텔로 돌아와 아까 킵 해둔 맥주 한 병을 마시고 람빵의 재입성을 자축했다. 알람 없이 잤는데 갑자기 너무 오래 잔 거 아냐? 하고 일어나 시계를 보니 6시 6분이다. 다행이다! 요즘은 슬로우 조깅을 때리쳤다. 왜냐하면 치앙마이에서 발마사지를 받는데 발 이곳저곳이 너무 아파서 왜 그럴까 분석을 하다가 슬로우 조깅을 너무 해서 그런 거라고 판단되어서 그 후로 슬로우 조깅을 때리쳤다. 완전 P. 아침에 호텔 조식을 6시 50분에 내려와 둘러보는데 땡기는 음식이 없다. 어제 과음 탓이다. 불현듯 치앙마이에서 먹던 컵라면 조식이 생각났다. 방으로 올라가 컵라면을 가지고 와서 물을 붓고 람빵 레지던스 호텔 조식의 압권인 찰밥을 가져와 후배가 가져온 김이랑 먹다가 컵라면에 찰밥을 말아서 먹으니 정말 해장으로 압권이다. 속이 다 후련하다. 후식으로 과일이랑 커피 한잔 때리고 조식 마무리. 역시 해장이 중요하긴 하군! 오늘도 8시 출발 메모로 가자! 8시에 출발하니까 출근 차량이 진짜 별로 없다. 우리는 옛날에 매일 7시 30분에 출발했는데 그때는 화력발전소 출근 차량과 오토바이랑 엄청 뒤엉켜서 복잡했는데 8시에 호텔을 출발하니 정말 한산하다. 메모 갈 때 중요한 정보다. 메모에 도착해서 그카캐(1150) 끊고 라운딩 시작. 날씨가 쌀쌀하다. 한국은 지금 영하 10도. 한국이 추우면 여기도 기온이 밤이나 새벽엔 춥다. 그렇게 18홀을 마치고 어제와 같은 식당에서 가볍게 점심 식사 마무리. 오후에는 후배 부부와 함께 람빵 최고의 고찰이라고 해야 하나 아무튼 Wat Phrathat Lampang Luang를 다녀왔다. 왓프라댓 사원에서 신기한 걸 하나 발견했다. 왼쪽 자그만 사원으로 들어가면 입구에 태국어로 '오른쪽을 보세요 프라댓 사원 그림자가 보입니다' 이런 글씨가 팻말에 적혀 있다. 그 팻말을 구글 번역기 카메라로 찍어 보다가 발견했다. 과연 프라댓 그림자가 좁은 틈새로 비쳐서 그림자로 구현되고 있었다. 신기했다. 저 큰 탑이 어떻게 이렇게 작은 구멍으로 비추어져서 판자에 구현될 수 있는지 신기했다. 작은 발견이었지만 후배 부부에게도 좋은 선물이 되었다. 람빵으로 돌아와 어제 갔던 마사지샵에 들러 셋이 발마사지 한 시간씩 받았다. 역시 발마사지는 굿이여! 건강에 좋은 것이 발마사지여! 특히나 람빵 마사지 가격은 치앙마이에 비해 3분의 2다. 치앙마이가 발마사지 한 시간에 300밧인 데 비해 여기 람빵은 200밧이다. 마사지를 마치고 나오면서 오랜만에 팁을 줬다. 50밧! 얼마나 좋은지 마사지사가 포옹을 해 준다. 마사지를 마치고 내가 알아 둔 태국 식당으로 향했다. 그 통닭구이집(?). 아무튼 쏨땀이랑 모닝글로리랑 시켜서 통닭구이랑 맥주랑 가져간 참이슬이랑 포식에 포식. 마지막에 밥을 시켜서 모닝글로리랑 먹는데 압권이다. 혹시 태국 식당에 가면 모닝글로리를 시켜서 밥이랑 먹으면 최고의 식사가 될 듯하다. 이스 굿! 호텔에 들어와 헤어지고 이러면 안 되는데 하면서 주섬주섬 옷을 입고 돈을 2만 밧은 가방에 쟁여 두고 주머니엔 약 2천 밧만 가지고 다시 마사지 받으러 갔다. 가는 길에 개가 짖어서 정말 무서웠다. 그것도 목줄을 풀어놓은 개가 지근거리에서 짖어댄다. 이런이런. 살살살 달래면서 지나갔다. 앞으로는 골프채를 지팡이 겸 하나 들고 시내를 산책해야겠다는 생각이 들었다. 마사지샵을 들르니 단골 마사지사가 일하는 중이라고 한다. 이런이런. 그래서 100m 옆에 있는 어제 그 술집으로 갔다. 아가씨들이 한 10명 앉아 있는데 내가 가도 별무반응이다. 뭐지? 너도나도 화장에만 열중이다. 아하! 이 글을 쓰면서 깨달았다. 어제 내가 너는 푸차이지? 하면서 내쫓았는데 이 녀석들이 죄다 푸차이구나! 그래서 나를 보는 눈이 소 닭 보듯 하였던 것이다. 아무튼 어제 그 아가씨, 가장 태국스러운 아가씨를 데리고 바(Bar) 안으로 들어갔다. 한 시간 동안 마셨나? 오늘은 술도 안 취하고 별로 기분도 업이 안 되니 그냥 맹숭맹숭 한 시간만 허비. 젭땅 타올라이? 709밧! 노잼에 돈만 낭비! 이런이런. 오랜만에 슬로우 조깅 50분을 했다. 술도 깰 겸. 확실히 운동을 하니 기분이 좋다. 이 핑계 저 핑계로 슬로우 조깅을 안 한 지 딱 열흘 되었다. 어떤 핑계도 대지 말고 어떤 운동이든지 꼬박꼬박 해야 한다. 걷기든 계단 오르기든 슬로우 조깅이든 마라톤이든. 글을 쓰려면 돋보기를 끼고 쓰는데 글을 쓰다가 왼손 팔뚝을 보니 완전 뭐라고 해야 하나 얼룩덜룩이다. 치앙마이에 와서 두 달 넘게 햇볕을 쪼이다 보니 팔뚝 상태가 장난이 아니었던 것이다. 언젠가 말했듯이 선크림을 진짜 골고루 발라야 한다. 태국에서 매일매일 골프를 치다 보면 선크림 바르는 일이 엄청 귀찮다. 그러다 보니 대충 바르기도 하는데 그러면 안 된다.

한국에서 골프장 나갈 때처럼 꼼꼼하게 발라야 한다. 매일 하는 일이라고 신선감이 떨어지면 안 된다.

• 〈메모 재탈환 3일 차〉 1.10.

시간이 막 지나간다. 마치 두루마리 화장지가 마지막엔 막 풀리는 것처럼 77일간의 일정 막바지에 접어드니 시간이 두루마리 화장지 풀리듯 막 지나간다. 오늘까지 합쳐서 딱 보름 남았다. 발상의 전환! 어제 한국에서 비행기를 타고 왔다고 생각하고 오늘부터 골프 시작! 그러면 골프를 열다섯 번을 칠 수 있으니 얼마나 많은 라운딩인가? 오늘은 호텔 조식을 먹으면서 홀인원 이야기가 나왔다. 사실 나는 골프 인생 20년이 넘었지만 홀인원을 한 번도 못 해 봤다. 스크린에서조차도. 지난 2017년인가? 이제 골프 실력도 좀 늘고 했으니 그리고 라운딩도 많이 다니니까 홀인원 보험을 들자. 골프 연습장에 있는 홍보전단을 보고 연락을 해서 한 달에 3만 원씩 붓는 홀인원 보험을 들었다. 그런데도 홀인원은 하 세월이다. 그 이후로 약 5년간 보험을 부었는데 홀인원은 깜깜 무소식. 그래서 5년 후에 해지를 하고서 보험금을 찾아서 요긴하게 써 버렸다. 홀인원? 그 까이 거 기대하지 않는다. 홀인원은 운이고 싱글이 진짜 실력인 거다. 아 유 오케이? 치앙마이에서 친구들과 놀 때 살짝 들었던 감기가 저절로 다 나았다. 건강이 진짜 중요하다. 건강은 건강할 때 지켜야 한다. 이것은 철칙이다. 일단 메모 골프장으로 고고! 오늘은 금요일이라 메모 골프장이 풀부킹이라 약간 늦게 도착하여 걱정했는데 1번 홀로 나가니 조용~ 뭐지? 아무튼 그렇게 순조롭게 라운딩 시작. 파파를 잡더니 3번 홀에서 벙커샷 미스로 트리플! 이런이런. 그래도 즐겁다. 후배 부부와 함께 스트레스(내기 골프?) 없이 그냥 자연과 함께 하는 라운딩이 즐겁다. 골프를 마치고 어제와 마찬가지로 파카파 오꿍을 시켜서 싱하 맥주 두 병과 함께 흡입. 식사를 마치고 내가 커피를 쏘겠다고 빔이 운영하는 커피숍으로 갔다. 카페모카 두 잔, 카페라테 한 잔을 시켜서 연못 위에 핀 연꽃을 보며 즐거운 시간. 내가 갑자기 제안했다. 우리 천공사원 갑시다! 내비에 치니 1시간 반 거리라고 나온다. 후배 부부는 너무 힘드신 거 아니냐고. 나는 노! 그렇게 천공사원으로 출발! 한 시간 반 만에 도착은 했는데 어리둥절. 차를 몰고 올라가는 거야 아니면 어떻게 하는 거지? 라고 생각하면서 식당 주인에게 물어보니 자동차를 타세요 라고 답한다. 차를 주차장에 주차하고 둘러보니 매표소가 있었다. 타올라이? 490밧이란다. 허걱! 엄청 비싸네~ 세 명이니 1470밧을 끊고 잠시 기다리니 레인저 차가 왔다. 그 차를 타고 천공사원으로 출발! 한 십 분쯤 올라갔나? 엄청난 오르막길을 오르고 올라 주차장에 도착. 이제부터는 걸어서 올라가야 한다. 한 30분?

그렇게 허걱허걱 계단을 오르고 오르니 파고다 전망대가 나왔다. 그러니까 계속 올라가다가 우회전을 해서 올라가면 파고다 전망대가 나온다. 진짜 압권이다. 다리가 후들후들! 간신히 사진도 찍었다. 람빵의 명소가 아니라 태국 북부에서 반드시 가 보아야 할 명소가 천공사원이다. 강추강추! 오늘은 진짜 골프도 치고 천공사원도 구경하고 진짜 내실 있는 하루였다. 돌아오는 길 람빵 왕강 현수교가 보이는 식당에서 그것도 사장님이 특별히 안내해 준 자린데 최고의 뷰였다. 사진을 찍으니 정말 압권으로 나왔다. 그리고는 이것저것 시켜서 정말 배부르게 포식했다. 지난번 11월달에 친구들이 왔을 때 들렀던 그 집이다. 왕강 현수교가 보이는 바로 그 집! 호텔로 돌아와 각자 방으로 헤어지고 나는 호텔에서 작업 좀 하다가 언제 잠이 들었는지 진짜 푹 잤다.

- **〈메모 재탈환 4일 차〉 1.11.**

오늘은 메모 골프장에서 대회가 있는 날이라 다른 골프장을 가야 한다. 람빵에는 군인 골프장이라고 람빵 시내에서 5분 거리에 허름한 골프장이 하나 있다. 나인 홀 두 바퀴 도는 그저 그런 골프장이다. 오늘은 여기를 가 보려고 한다. 치앙마이 쪽 골프장 하리푼 차이는 풀부킹이라 자리가 없고 내일만 가능하다고 해서 내일 한 시 반에 예약을 해 두었다. 사실 내일도 걱정은 된다.

지금 람빵에 같이 머물고 있는 후배가 어제 가산 레가시 골프장을 갔다 왔는데 오전 9시에 티오프해서 저녁 5시에 끝났다고 한다. 이런이런. 점심도 안 먹고 쳤다고 한다. 총 8시간이 걸린 것이다. 겨울에 치앙마이 골프장이 밀린다는 이야기는 익히 들어서 알고 있지만 8시간 걸렸다는 팩트는 처음 들어 본다. 기가 막힐 노릇이다. 라운딩에 두 배의 시간이 걸린다니 기가 막힌다. 그래서 이런저런 모든 걸 따져 봐도 메모가 진짜 가성비 갑 골프장이다. 이만한 시설에 이만한 가격에 황제골프에 뭐 모든 걸 다 따져도 최고의 골프장이 메모다. 아무튼 오늘은 군인 골프장, 정식 명칭은 께랑 골프장인 것 같다. 오늘은 여기로 가서 연습라운딩 한다 생각하고 즐겁게 골프를 칠 것이다. 오전 8시 출발하여 10분 후에 군인 골프장 도착. 주차장에서 한 캐디를 만나 쌈콘(3명) 가능하냐고 물어보니 잠시 뜸을 들이더니 가능하다고 한다. 다행이다! 캐디가 없으면 골프를 칠 수 없다. 아무튼 그렇게 1번 홀 시작. 오늘도 골프를 치는구나~ 라고 생각되었다. 예전에도 몇 번 와 봤지만 크게 기대해서는 안 된다. 그냥 어디 멀리 가기는 그렇고 가까운 데 가서 즐기자는 심정으로 임해야 하는 곳이 군인 골프장이다. 군인 골프장에서 싱글하는 방법은 간단하다. 11개 홀을 두 번 도는 시스템이기 때문에 망한 홀은 삭제하고 나머지 18개 홀을 가지고 스코어를 계산하면 싱글이 된다. 이런이런.

라운딩 후 람빵 센텐 백화점 초밥집으로 갔다. 초밥을 주워 담고 각자 계산하고 태국 환타 음료수랑 맛있게 먹은 후 바로 옆 TOP MARKET에 들러 꿀 한 병씩 사 가지고 호텔로 귀가했다. 나는 태국산 꿀 매니아다. 태국에 오면 나는 백화점에 가서 꿀을 사다가 호텔방에 놓고 수시로 마신다. 태국 꿀은 알아준다. 그만큼 꽃이 풍성하기 때문에 꿀이 좋은 것이다. 한국에 들어갈 때도 캐리어 무게가 허락하는 한 꿀을 잔뜩 사 가지고 간다. 아는 사람들에게 한 병씩 선물하기 위해서. 오늘은 후배가 몸살 끼가 있어서 호텔에서 오수를 때리면서 쉬기로 합의. 그저께 후배가 발마사지를 받으면서 마사지사가 선풍기를 세게 틀어 놓았는데 마사지사가 땀을 흘리며 마사지 하는 게 안쓰러워서 그냥 두었는데 한 시간 동안이나 선풍기 바람을 쐬고 나서 감기에 걸렸다. 이런이런. 저녁엔 뜨끈한 쌀국수나 한 그릇 먹어야 할 듯. 감기몸살 환자도 있으니. 해외에 나와서 제일 조심해야 할 일이 건강관리다. 자는 것 먹는 것 즉, 잘 자고 잘 먹고 잘 놀아야 한다. 안 아파야 놀 수도 있다. 어저께 메모 골프장에서 만난 또 다른 후배도 감기몸살로 며칠 동안 밥도 못 먹고 이불을 뒤집어쓰고 땀을 내느라고 고생고생 했다고 한다. 뭔 일이랴! 해외 나와서들~. 어떤 퇴직자는 동남아에 놀러 나왔다가 너무 아파서 아예 귀국 비행기를 못 탄 경우도 있다. 요즘 한국에서도 독감환자 천지라고 한다. 감기는 우리 몸속에 노폐물이 쌓여 있으면 걸리는 병이다. 감기를 통하여 우리 몸속에 노폐물을 밖으로 내보내려고 하는 신호인 것이다. 그런데 우리는 감기에 걸리면 곧바로 약을 찾는다. 증상을 완화시키려고. 그런데 이는 어찌 보면 우리 몸을 청소하기 위한 기회를 날려버리는 것이다. 좀 힘들어도 며칠 참고 견디면 마치 태풍이 지나가면 남해안 바다가 청소가 되듯이 우리 몸도 싹 청소가 되는 것이다. 돌팔이 의술 강의 그만하고. 오늘 골프를 치면서 깨달은 것 한 가지. 왼다리벽이다. 골프 스윙을 할 때 왼다리벽을 단단하게 세운다고 생각하고 스윙을 하는 것이다. 왼다리벽을 만들려면 온몸에 힘이 빠져야 된다. 힘이 들어가면 절대로 왼다리벽을 만들 수 없다. 힘이 들어가면 폼이 무너진다. 왼다리벽을 생각하면서 스윙을 힘 빼고 피니쉬 끝까지 하면 공 날아가는 것을 거룩하게 볼 수 있다. 내일 하리푼 차이에 가서 절대적으로 시험을 해 보아야겠다. 저녁은 기가 막힌 또 신의 한 수를 발견해서 먹었다. 구글 맵으로 이리저리 식당을 검색하다 보니 우리 호텔에서 1번 도로 건너편에 샤브샤브집이 있는데 인기가 많은 곳이었다. 이름이 Vieng Shabu다. 일단 내가 먼저 30분 전에 가서 스캔을 뜨고 예약을 하고 와서 후배 부부랑 차를 몰고 식당으로 갔다. 돼지고기까지만 먹으면 229밧, 돼지고기에 해산물까지 먹으면 259밧, 돼지고기에 해산물에 소고기까지 먹으면 299

밧인 시스템이다. 299밧 3인분을 신청하고 자리에 앉으니 소스 (처음엔 소스인 줄 알았는데 나중에 알고 보니 이게 샤브샤브 국물이었던. 이런이런)를 고르라길래 네 개 중에 두 개를 골랐음. 한 개를 잘못 골라 한쪽 국물에만 야채랑 고기를 잔뜩 넣고 맛있게 먹었다. 네 개 중에 국물 고를 때 진짜 잘 살펴보고 선택해야 한다. 우리가 시킨 두 개 국물 중 하나는 너무 셔서 다른 쪽 국물만 애용했다. 이런이런. 아무튼 우리는 299밧을 냈기 때문에 소고기 무한리필이다. 이 소고기 주문도 어려워 어려워. 이런이런. 일단 우리가 299밧짜리를 시켰기 때문에 자리에 앉으면 계산서(?) 비슷한 것을 갖다준다. 거기에 큐알 코드가 있다. 이걸 구글 카메라로 찍어야 한다. 반드시 구글 카메라. 그런 다음 카메라 영상에 나오는 주소를 클릭하면 주문화면으로 들어간다. 그곳에서 소고기를 주문해서 샤브샤브 해서 먹는 구조이다. 야채는 무한리필이니 가져다가 샤브샤브 해서 소고기랑 같이 먹으면 되는 구조다. 해물이나 돼지고기도 얼마든지 시켜 먹을 수 있다. 299밧의 위엄. 리오 캔맥주 4개를 시켜서 가져간 참이슬 작은 플라스틱 2병이랑 다 흡입하고 후배한테 운전을 시켜서 호텔에 안착했다. 이런이런. 내일 하리푼 차이 골프장 갈 생각을 하니 가슴이 뛴다. '골프는 그런 것이여~' 하는 잭 니클라우스의 목소리가 들리는 듯하다. 술도 취하고 호텔에 와서 작업을 하다가 노이나한테 문자를 보냈다. 13일 월요일 아침 나랑 같이 일할래? 노이나 대답. Tip. 내 대답. 와우! 노이나 응답. "저는 직장에서 정직을 당했습니다." 이건 또 뭐지? 왜 정직을 당했을까? 내가 Why? 라고 문자를 보냈는데 답이 없다. 옛날에 주고받은 문자에 태국인들은 자기에게 팁을 600밧씩 준다고 했던 말이 떠올랐다. 혹시나 이 녀석이 너무 꼬리를 쳐서 발전소 측에서 정직을 내린 건 아닌지 추측된다. 아무튼 이제 밤도 늦고 냉장고에 킵해 둔 리오맥주 2병이나 먹고 꿈나라로 가야겠다.

- **〈메모 재탈환 5일 차〉 1.12.**

오늘은 하리푼 차이를 가는 날이다. 오후 1시 반에 부킹을 해 놓았기 때문에 오전에 시간이 널널하다. 하리푼 차이 가는 길에 산을 넘기 전 오른쪽에 보면 야시장 비슷한 것이 있는데 거길 들렀다가 갈 예정이다. 이 야시장이 10년 전에 왔을 때는 완전 뭐라고 해야 하나 판자촌 오두막 몇 개 있었는데 발전에 발전을 거듭하더니 요즘에는 밴, 관광버스 등이 많이 서 있는 것을 보니 많은 발전이 있는 것 같았다. 양성화되기 전에는 야생동물 밀거래를 하던 곳이라고 들었다. 매장들을 둘러보면서 커피도 한 잔 마시고 하리푼 차이가 람푼에 있기 때문에 람푼 시내도 돌아보고 람푼에서 점심을 먹고 하리푼으로 갈 예정이다. 오늘의 핵심은 과연 하리푼 골프장이 밀리느냐 안 밀리느냐이다. 요즘 치앙마이 쪽 골프장이 완전 만원버스 수준으로 밀려서 난리다. 유튜브에는 골프장 부킹, 렌트카 대여 사기가 판을 친다는 이야기도 들린다. 과유불급이라고 치앙마이에 골프 손님들이 너무 많이 들어오다 보니 별의별 일이 다 생긴다. 아~ 어제 라운딩 중간에 몇 해 전에 나한테 사기 친 놈한테 전화가 왔다. 형님 돈 전부는 못 드려도 6천에서 절반 정도는 드릴 수 있대나 뭐래나. 그러면서 자기는 지금 뉴욕인데 통장 개설이 안 돼서 한국에 들어오시면 만나서 준대나 어쩐대나. 나한테 한국에 언제 들어오시느냐고 묻길래 1월 24일 밤 비행기로 들어간다. 네 저도 비행기표 알아보겠습니다. 하도 거짓말을 해서 한 귀로 듣고 한 귀로 흘려버렸다. 지난 11월 달에도 전화가 문자로 12월 안으로 꼭 갚겠습니다 했었다. 이 자식이 누가 독촉도 안 했는데 지 스스로 기한을 정해서 나한테 보고를 한단 말이야? 어제 전화 통화 내용 중에는 형님! 이제 시간도 많으시니 뉴욕에 오셔서 저랑 같이 골프 치면서 노실래요? 라고 한다. 뭔 사기를 또 치려고 그러는지. 짜식이~. 그리고 보니 지금 같이 다니는 후배도 젊은 시절에 마이너스 통장을 개설해서 친구에게 2천만 원을 빌려줬는데 아예 한 푼도 못 받았다고 했다. 젊은 시절 박봉에 시달리면서 사모님이 한 푼 두 푼 모아서 갚았다고 한다. 그 당시 봉급이 100만 원 안팎이었을 텐데. 이런이런. 아는 사람하고는 돈거래를 절대로 하지 말아야 한다. 돈거래는 쌩판 모르는 사람하고만 해야 한다. 주식을 사고팔든, 은행하고 거래하든 쌩판 모르는 사람하고만 해야 하는 것이 돈거래다. 그러고 보니 하나 또 생각났다. 지난번 여성 손님 네 분이 오셨을 때 메모 골프장 오가면서 들은 이야긴데 그중 한 분이 여사장인 것 같았다. 그런데 8천만 원을 고스란히 떼였다고 했다. 친한 후배가 있었는데 반찬도 해 나르고 하면서 간, 쓸개 다 빼 줄 것처럼 잘해 주더니 8천만 원을 해 먹고 종적을 감췄다고 한다. 이런이런. 세상에는 사기꾼 천진가? 너무 가까이 지내지 말아야 할 사이가 친구 사이다. 친구 사이를 원수로 만드는 것은 순전히 돈 때문이다. 돈거래는 아는 사람과 절대 하지 말아야 한다. 아침에 9시에 여유 있게 출발하니 별의별 이야기를 다 쏟다. 이제 선크림 바르고 하리푼 차이로 고고! 계획대로 하리푼으로 가다가 중간에 야시장엘 들렸다. 지나칠 때랑 다르게 엄청 큰 규모의 시장이 형성되어 있었다. 약 100여 개의 상점이 있는 마켓이었다. 잘 구경하고 시장 안에 있는 로컬 커피숍에서 아메리카노 핫! 바닐라 라테 핫!을 마시며 햇볕을 쪼였다. 날씨가 의외로 엄청 썰렁썰렁. 커피를 마시고 하리푼 골프장이 있는 람푼으로 출발! 골프장에 들어가기 전에 시간이 있어서 무작정 람푼 시내로 들어갔는데 엄청 큰 사원이 눈앞에 들어왔다. 차를 주차하고 이리저리 둘러보니 정말 운이 좋아서 사원을 구경하는구나 라는 생각이 들었다. 사원도 둘러보고 사원 옆에 형성된 야시장도 둘러보고 이제 하리푼 골프장으로 진짜 입성! 12시에 도착. 캐디 3명이 백을 받는데 너무나 예쁜 캐디가 있어 너는 내 백을 메어라 라고 지정을 해 줌. 이런이런. 카운터에 계산을 하고 애프터런치라고 말하고 점심과 리오맥주. 그렇게 점심을 해결한 후 퍼팅그린에서 연습 좀 하고 가려는데 그대로 1번 홀로 직행. 라운딩 시작. 뭐지? 한 시 반 부킹인데 12시 45분에 티오프네! 여기는 한국이랑 시스템이 다르다. 부킹 시간이 있지만 일찍 오면 바로 나가는 시스템(?). 아무튼 그렇게 그렇게 하리푼 접수! 크게 밀리지 않고 18홀 라운딩 종료. 하리푼 차이가 덜 밀리는 이유는 캐디를 적정량만 쓰기 때문이다. 가산 시리즈 골프장들은 동네방네 다 수소문하여 캐디를 잔뜩 준비해 놓고 겨울철 성수기 때 떼거지로 손님을 받으니 8시간이나 걸리는 것이다. 18홀 라운딩을 마치니 6시 반. 샤워는 생략하고 람빵으로 쏨. 람빵에 도착하여 어제 그 샤브샤브집으로 가자. 후배 부부 둘 다 감기 기운이 있으니 뜨끈한 국물 샤브샤브집으로 고고! 그런데 후배 부부가 둘 다 아파서 음식을 별로 못 먹음. 나만 혼자 소맥에 소고기 포식. 호텔로 들어와 헤어지고 노트북 작업 중. 마사지를 받으러 나갈까 고민 중이다.

• 〈메모 재탈환 6일 차〉 1.13.

　어제는 마사지 안 가고 일찍 잠들었다. 진짜 잘한 일이다. 잠을 실컷 자니 몸이 개운하다. 아침 5시에 기상하여 슬로우 조깅을 50분 하고 샤워를 마치고 노트북 작업 중이다. 어젯밤에 미나한테서 문자가 왔다. 오늘 메모에 오시냐고. 그렇다고 하니까 자기가 캐디를 하고 싶다고 한다. 나는 그러라고 했다. 오늘 후배 부부와 함께 메모 마지막 라운딩이다. 치앙마이 3개월 살면서 총 4번 가이드를 했다. 내가 치앙마이에 오래 머문다고 해서 찾아와 준 친구나 후배들에게 고마움을 느낀다. 해외에 나와 이런저런 사연 만들며 함께 지낸다는 것이 너무나 행복하다. 한국에 돌아가면 소주 한잔 기울이며 회포를 풀 생각에 즐겁다. 인생은 스토리다. 스토리를 만들어 나가는 게 인생이다. 오늘은 호텔 체크 아웃을 하고 오전에 메모에서 골프를 마치고 샤워를 한 다음 점심을 먹고 치앙마이로 쏜다. 도이수텝 관광을 하고 나이트바자 쪽으로 내려와 내 숙소를 잡은 다음 나이트바자 광장에 가서 저녁도 먹고 발마사지도 받고 아홉 시경 공항으로 향할 계획이다. 18홀을 마치고 처음으로 메모 락커룸에서 샤워를 했다. 그럭저럭 할 만하다. 일단 씻는 게 중요하니까. 샤워를 마치고 똑같은 루틴으로 18번 홀 클럽하우스에서 파카파오꿍을 시켜서 싱하 맥주와 함께 흡입. 이제 치앙마이로 출발! 중간에 메모 읍내를 지날 때 지난번에 잤던 귀곡산장에 들러 혹시 내 잃어버린 자켓이 있나 확인하려고 하니 문이 잠겨있다. 이런이런. 람빵을 지나 올라오는 길. 역시나 엄청 졸립다. 커피 한잔 때리기 위해 람빵을 지나서 산정상에 있는 휴게소엘 들어갔다. 휴게소라기보다는 그냥 빈집이라고 보는 게 맞다. 이리저리 둘러보는데 매대에서 파는 과일 중간에 네스카페 1회용 커피가 보이는 것이 아닌가! 그나저나 주인이 없으니 어떻게 마시나 하고 서 있는데 저쪽에서 부녀회장 같은 아줌마가 걸어오신다. 네스카페에 뜨거운 물을 어디서 타왔는지 아무튼 10밧을 내고 맛있게 먹었다. 화장실엘 다녀오고 잠도 깨고 이제 다시 출발! 아~ 이 휴게소와는 인연이 있다. 십 년 전쯤인가? 그날도 메모에서 골프를 치고 치앙마이 공항으로 가는 길이었다. 람빵을 지나 올라올 때 기름이 거의 떨어졌는데 주유소를 지나치면서 산 정상에 휴게소가 하나 있는 걸 봤는데 거기 당연히 주유소가 있을 거야 라면서 동동 떨어지는 기름을 안고 휴게소에 도착하니 아뿔싸! 주유소가 없는 게 아닌가! 이런이런. 완전 패닉이었다. 가야 하나? 돌아가야 하나? 그런데 돌아갈 방법은 없었다. 그냥 치앙마이 쪽으로 가는 수밖에 없었다. 와 이때 심정이란 완전 간이 졸아붙는 것 같았다. 에어컨도 끄고 최소한의 기름을 소비하는 최대한의 경제속도로 산을 내려왔다. 그런데 가도 가도 주유소는 안 나온다. 당연하지. 산속에 무슨 주유소가 있겠어? 한 30분쯤 내려왔나? 오른쪽에 주유소가 보였다. 와우! 구세주도 이런 구세주가 있을까? 반대편으로 조심조심 차를 몰아 차 주유구에 기름을 넣는 순간 세상을 다 얻은 것 같았다. 휴우!!! 아무튼 오늘은 한 시간쯤 더 걸려 치앙마이 11번 도로를 휘감아 마야몰 사거리에서 우회전을 해서 치앙마이 대학교를 지나면 도이수텝 가는 길이다. 도이수텝 올라가는 길에 사모님이 화장실이 급하다고 하신다. 이런이런. 중간에 화장실도 없는데? 초보 가이드라 아까 휴게소에서 화장실엘 다녀오시라고 했어야 했는데. 이런이런. 도이수텝 주차장에 도착했지만 화장실이 보이지 않는다. 이리저리 물어보니 좌측 아래쪽 차 파킹하는 주차장 안쪽에 화장실이 있었다. 5밧이다. 화장실에 다녀온 후 차를 도로 가에 주차하고 운동이 잘되는 365계단을 올라 도이수텝 도착. 많이 와 봤지만 누군가는 새로운 사원이니 사진도 찍고 경건하게 관람 후 하산. 하산 길에 도이수텝에서 한눈에 내려다보이는 치앙마이 시내 전경을 안 보고 내려왔음을 인지했다. 그러고 보니 며칠 전 친구들이랑 여기 왔을 때도 치앙마이 시내 전경이 내려다보는 곳을 가지 않았다. 완전 초보 가이드가 맞다. 차가 좀 밀렸지만 해자를 돌아 두앙따완 호텔로 왔다. 아고다에서 74%를 할인하여 1박에 57000원에 나와서 결재하려고 하다가 수수료 세금이 붙으면 약 8만 원으로 올라 안 끊고 일단 오프라인으로 물어보기 위해서 왔다. 카운터에 도착했는데 어떤 여인이 카운터 아줌마랑 이야기를 계속 나누고 있었다. 번역기로. 그러다가 나를 돌아보더니 한국에서 오셨어요? 네. 제가 핸드폰을 잃어버려서 그러는데요. 송태우에 두고 내린 것 같아요. 세븐 일레븐도 들렀었는데 거긴 없다고 하더라고요. 그래서 내 핸드폰으로 그 아줌마 핸드폰으로 전화를 거니 태국 말로 뭐라고 뭐라고 기계음이 나오면서 통화가 안 된다. 내 전화로는 통화불가라는 이야기 같았다. 난처한 아주머니. 혼자 여행 중이라면서 핸드폰이 없으면 이제 호텔에 박혀 있는 수밖에 없다고. 순간적으로 나는 치앙마이에서 가이드 하는 동생 생각이 났다. 동생한테 전화를 걸었다. 사정 이야기를 하고 아주머니 핸드폰 번호를 불러 주며 전화 좀 해 보라고 했다. 조금 있다 전화가 왔다. 두왕따완 호텔 바로 앞 세븐 일레븐에 휴대폰이 있다고. 이런이런. 아까 아주머니가 가서 애걸복걸할 때는 말이 안 통해서인지 전화기가 없다고 했다 한다. 아무튼 내가 가서 번역기로 전화기 어쩌고 하니까 곧바로 핸드폰을 내어주었다. 아주머니는 완전 뭐라고 해야 하나 구세주를 만난 기분? 나한테 저녁 식사라도 대접해 드리겠다며 내일 저녁 연락을 달라고 했다. 아무튼 그렇게 공덕을 쌓고 호텔은 마 원으로 가기로 하였다. 아까 드왕따완 카운터에게 1박에 얼마입니까? 하니까. 종이에 2200이라고 적었다. 2200밧! 95000원? 마윈호텔이 750인데 당연히 그리로 가야지. 후배 부부를 나이트바자 구경하고 있으라고 일단 내려 주고 나는 차를 몰고 마윈으로 가서 방이 있냐니까 다행히도 있었다. 그런데 카운터 아줌마가 무슨 영문이지 900밧을 부른다(나중에 알게 되었는데 강변 뷰는 900밧이었다). 아무튼 계산하고 짐을 방에다 쟁여 두고 나이트바자 광장으로 나갔다. 그렇게 후배 부부랑 또 나이트바자 푸드 코트 광장에서 장똘뱅이 식사를 했다. 볶음국수 팟타이, 쌀국수 한 그릇, 닭다리 구이 하나, 리오맥주 하나 이렇게 흡입. 우리와 같은 테이블 옆자리에 외국 처녀가 혼자서 먹길래 맥주도 한 잔 따라 주면서 건배도 하고 그 아가씨가 사진도 같이 찍자고 해서 모델도 되어 주었다. 벨기에 처녀인데 치앙마이 4일 관광하고 캄보디아로 넘어간다고 했다. 맛있는 식사 후 비행기가 12시 넘어서 뜨기 때문에 시간이 많아 발마사지를 받으러 갔다. 내가 단골로 다니는 홈에게 문자를 넣었다. 3명 발마사지 가능하냐고. 오케이 한다. 그렇게 발마사지를 받고 공항으로 고고! 벌써 네 번째 공항 이별이다. "이별은 싫어 추억의 그림자가 너무 많아~" 이런 노래도 있다. 6박 7일간 후배 부부와 같이 지내면서 진짜 다이내믹하게 지냈다. 운도 좋아서 관광도 잘했다. 그렇게 후배 부부를 배웅하고 호텔로 귀가. 피곤도 하지만 린과의 약속도 있고 해서 다시 가방을 둘러메고 나이트바자 광장으로 나갔다. 이런이런.

- **〈치앙마이 마지막 공극 메우기 1일 차〉 1.14.**

 이상하게 치앙마이에 오면 람빵 생각이 안 난다. 또 람빵에 머물면 치앙마이가 전혀 안 그립다. 아마 이 두 도시는 성격이 너무 달라 한곳에 머물면 거기의 분위기에 완전 홀릭되는 마법 같은 그 무엇을 가지고 있는 것 같다. 치앙마이와 람빵은 완전 대조적인 도시라고 해야 할까? 치앙마이가 완전 화려함을 주제로 하는 도시라면 람빵은 고즈넉을 주제로 하는 도시다. 치앙마이가 시끄러운 도시라면 람빵은 조용한 도시다. 치앙마이엔 시끄러운 툭툭이가 다닌다면 람빵엔 조용한 마차가 다닌다. 마사지를 받아도 치앙마이가 아가씨라면 람빵은 아줌마다. 발마사지 가격도 치앙마이가 300밧이고 람빵은 200밧이다. 치앙마이는 골프장 천지지만 람빵은 달랑 메모 하나다. 골프 치는 사람들은 그래서 람빵 메모를 감옥살이라고 한다. 그런데 이건 완전 오해다. 메모의 가치를 모르고 하는 말이다. 지금도 메모에서 치고 있는 후배는 동남아 골프를 이곳저곳 다 다녀 봤는데 메모의 가치를 알고서는 절대로 다른 곳을 갈 수가 없다고 자주 말한다. 오늘은 하리푼 차이를 다시 한번 간다. 엊그제 만난 캐디가 완전 연예인급이라 오늘 2시에 같이 하기로 약속을 했다. 라인을 따서 컨펌을 주고받았다. 근데 이 녀석도 500밧을 자꾸 요구하길래 400을 주기로 일단 약속했다. 이런이런. 지난번 하리푼에서 칠 때 캐디에게 한 달에 얼마 버느냐고 물어보았을 때 자기들은 15000밧을 벌지만 예쁜 캐디들은 20000밧을 번다는 이야기를 들었던 게 생각났다. 누가 문제여? 예쁜 캐디가 문제여? 아니면 예쁜 캐디를 찾는 남자들이 문제여? 이런이런. 어제 발마사지를 받으면서 홈에게 물어보았다. 치앙마이에서 꼭 가 볼 만한 곳이 어디냐고? 그랬더니 홈이 도이수텝 뭐 인타논 이런다. 나는 그래서 올래디 다 갔다 왔어. 하니까, 홈이 매캄퐁을 이야기한다. 매캄퐁? 뭐지? 하면서 지나갔는데 오늘 오전 매캄퐁을 갔다가 하리푼 차이를 가면 어떨까 하는 생각에 무작정 차를 몰았다. 나는 처음에 동쪽으로 약간 가다가 하리푼 차이 골프장으로 가는 길인 줄 알았는데 가다 보니 완전 북쪽이었다. 그래도 나선 길 끝까지 가보자. 가는 길은 험했다, 중간에 왜 이렇게 차가 많이 나오는 거야 할 정도로 좁은 길인데도 교통량이 장난이 아니다. 그렇게 한 삼십 분 험한 길을 가노라면 빌리지에 도착한다. 여기서부터가 문제다. 도대체 여기서 서라는 거야 아니면 계속 올라가라는 거야? 처음 온 관광객은 전혀 모른다. 내가 체험한 경험담을 적는다. 일단 차를 몰고 계속 고고! 마을을 지나 오르막 고고! 부앙부앙! 가다 보면 또랑이 나온다. 거기에 쏭태우가 있다. 여기서 대부분 쏭태우를 타고 가는 시스템이다. 나는 이제 그만 갈까 하고 차를 주차하면서 옆 쏭태우 기사한테 물어보았다. 여기가 끝이냐고? 그러니까 송태우 기사가 사진 그림을 보여 준다. 여기부터 3km 더 가면 전망대가 나온다고. 이런이런. 그래서 내가 내 차를 가리키며 이 차로 갈 수 있냐고 하니까. 오케이 한다. 그리고 출발. 와! 진짜 이런 운전 처음이다. 완전 차가 가다가 서버리는 줄 알았다. 오르고 오르고 올라 으쌰~ 주차 가능한 곳에 도착! 도대체 더 가야 되는 건지 아니면 여기가 종착역인지 몰라 길가 옆 가게 아저씨한테 물어보니 말은 열심히 주고받았지만 서로 이해하는 것은 딱 한마디. 헝남 유티나이?(화장실이 어딘가요?) 그런데 알고 보니 여기가 종착역이었다. 송태우들도 아까 그 또랑에서 손님을 태우고 여기서 내려서 인증사진 찍고 그리고 내려가는 것 같았다. 아까 사진 찍어 달라고 한 LA 청년도 송태우를 타고 내려가면서 손을 흔든다. 주위를 살펴보니 오른쪽에 오르막길이 하나 있다. 그 길로 약 200m 가면 전망대가 있다고 써 있다. 갈까 말까 하다가 지금 아니면 언제 가 보겠어? 하면서 올라갔다. 바로 도착했다. 동영상도 찍으면서 마지막에 야호! 소리를 한 20초 동안은 질렀던 것 같다. 메아리가 장난이 아니다. 산속에서 혼자 뭐 하는 거여? 이런이런. 전망대를 내려오니까 송태우 한 대가 올라왔다. 아까 내가 물어본 그 송태우 기사다. 서로 엄지 척을 하며 파이팅을 외쳤다. 송태우 기사가 나한테 내려가는 길 슬로우 슬로우 조심하라고 신호를 보낸다. 오케이. 올라오는 건 거룩해도 내려가는 건

껌이지. 아무튼 매캄퐁 빌리지의 여행을 마무리한다. 매캄퐁 여행은 무조건 1박 이상을 해야 굿! 완벽한 산속에서 누리는 속세와의 단절(?) 뭐 이런 느낌을 들게 하는 게스트 하우스들이 엄청 많다. 밴을 타고 게스트 하우스 동네까지 와서 아까 그 또랑 옆에 있는 사원과 폭포를 한 20분 정도 걸어서 산책 겸 등산하는 사람들도 많다. 또랑을 지나 내려오면서 차문을 열고 아가씨 두 명에게 태워드릴까요? 하니까 아니요 저희는 걸어갈게요 한다. 주고받는 말이 완전 한국 땅이네! 그렇게 매캄퐁을 섭렵하고 하리튼 차이로 간다. 오이를 만나기 위해. 오이는 진짜 예쁘다. 완전 한국 스타일 미모다. 2시 티오프, 1시 40분쯤 도착했는데 오이가 혼자 다소곳이 앉아 있다.

- **〈치앙마이 마지막 공극 메우기 2일 차〉 1.15.**

오랜만에 컵라면으로 아침을 때웠다. 《가르칠 수 있는 용기》라는 책으로 컵라면 뚜껑을 덮었다. 이런이런. 저 책을 읽었던 적이 언젠지 기억에도 없다. 아마 한 달은 더 지났을 것 같다. 완전 노는 데 정신이 팔려 있는 건 아니겠지? 그래도 지금 이 책 작업에 올인을 하고 있으니 다행이다. 서울에 있는 출판사에 연락을 했는데 답장이 왔다. 출판하자고. 이제 딱 열흘간의 이야기를 쓰고 이 책을 마무리하여 원고를 넘기면 된다. 물론 원고를 넘기고

도 세 번의 교정 작업과 책 제목 선정과 표지 디자인 등등 앞으로 해야 할 일도 산더미다. 돋보기안경을 마윈 호텔에 두고 온 것 같다. 어젯밤에 늦게까지 술 먹고 들어와 작업하느라고 눈이 빠지는 줄 알았다. 안 보이는 노트북 화면을 보면서 쓰는 글이 제대로 나가는 건지 아무튼 노트북을 좀 멀리서 보면서 작업을 했다. 장기여행을 하다 보면 이것저것 잃어버리는 물건들이 많다. 지금까지 도망간 놈들. 칫솔통(여기에 치약, 칫솔, 조그만 가위, 면도기 등등 다 들어 있었다) 그리고 자켓(이런 것도 잃어버리다니!), 돋보기안경. 더 이상 잃어버리지 말고 잘 챙기자. 특히 핸드폰, 여권, 지금 쓰고 있는 이 글 파일(이게 날아가면 최악이다!). 그래서 이 글은 매일매일 세 군데 저장을 해 둔다. 하나는 노트북 바탕화면, 다른 하나는 USB, 다른 하나는 다음 메일에서 나한테 보내기에 매일매일 저장해 둔다. 치앙마이 77일간의 좌충우돌 기록은 1월 24일부로 끝난다. 그렇게 1월 24일 밤 대한항공 비행기로 한국으로 날아간다. 77일 만의 귀국이다. 그런데 고민이 생겼다. 더 있다 가면 안 되나? 그래서 어제부터 고민 끝에 결정을 내렸다. 오늘 비자런을 하러 가자. 지금 내 여권에는 2월 7일까지 있어도 된다고 찍혀 있다. 원래 1월 24일 귀국하여 설을 쇠고 2월 19일 강의를 마치고 다시 치앙마이로 날아와 약 한 달간 놀다가 갈 생각이었다. 그런데 들리는 정보에 의하면 2월 말부터 여기 치앙마이가 엄청 더워지기 시작한단다. 그래서 그러면 아예 온 김에 더 눌러 있다가 가면 어떨까 하는 생각이 든 것이다. 이참에 비자런이라는 것도 한번 경험해 보자. 차를 몰고 국경 검문소로 향했다. 가는 데만 4시간이다. 여기서 출국을 해서 라오스로 돌아오면 되는데 방법이 있다. 일단 출국 절차를 밟고 넘어가면 송태우 타는 곳이 있다. 여기서 송태우를 타고 라오스로 넘어간다. 송태우 기사랑 협상을 했다. 갔다 오는 데 얼마면 되냐고. 300밧이란다. 오케이. 그렇게 태국을 출국. 약 5분 후에 라오스 도착. 송태우 기사가 시키는 대로 라오스 입국. 뭐 쓰라는 게 엄청 많아 돋보기도 없는데 간신히 썼다. 이미그레이션이 물어본다. 다시 타일랜드로 돌아갑니까? 대충 그런 것 같아서 예쓰! 그렇게 하여 하여튼 라오스 입국 통과! 이제 바로 유턴해서 라오스 출국 절차로. 여기도 별 문제 없이 그냥 도장 쾅쾅쾅! 다시 송태우를 타고 태국으로 고고! 3분 후에 태국 이미그레이션에 도착했다. 왠지 태국 땅에 다시 오니 안심이다. 서류를 적는 절차 코스에서 아가씨가 있는데 내가 여유가 생겼는지 '스와이 막막(정말 예뻐요!)' 하니까 아가씨가 엄청 좋아한다. 내가 라인을 내밀며 라인을 땄다. 이런이런. 뭐 하는 거지? 아가씨가 막 웃는다. 이런 사람 처음 본다는 눈치 같다. 이미그레이션에서 라인을 따다니. 어디 사냐고 물어보니 파레오 산다고. 파레오는 국경검문소 갈 때 들렀던 도시다. 라인을 따서 그런지 아무튼 아가씨가 친절하게 불러주는 대로 이름 생년월일 국적 등을 적고 그 종이를 들고 여권이랑 이미그레이션에 냈다. 이민국 요원이 나에게 농담을 건다. 골프? 예쓰예쓰. 유어 핸디 캡? 뭐여 갑자기 내 핸디를 물어보지? 살짝 고민고민. 왜냐하면 요즘 매일 90대 타수를 치니 사실대로 말해야 하나? 그러다가 그냥 까오(9)라고 했다. 81타. 그리고 내가 당신도 골프를 잘 치느냐고 물어보니 노! 라고 한다. 뭐지? 아마 이렇게 비자런 하러 온 사람들 대부분이 골프 치러 와서 더 연장하기 위해 엄청 왔다 갔나 보다. 아무튼 그 직원은 April 14일까지라는 것을 손수 글씨로 내 여권에 써주었다. 그리고는 통과! 이제 4월 14일까지 태국 치앙마이에 있어도 된다는 의미다. 이런이런. 지난번 여중생 힘이 했던 이야기가 생각났다. 자기네 졸업식이 4월 26일이라고. 대충 태국 방학이 4월 말이다. 그러면 그때가 가장 최고 온도로 올라간다는 이야기다. 진짜로 4월 14일까지 최장으로 태국에 있어 볼까? 이런이런. 내가 태국에 4월 14일까지 있는데 가장 걸리는 것은 가족이다. 1순위 가족, 2순위 친구, 3순위 동호회 뭐 이런 것 같다. 그런데 가만 생각해 보면 우리가 대한민국 땅 안에 살면서도 6개월에 한 번씩 1년에 한 번씩 만나는 게 얼마나 많은가? 발상의 전환이다. 내가 한국에 들어간다고 해서 쌍수를 들고 나를 환영해 줄 사람 아무도 없다. 각자 살기 바쁘기 때문이다. 그리고 한번 만나면 순식간에 수개월이 지나간다. 그냥 내식대로 살자. 체면은 위선이다. 체면 차리지 말자. 우리 의식 속에 있는 체면 진짜로 다 버려야 한다. 나부터 버리자!

•〈치앙마이 마지막 공극 메우기 3일차〉 1.16.

어제 무리를 했나 보다. 왕복 8시간 운전. 이런이런. 자면서 약간 끙끙 앓았다. 새벽 4시쯤 깼다가 다시 잤는데 비몽사몽이다. 잠이 보약이라고 디립다 10시까지 잤다. 해외 장기 여행에 필수는 건강이다. 9시 반쯤 기상했는데 몸은 별로다. 항상 컨디션을 130으로 유지해야 하는데 이건 뭐지? 그래도 갈 곳은 가야지. 책을 쓰다 보니 하루 종일 호텔에서 뒹굴뒹굴할 수가 없다. 단점 단점. 뭐라도 보러 다니고 쏘다녀야 이야깃거리가 생기는 법. 10시에 차를 몰고 먼쩜이라는 곳으로 향했다. 1시간 정도 걸린다고 나온다. 가다 보니 과연 여기가 관광지구나 하는 느낌이 들 정도로 밴도 엄청 많고 길가에 음식점들도 엄청 많다. 밴이 왔다 갔다 하는 곳은 죄다 관광지라고 보면 된다. 일단 끝까지 올라가 보자. 계속 고고! 거의 도착하니 눈앞에 엄청난 글램핑들이 펼쳐졌다. 대충 세어 봤는데 약 500개다. 산꼭대기에 그야말로 힐링을 위한 공간들을 엄청 만들어 놓은 것이다. 차 세운 옆에 허름한 식당이 있어서 쌀국수를 시켜서 먹었다. 아침도 굶었으니 꿀맛이다.

50밧! 중간에 요리하는 처녀에게 저 앞에 있는 글램핑에서 묵으려면 하루 얼마인가요? 라고 물어보니 2000밧이란다. 와우! 비싼 편이다. 그저께 갔던 매캄퐁 마을 게스트 하우스도 비싸다고 들었다. 그나저나 숲속 힐링의 묘미를 아는 사람들은 그 맛을 우리가 모르는 그 무엇이 있는 것은 확실한 것 같다. 특히나 3, 4, 5월 한참 더울 때 이곳은 해발 1000m가 넘기 때문에 아침저녁으로 서늘하다고 한다. 그래서 많은 사람들이 먼쨈이나 매캄퐁 숲속 리조트를 찾는 것이다. 차로 한 바퀴 휙 돌고 내려오는 길 어디를 갈까? 이런이런. 계획도 없었지. 원래는 치앙마이 예술인 마을을 가기로 했는데 갑자기 골프가 치고 싶어졌다. 그래! 한번 가 봐야 하는 항동 퍼블릭 골프장으로 가자. 항동을 찍고 가는 데 미치는 줄 알았다. 왜냐하면 먼쨈은 북동쪽인데 항동은 남서쪽이니 치앙마이를 관통해서 가야 하는 거였다. 내비에서는 1시 도착이라고 나오더니 차가 밀리고 밀려 결국 1시 30분에 도착했다. 항동 골프장도 간신히 찾았다. 왜 이렇게 미로여? 아무튼 그렇게 캐디를 배정받고 티샷! 휴~ 오늘도 골프를 치는구나! 그런데 이게 뭔 일이랴? 오늘따라 골프가 겁나게 잘된다. 드라이버 아이언 숏게임 퍼팅 굿굿굿! 버디를 두 개나 잡고 싱글을 했다. 완전 항동 싱글이다. 항동 골프장 나름대로 괜찮다. 그린피 18홀에 400밧이다. 캐디피는 캐디한테 물어보니 350 이상만 주면 된다고 한다.

나는 끝나고 360밧을 주었다. 컵쿤캅! 하는 캐디. 항동 골프장은 오후 2시쯤 가서 캐디와 함께 여유 있게 라운딩하면 될 듯하다. 오전엔 밀리니까. 나도 캐디랑 같이 맥주 마시면서 농담 따먹기도 하면서 4시간 쳤다. 중간에 쪼인 하라고 캐디가 그러는 데 다 거절하고 그냥 나 홀로 골프를 즐겼다. 오랜만에 싱글을 하여 기분 좋게 숙소에 도착한 다음 곧바로 한식당 엄마손으로 가서 김치찌개와 폭탄주를 흡입했다. 진짜로 오랜만에 혼술을 했다. 내일은 오후 한 시 반에 하리푼차이에서 오이를 다시 만나기로 했다. 이런이런.

- **〈치앙마이 마지막 공극 메우기 4일 차〉 1.17.**

하루 만에 몸이 개운하다. 뭔 일이랴? 어제 워킹으로 18홀을 돌아서 그런 거라고 짐작은 하는데 잘 모르겠다. 치앙마이 골프는 무조건 카트를 타야 한다. 그런데 어제 항동은 거의 워킹이다. 워킹이 당연한 골프장이다. 그래서 더 좋다. 피만팁이나 란나는 카트를 타야 하는 분위기 뭐 그런 거 같다. 왜냐하면 캐디들이 걷는 걸 엄청 싫어하니까. 그런 점에서 항동이 운동하긴 진짜 좋은 골프장이다. 아무튼 오늘은 마윈 호텔에 들러 돋보기안경을 찾고 반캉왓이라고 하는 예술인 마을에 들러 구경을 한 다음 하리푼차이 1시간 반 부킹에 맞추어 갈 예정이다. 어제 세븐 일레븐에서 사다 놓은 김치랑 아침에 컵라면으로 아침 식사를 진짜 맛있게 먹었다. 차를 몰고 예술인 마을로 향했다. 과연 어떤 곳일까? 인터넷으로 사진은 봤지만 궁금했다. 내비 따라 도착하니 주차장이 넓게 마련되어 있었다. 일단 굿! 차를 가지고 움직이는 사람들은 무조건 주차장이다. 그래서 음식점을 개업할 때도 주차장이 비빌 언덕이 있는지를 보고 가게를 오픈하는 게 중요하다. 갑자기 웬 딴소리? 주차장에 차를 대고 예술인 마을로 들어가면서 진짜 감동감동이다. 완전 뭐라고 해야 하나 모든 가게마다 하나의 작품이라고 해야 할까? 서울 인사동 거리도 멋있지만 여기는 또 여기 나름대로의 아기자기한 맛이 있는 치앙마이 예술인 마을이다. 아이들 체험 공간도 많다. 엄마가 아이를 체험시키면서 동영상으로 찍는다. 여기를 가만히 살펴보니까 모든 것을 하나의 콘셉트로 해 놓은 것 같다. 벤치면 벤치, 자갈길이면 자갈길, 고가구로 장식된 집들, 화초나 화분 등등 모두가 콘셉트인 듯싶다. 매 가게마다 음악이 있지만 정말로 그 가게에 들어갔을 때만 들릴 정도로만 틀어 놓는다. 음악 선곡도 짱이다. 어떻게 그 가게 분위기에 딱 맞는 음악을 틀어 놓는지. 이런이런. 총 가게 수가 41개라고 안내판에 적혀 있는데 정말 이곳은 하나의 작품이라고 인정해도 좋을 듯싶다. 중간에 먹거리도 구경거리인 듯 많은 관광객들이 동영상을 찍고 있었다. 커피숍도 많아서 커피 한잔 때리려다 12시 골프 손님(?)들을 태우고 하리푼 차이로 가야 해서 차를 몰고 뽀끼뽀끼로 고고! 이건 뭐지 갑자기 분위기 반전? 원래 지난번 두 번 도킹했던 오이랑 1시 반에 골프장에서 만나기로 했는데 갑자기 어제 비행기 타고 들어온 팀이랑 같이 하리푼 차이를 가게 되었다. 나는 오케이! 그래서 내 차로 다섯 명이 골프장으로 고고! 부산팀 2명 치앙마이팀 2명 그리고 나 이렇게 골프장에 도착하여 계산하고 클럽하우스에서 점심을 먹으면서 내가 제안했다. 1인당 800밧을 내고 그러면 5 곱하기 8이면 4000밧. 한 홀당 무조건 그린에 처음으로 공을 온 그린 시키는 사람에게 100밧! 그리고 그 홀에서 장원하는 사람에게 100밧! 아유 오케이? 예쓰 오케이! 그렇게 5팔 사십 4000밧을 걷어서 라운딩 시작. 진짜 재밌다. 누가 먼저 그린에 온을 시킬지는 아무도 모른다. 오비를 내든 물에 갔다 오든 가장 먼 데 있는 공을 먼저 쳐야 하니 누가 온 그린이 될지 모른다. 온 그린만 되면 무조건 100밧 확보! 이런이런. 이런 룰도 있나? 아무튼 그렇게 진짜 재미있게 18홀을 쳤다 그만큼 설렁설렁 골프가 아닌 진짜 긴장도 되는 골프였다. 갑자기 생각해 낸 골프 룰이었지만 진짜 재미있었다. 4000밧 중에서 점심값 677밧 내고 게임 끝나고 나니까 200밧이 남아서 돈 딴 고수들에게 500밧씩 갹출하여 저녁 회식을 즐겁게 하고 하루를 마무리하고 호텔로 돌아와 글을 쓴다. 아! 부산 유사장이 워낙 고수라 돈을 많이 따서 캐디팁 다섯 명분 2천 밧을 혼자 다 냈다. 이런이런. 아무튼 오늘 만난 유사장, 이사장에게 내가 치앙마이에서 세 달을 살면서 이것을 글로 써서 책을 출판하려고 한다고 하니까 너무 놀라면서도 정말 훌륭하다고 칭찬을 아끼지 않는다. 우연히 만났지만 내가 하는 일에 감동해 주어서 고맙다. 두 분 다 회사를 경영하고 계시는데 베트남 쪽에도 공장이 있고 그쪽 일은 그쪽에 맡겨 두고 아마 치앙마이로 골프 여행을 오신 것 같다. 개미와 베짱이가 있다. 우리는 옛날에 베짱이를 미워하면서 개미의 성실성을 최고로 치면서 살아왔다. 그게 인생의 정답인 줄 알았다. 그런데 웬걸! 지금 세상은 뭔가 달라도 진짜 다르다. 팍팍 튀는 창의성이 세상을 한꺼번에 잡아먹는다. 베짱이의 창의성이 개미의 성실성을 이기는 세상이다. 일단 썰은 그만하고. 내일은 이분들이 차가 없어서 내 차로 같이 움직이기로 했다. 일단 내 차로 도이사켓 온천을 갔다가 점심을 먹고 노스힐이나 항동 골프장을 갈 예정이다. 일단 가 봐야 알지만. 뭐지? 갑자기 또 가이드인가?

- **〈치앙마이 마지막 공극 메우기 5일 차〉 1.18.**

오늘 일정은 어제 계획대로 일단 도이사켓 온천을 가기로 했다. 7시 기상하여 어제 냉장고에 쟁여둔 김치랑 컵라면을 맛있게 먹고 두 분 사장님이랑 도이사켓으로 향했다. 아무튼 한 시간 만에 도이사켓 온천에 도착하여 차를 주차하고 표를 끊고 도대체 목욕을 어디로 가야 하는 거야? 처음엔 그냥 아무 생각 없이 서양 할머니들을 따라갔는데 거기가 아닌 게 벼? 이리저리 헤매는데 가만 보니 개인 탕은 카운터에서 표를 끊고 카운터를 바라봤을 때 왼쪽으로 가면 된다. 각자 개인실로 들어가서 목욕을 하는데 물이 앗! 뜨거다. 발을 담갔다가 완전 데일 뻔했다. 찬물 수도꼭지로 반드시 물 온도를 적절하게 맞추고 온천욕을 즐기시길 바란다. 나는 미경험자인지 뭔지 모르지만 찬물 수도꼭지를 아무리 틀어도 작동을 안해서 아무튼 그 뜨거운 물을 바가지에 담아서 손으로 몸에 조금씩 물을 조금씩 바르면서 목욕을 하고 나왔다. 온천수는 역시 부드럽다. 목욕을 마치고 매점 코너에 가서 10시임에도 불구하고 리오 맥주 한 캔 원샷! 그런데 유사장이 매점 쪽으로 오더니 달걀을 한 꾸러미 사길래 나는 나한테 안주로 주는가 기대했더니 뒤도 안 돌아보고 다시 오던 길로 간다. 뭐지? 나중에 알고 보니 그 달걀은 생달걀인 기라. 그 생달걀을 한 팩 사서 온천물에 한 15분쯤 담가 놓으면 맛있는 찐달걀로 완성되는 그런 시스템이었던 거다! 이거 완전 초보 가이드 향기가 난다. 그렇게 온천을 마무리하고 나오는 길에 한국인이 운영하는 카페가 있다고 하여 들렀다. 동행이라는 카페다. 오렌지 커피라고 시켰는데 나름대로 맛있었다. 한국인 청년이 중국 유학 때 태국 아가씨를 만나 결혼하여 이곳 태국에서 커피숍을 운영하는 부부다. 굿! 커피를 마시고 베트남 쌀국수를 먹으러 가자는 의기투합으로 치앙마이에서 나름 유명하다는 베트남 쌀국숫집으로 갔다. 식당이 으리으리했다. 이름은 VT Namnueng Meechok이다. 아무튼 쌀국수랑 하이네켄 맥주를 시켜서 잘 먹었다. 종업원이 왜 이렇게나 많아? 한 20명쯤 되었나? 또 신기한 건 음식 나르는 종업원 따로, 음식 내려놓는 종업원 따로. 이상한 시스템이다. 아무튼 그렇게 쌀국수를 잘 먹고 그다음 코스는 아무래도 마사지는 너무 이르고 하니 이리저리 구글 맵을 검색하니 동굴사원이 검색되었다. 골프를 치기로 했는데 토요일이고 하여 오늘은 밀리기도 할 것 같으니 쉽시다 해서 치앙마이 시내 구경이나 더 하다가 마사지를 받는 것으로 일정 변경. 일단 동굴 사원으로 향했다. 과연 가서 보니까 치앙마이 시내에서 가볼만한 곳이라는 느낌이 들었다. 정식 명칭은 왓 우몽이다. 입장료 1인당 20밧을 내고 들어가서 동굴 안에 있는 부처님들을 알현하고 나왔다. 시간도 시간이고 하니 하나 더 봅시다! 하여 해자 안에 있는 왓 머시기를 검색하여 거기로 향했다. 왜냐하면 해자 안에는 워낙 많은 사원이 있어서 일단 가면 실패할 확률이 낮기 때문에 그리로 향했다. 그런데 웬걸 가다 보니 사원을 지나쳤는지 내비는 자꾸 좁디좁은 길로 안내한다. 이런이런. 완전 한 십 분 동안 해자 안 골목길을 미로처럼 돌고 돌다가 겨우 빠져나왔다. 간신히 빠져나와 이번엔 치앙마이 문화 센터(Chiang Mai Cultural Center)를 찍었다. 와우! 여길 오길 진짜 잘했다는 느낌이 든다. 치앙마이의 역사부터 시작해 치앙마이의 모든 것을 한눈에 조망할 수 있는 문화 공간이다. 특히나 세 번째 방인가에 해자 내 사원이나 박물관을 한눈에 볼 수 있는 조형물이 있어 이를 참고로 하여 관광을 하면 최고인 것 같다. 이제 관광지는 그만 갑시다! 그럴까요? 하여 맵에 일단 마윈 호텔을 찍었다. 왜냐하면 거기에 내 돋보기안경이 있을 것이 확실하기 때문이다. 마윈 호텔에 10분 후에 도착했다. 주차장으로 들어가려는 순간 차 한 대가 빠져나갔다. 주인아줌마였다. 이런이런. 차를 주차하고 카운터로 가니 주인아줌마 딸인 학생이 있었다. 글래쓰 어쩌고 하면서 이리저리 뒤져 봐도 안경은 없다. 그냥 실패. 오늘은 마사지나 받읍시다. 오케이. 그래서 마시따 옆에 있는 마사지샵으로 갔다. 어렵게 잡은 마사지샵이다. 한인 타운 쪽 마사지샵은 죄다 북적북적 만원이다. 마사지샵을 개업한다면 진짜로 한인 타운 쪽 그러니까 11번 도로 바깥쪽 빅C 근방에 차리면 대박일 듯싶다. 마시따 식당 옆 마사지샵에서 1시간 반 발마사지를 마치고 내가 한 20분 먼저 시작하는 바람에 먼저 끝나서 바로 옆, 마시따 식당으로 르완을 만나러 갔다.

맥주도 마실 겸. 리오 맥주 한 병을 시켜 먹으면서 르완에게 말했다. 이제 내가 책을 다 써 간다고. 르완이 놀라움을 감추지 못했다. 한 5분 지났나? 맥주 한 잔을 다 마시니 르완이 와서 다시 한 잔을 따라 준다. 내가 르완에게 손짓으로 오라고 해서 귓속말로 말했다. 아이 러브 유! 르완이 엄청 좋아하면서 웃는다. 좋아서 웃는 건지 웃겨서 웃는 건지 아무튼. 그렇게 맥주를 한 잔 더 마시면서 르완에게 말했다. 1월 24일 한국으로 간다고. 이런이런. 나오면서 르완이랑 이별의 기념사진을 찍었다. 저녁은 뽀끼뽀끼 개업식 겸 첫 장사하는 날이라 거기서 수육이랑 닭도리탕 등등 푸짐하게 먹었다. 술도 취해서 린을 만나러 가고 싶었지만 너무 멀어서 포기하고 그냥 잤다.

- **〈치앙마이 마지막 공극 메우기 6일 차〉1.19.**

이제 딱 5일 남았다. 오늘은 부산 사장님 둘이랑 항동 골프장을 가기로 했다. 워킹이니 운동 삼아 간다. 그리고 내일부터 월화수목 4일간은 치앙마이에서 안 가 본 골프장을 가 볼 예정이다. 그린밸리는 회원만 받으니 제외하고, 로얄 치앙마이, 노스힐, 아티타야. 아티타야가 일반인도 받는지는 잘 모르겠다. 한국에서 예약된 한국인들만 받는다고 들었는데 확인해 봐야겠다. 아무튼 네 개 정도 골프장을 가면 치앙마이에 있는 골프장은 죄다 섭

렵하는 것이다. 어제 과음 과식을 했기 때문에 아침은 굶고 뽀끼뽀끼로 가서 믹스커피 한 잔만 마시고 두 사장님들과 함께 항동으로 향했다. 중간에 가는 길에 유적지 하나 들릴까요? 사장님들 왈! 아니요 그냥 골프장으로 갑시다. 태국 사람들도 안 가는 유적지를 우리가 왜 갑니까? 재밌는 이야기다. 사실 지난번에 내가 우즈벡 갔을 때도 "아니? 우즈벡 사람들도 안 가는 유적지를 이국 땅 멀리서 비행기 타고 와서 왜 돌아봐야 합니까?" 재미있는 농담이었다. 아무튼 우리도 불국사를 초등학교 수학여행 때 다녀오고선 한 번도 안 가는 사람 많다. 이런이런. 그래서 여행은 아는 만큼 보인다는 말이 맞는 것 같다. 자기의 관심사에 따라서 그 한 곳만 본다. 나도 치앙마이를 10년 이상 다녔지만 이번처럼 자세히 들여다본 건 진짜 처음이다. 완전 새로운 치앙마이다. 그건 그렇고 항동에 도착하니 캐디가 없어 잠시 기다리란다. 치앙마이 자유여행 골프는 항상 불안하다. 첫 홀 쨍! 소리가 나야 그날 골프를 치는 것이다. 한 20분쯤 기다리니 캐디들이 18홀을 돌고 하나둘 들어왔다. 그렇게 캐디가 배정되고 그린피 18홀에 400밧을 계산하고 티샷! 아~ 오늘도 골프를 치는구나! 오늘은 셋이 치면서 후세인 게임을 했다. 18홀이니 셋이 600밧씩 내면 1800밧! 매홀당 2번 타자가 후세인이 된다. 후세인은 자기 타수에 2를 곱하여 1번 3번 타자 스코어 합산한 거랑 겨뤄서 이기면 100밧을 가져간다. 1번 3번 타자가 이기면 각각 50밧씩 가져간다. 대충 내가 진짜 옛날에 했던 기억을 떠올려 해 봤는데 진짜 재미있다. 그러니까 2번 주자가 됐을 때 잘 쳐서 파를 잡으면 100밧을 챙기는 거다. 자기 타수에 2를 곱하는 거니까 더블이면 플러스 4다. 파면 0이니까 2를 곱해도 0이다. 이런이런. 버디는 -1이니 2를 곱하면 -2가 된다. 무조건 우승이다. 게임 룰이 완성되었다. 부산 사장님 중 고수 한 분은 거의 전반 홀 돌 때쯤 본전 600밧을 챙겨갔다. 나는 후반 끝날 때까지 한 200밧 챙겼나? 마지막 홀을 앞두고 잔고가 300밧이 남았다. 마지막 홀에선 몰빵하기로 합의했다. 후세인이 이기면 300밧을 가져가고 1, 3번이 이기면 150밧씩 가져가기로 했다. 내가 그전 홀에서 2등을 했으니 내가 후세인이다. 티샷! 소소. 120야드 남은 거리에서 8번 아이언으로 풀스윙! 약간 짧아서 10m에 붙음. 이런이런. 상대 팀 1번은 드라이버가 나무 옆에 붙어서 레이 업 다음에 쓰리 온. 3번 주자는 드라이버 굿샷, 세컨 굿샷 10m에 붙음. 자 이제 퍼팅 싸움. 1번 주자 어프러치 약간 실수 7m에 붙임. 다음 3번 주자 10m 퍼팅 1.3m 짧아서 마크. 그다음 내 차례. 3번 주자가 짧은 탓에 오바 퍼팅 2m 지나감. 다음 1번 주자 7m 퍼팅 다시 짧아서 마크. 그다음 내가 2m 퍼팅을 했는데 쏙 들어감. 300밧 획득! 파이팅! 그렇게 즐겁게 라운딩 마무리. 하루 종일 걸어서 피곤했는데 그래도 뽀끼뽀끼 식당에 와서 폭탄주 안주 등등 먹으니 힘이 나서 이렇게 글을 쓴다. 이런이런. 중간에 밥을 먹는데 갑자기 코피가 났다. 아마도 뭔지 모르지만 피곤했나 보다. 좋은 음식을 먹으면 코피가 났던 경험도 있어서 기분은 좋았다. 호텔로 돌아와 샤워를 하고 문자를 하니 아까 그 골프팀이 뽀끼뽀끼에서 맥주를 마시고 있다길래 다시 가방을 메고 고고! 맥주를 마시면서 가라오케나 한번 갈까 하다가 그냥 잠시 숨을 쉬고 오늘은 마 분위기도 그러하니 내일 가기로 하고 남은 맥주 다 마시고 호텔로 압송! 호텔에 들어와 노래를 듣는다. 괜스레 구글 검색창에 "다 거짓말이야~"를 외쳐 보니 박진석의 〈무슨 사랑〉이 뜬다. 노래를 들어보니 진짜 좋다. "(1절) 다 거짓말이야 모두 다 거짓말이야 어린 내 가슴에 속삭이던 말도 모두 다 거짓말이야 내 가슴에 아픈 상처 주고 갈 거면서 저만 혼자 달아날 거면서 사랑은 무슨 사랑 철없던 불장난 사랑한다 했니 영원하자 했니 이 나쁜 거짓쟁이야." "(2절) 다 거짓말이야 모두 다 거짓말이야 손가락 걸었던 그때 그 맹세도 모두 다 거짓말이야 내 가슴에 깊은 멍을 남겨 놓을 거면서 저만 혼자 도망갈 거면서 사랑은 무슨 사랑 엉터리 풋사랑 다신 못 만나니 영영 이별이니 이 몹쓸 거짓쟁이야." 도대체 이 노래가 왜 생각나서 검색을 해서 듣게 되었는지 진짜로 신기하다. 마치 내가 태국에서 세 달간 머물면서 수많은 여자들에게 속삭였던 그 말들이 마치 저 노래처럼 거짓말쟁이인 건 아니었는지 진짜 반성된다. 갑자기 반성모드 이건 뭐지? 왜 오늘따라 이 노래가 검색되고 박진석의 무슨 사랑이란 노래를 멜로디로는 조금 알았었지만 처음부터 끝까지 들으면서 괜스레 이곳저곳 찔리는 걸 보니 반성을 많이 해야겠다는 생각이 든다. 이런이런. 4월까지 비자런을 해 놨는데 1월 24일 대한항공 귀국 비행기를 그냥 타야 할까도 싶다. 진짜 고민된다. 치앙마이에 더 있고 싶기도 하고 또 한국 사정도 있으니 24일 귀국하여 설도 쇠고 이런저런 나를 기다리는 지인들도 만나고 하는 것이 좋은지 잘 모르겠다. 어제 어머니랑은 통화했다. 저 설에 못 들어갈 사정이 생겼어요. 죄송합니다. 치앙마이 대학교랑 협업할 일이 생겨서 좀 늦어지고요 3월 전에는 들어갈게요. 뻥이다. 이런이런. 77일간의 여행 막바지에 오니 모든 게 아쉽기도 하고 이때 이랬으면 어땠을까 하는 생각도 들고, 아! 그래도 잘 살았다. 이런 생각도 들고 아무튼 복잡하다. 이까지(부산 사투리) 흘러온 것이 대단하다. 박진석의 무슨 사랑 노래를 열 번 듣고 잘 것 같다. 이런이런. 꽂히면 전진하는 완전 P.

- **〈치앙마이 마지막 공극 메우기 7일 차〉 1.20.**

계획은 계획이다. 그래서 무계획이 좋다고 하는 것이다. 어제 메모를 가기로 합의했었는데 아침에 일어나니 피곤하기도 하고 왕복 4시간 운전에 기름값에 위험한 운전 길 등등 복잡한 속내가 스멀스멀 나오면서 메모 가기가 싫어졌다. 이사장에게 카톡을 보냈다. 오늘 메모 가는 건 무리 같습니다. 오전에 각자 마사지 받고 오후에 란나 골프장이나 가시죠. 좋다고 했다. 어제 이야기 중에도 고수인 유사장이 란나를 가자고 제안하기도 했었다. 안 가 본 골프장을 가고 싶어 하는 눈치였다. 아무튼 10시경에 뽀끼뽀끼에서 만나 주문한 아메리카노 커피를 마시면서 오늘 과연 어디로 갈까를 궁리했다. 란나나 갑시다. 마사지도 거기 란나에 가면 많으니 거기 가서 마사지 받고 골프를 칩시다. 오케이? 오케이. 차를 몰고 란나로 갔다. 가는 길에 또 헤맸다. 내비가 안내해 준 길이 완전 무슨 또라이 길이다. 무시하고 나와서 다시 좌회전해서 북쪽으로 1km를 더 가니 내가 기억하던 그 란나 골프 연습장과 골프 클럽이 나왔다. 이런이런. 내비를 너무 믿으면 안 돼. 일단 차를 주차하고 마사지 가게로 고고. 도대체 마사지 가게가 어디 있는 거야? 주차하는 캐디에게 물어보니 마사지 가게를 손으로 가리키면서 원투쓰리 한다. 세 개씩이나 있다고? 오케이 오케이. 첫 번째 집을 들어가니 감감 무소식 아무도 없다. 그렇게 두 번째 집을 가니 가능하단다. 그래서 풋 마사지 1시간 시작. 나는 15분 후 마사지사가 온다길래 이리저리 산책하다가 타이 마사지 1시간 완료. 마사지 후 자 이제 백드롭! 셋이 차를 타고 백드롭하는 곳으로 가서 마치 처음 도착한 사람처럼 백드롭. 1시 15분 부킹이라고 번역기로 진행요원에게 알려 주고 두 사장님은 클럽하우스로 보내고 나는 차를 몰고 바로 옆 세차장으로 고고. 세차는 풀서비스로 200밧! 진짜 싸다. 지난번 마야몰에서는 600밧을 냈는데 여기는 200밧이다. 만 원도 안 된다. 더군다나 마야몰 세차장 가는 날엔 여기 란나를 들렀다가 갔었는데 이 세차장이 있는지도 몰랐다. 아무튼 차를 맡기고 클럽하우스 카운터에서 계산. 워킹으로 한 사람당 1350밧! 각자 2000밧을 걷어서 란딩비 캐디팁 점심과 맥주 등등 다 해결하기로 함. 오늘의 골프는 완전 스크라치. 타당 20밧. 룰에 따라 전 홀에서 트리플(파 3는 더블)이나 버디가 나오면 다음 홀은 배판으로 가는 구조. 중간에 완전 대한항공 타고 집에 가고 싶었다. 양파의 연속. 이런이런. 대충 멘탈을 붙잡고 셋중에 한 중간 정도는 했나? 그래도 즐거운 라운딩은 확실했다. 한 600밧 정도 딴 유사장이 저녁값 2000밧을 다 냈다. 이런이런. 역시 고수는 달라! 혼밥이라는 한식당에서 저녁을 먹고 잠시 나이트바자 푸드 코트로 갔다. 진짜 오랜만이다. 약 한 달 전쯤엔 이곳이 완전 내 나와바리였는데! 즐거웠다. 내가 칵테일 한 잔씩을 사 주었다. 잠시 환담을 나누다가 두 사장님이 호텔로 가고 싶단다. 하기야 우리가 운동하고 씻지도 않았네. 그렇게 헤어지는데 나는 애인(?)을 만나러 간다고 빠이빠이했다. 그렇게 나이트바자 광장에 홀로 남아서 이리저리 구경도 하면서 지난날을 회상했다. 수리왕세 호텔 앞 그 허리케인 박 노래 카페에서 리오 맥주 한 병을 시켜 먹으면서 가수 아저씨와 교감을 나눴다. 고마워하는 가수 아저씨. 한 시간쯤 마셨나? 나오면서 팁 박스에 100밧짜리를 하나 넣어 드리고 나왔다. 좀 쎈데? 이제 호텔로 돌아가야지. 길거리에 있는 툭툭이 기사한테 자크 레지던스를 보여 주면서 타올라이 하니까? 300밧이란다. 이 자식이? 내가 100밧으로 후려치니 이 자식도 200밧으로 내린다. 아무튼 돌고 돌다가 지난번처럼 150밧에 마무리. 툭툭이 기사가 출발하면서 마사지 어쩌고 한다. 마사지 걸을 원하냐는 말 같다. 노! 그렇게 집으로 돌아오는 길. 마침 툭툭이가 뽀끼뽀끼 앞을 지나가는 데 뽀끼뽀끼에 불이 켜져 있고 누군가 앉아 있길래 맥주나 한 잔 더 먹으려고 툭툭이를 세우고 뽀끼뽀끼로 고고! 그런데 가 보니 우리 팀은 없고 종업원 진주 혼자 혼밥을 때리고 있었다. 이런이런. 나는 들어간 김에 맥주 한 병을 달라고 해서 진주랑 이런저런 이야기를 나누면서 맥주를 마셨다. 진주의 사연도 뭉클하구나. 옛날에 우리나라 드라마에 귀남이 스토리랑 비슷했다. 돈을 벌어서 집에 부쳐 주는 스토리. 진주도 귀남이처럼 큰딸이다. 이런이런. 아무튼 술도 취한 김에 보이스 비 앰비셔스 어쩌고 하면서 꿈을 크게 가져야 한다고 썰을 풀다가 호텔로 터벅터벅 걸어왔다.

호텔에 와서 샤워를 하려니 수건이 없었다. 이건 또 뭐지? 1층 카운터는 아예 폐쇄되어 있었다. 이쪽 저쪽 두리번두리번 거리는데 1층 복도에 웬 자루 포대 몇 개가 보였다. 열어보니 이불도 있었고 그중엔 수건도 있었다. 깨끗하게 빨아서 납품한 거였다. 두 개를 가지고 올라와 찬물 샤워를 하고 노트북 작업을 하고 밤 1시경에 잠들었다.

• 〈치앙마이 마지막 공극 메우기 8일 차〉 1.21.

어제 저녁에 대한항공에 전화(1588-2001)를 해서 1월 24일 비행기표를 2월 16일로 연기할 수 있냐고 물어보았다. 예약번호도 모르고 24일 몇 시에 가는 비행긴지도 모르고 무턱대고 전화를 해서 여직원이 내 영문 이름을 통해서 간신히 찾았다. 그런데 통화하면서 놀라운 사실 하나를 발견했다. 여직원이 치앙마이를 24일 몇 시에 떠나는 비행기냐고 하면서 3시, 9시, 24시 이렇게 세 대를 이야기한다. 아니 도대체 대한항공이 3대씩이나 치앙마이를 왔다 갔다 한다는 거야? 제주항공 사태 이후 사람들이 저가 항공을 멀리하고 대한항공이나 아시아나를 선호하는 것 같았다. 대한항공 주식을 사야 하나? 아무튼 한 10분간 통화 끝에 여직원이 2월 16일 다행히 좌석은 있는데 변경하시려면 55만 원을 더 내야 한다고 했다. 이런이런. 완전 새로 끊는 거나 마찬가지

네? 다시 전화하겠습니다 하고 일단 보류했다. 그냥 1월 24일 들어가야 하나? 아무튼 복잡해졌다. 아침 9시에 알람을 맞추어 놓았는데 일어나서 샤워를 하는 도중에 알람이 울린다. 샤워를 끝내고 오징어 짬뽕 컵라면에 끓인 물을 부어 놓고 노트북 작업 중이다. 김사장에게 카톡이 왔다. 내일 우톤타니 거쳐서 라오스 비엔티엔 가려고 합니다. 동행하실 분 계시나 물어보셔요. 한 4박 정도 골프장 돌아보려고요. 이런이런. 완전 좋은 기회네 라오스가 볼. 완전 기회이긴 한데 두 사장님이 그냥 무덤덤. 그래서 이번 코스는 그냥 패스. 그냥 치앙마이에서 골프나 잘 칩시다. 사실 오늘 출발은 짐카나였다. 120년 된 골프장이래나 뭐래나 아무튼 고고! 도착하니 이런이런. 2개월간 공사 중이란다. 뭐지? 짐카나는 10년 전쯤에 딱 한 번 와 봤었다. 120년 된 골프장이라 조경은 압권이다. 그런데 잔디는 진짜로 맨땅이라고 봐도 무방할 정도로 엉망이다. 누군가 인수하여 잔디 공사를 하는 것 같았다. 치앙마이 골프장이 성수기 때는 돈덩어리이기 때문에 누군가 투자를 하고 있는 것으로 보인다. 아무튼 짐카나를 뒤로하고 차를 몰고 다시 뉴 산사이 골프장으로 갑시다. 고고! 한 30분 가니 돌고 돌아 산사이 도착. 뭘 어쩌라는 거여? 간신히 주차장을 찾으니 주인 비슷한 여자가 나온다. 이것저것 물어보니 그린피 200밧 계산하면 오후에 18홀을 돌 수 있는 시스템. 1번 홀 시작. 나름대로 소소. 그런데 이 골프장 특징은 1번 9번 홀을 빼면 무조건 파 3다. 150이든 160이든 파 3다. 파 3를 잘 치는 고수가 돈 따 먹기 쉬운 시스템이다. 오늘도 부산 고수 유사장이 전반 홀에서 압권이다. 진짜 짱이다. 그 어려운 홀에서 아우디 파다. 후반 홀 돌기 전에 밥을 시켜 먹는데 이사장이 모라토리움을 선언했다. 나 이제 그만 치겠다고. 이른바 산사이 모라토리움이다. 이런이런. 아무튼 그냥 웃지요. 그래도 마 재밌다. 그러면 일단 마사지나 받으러 갑시다. 고고! 내가 아는 나이트바자 근처 전속 마사지샵으로 향했다. 내가 아는 전속 마사지 자슥들이 아까부터 라인 응답이 없더니만 차를 몰고 가니 둘 다 일하는 중. 그래서 카이와 마이를 두 분께 매칭시켜 주었다. 능추몽 큰? 한 시간 반. 오케이? 그리고는 나는 근처 마사지샵에 있는 홈에게 갔다. 한 시간 동안 발톱 정리 및 발마사지. 진짜 신기한 경험도 한다. 발톱 정리? 아무튼 발톱 정리 및 발마사지 겝땅 450밧? 오케이! 그렇게 한 시간이 더 지났는데도 계속 마사지 하길래. 아 유 피니시? 하고 아까 두 사장님 마사지 받는 곳으로 가니 시간이 딱 맞았다. 저녁에는 뽀끼뽀끼 쉐프가 우리를 위해서 특별히 옻닭을 준비해서 김사장도 오라고 해서 같이 즐겁게 먹었다. 안주도 좋고 분위기도 좋고 해서 내가 건배를 제의하면서 369 건배사를 했다. "인생은 369입니다. 30대까지 실력을 쌓고(쌓고!) 60대까지 쌓은 실력으로 돈을 벌고(벌고!) 90대까지 그 번 돈으로 즐기다 가는 것이 인생입니다. 자! 우리의 아름다운 골프 인생을 위하여!!!" 오랜만에 필름이 끊겼는지 어땠는지 마지막에 폭탄주를 많이 먹는 바람에 간신히 호텔을 찾아 잠들기 전 그 와중에도 노트북 작업을 하고 잠들었다. 이런이런.

- **〈치앙마이 마지막 공극 메우기 9일 차〉 1.22.**

어제 골프를 치면서 중간에 그만두어서 아쉬움을 달래기 위해 오늘은 좋은 골프장을 가기로 했다. 어제 하리푼 차이에 예약을 넣어 두었다. 한 시 반 티오프. 오이에게 라인을 띄우니 일을 하는지 응답이 늦더니만 내일은 선약이 있다고 했다. 이런이런. 그냥 아무 캐디나 선정되면 치기로 했다. 오랜만에 골프장다운 골프장을 가본다. 어제 술을 마시면서 김사장이랑 12시 반에 뽀끼뽀끼에서 만나서 가기로 합의했었다. 그런데 맘이 급한 나는 11시 59분쯤 김사장에게 카톡을 보냈다. 응답이 없다. 보이스톡을 두 번이나 했는데 받지 않는다. 이런이런. 뭐지? 어제 약속을 까먹었나? 우리 셋이는 그냥 하리푼 차이로 출발했다. 외국 골프장이니 사정이 어떨지 몰라 미리 출발한 것이다. 가는 도중에 김사장 전화가 왔다. 약속장소에 왔는데 우리가 출발했다고. 이런이런. 아무튼 술 먹고 한 약속이 문제여. 가는 도중에 또 전화가 왔다. 뽀끼뽀끼 사장이 전화를 했다. 김사장이 교통사고를 당했다고. 뭐지? 이건? 와! 도대체 어떻게 된 거여. 내가 약속을 안 지켜서 사고가 난 것 같기도 하고 아무튼 복잡했다. 다행히 그냥 뒤에서 추돌사고를 내서 차는 다닐 수 있는 수준인지 어떤지 우리가 한 5번 홀 치고 나니까 김사장이 도착했다. 나인홀 돌고 점심을 먹으면서 김사장에게 사과했다. 아무튼 술이 문제여. 이런이런. 그렇게 18홀을 다 마쳐 가는데 김사장이 허리가 아프다면서 한 세 개 홀을 남겨 두고 먼저 갔다. 이런이런. 지금 막 전화를 해보니 집에서 파스를 붙이고 쉬는 중이라고 한다. 해외에 나와서 조심해야 할 것 중에 하나가 교통사고다. 특히 렌트카를 몰고 다니면서는 더욱더 조심해야 한다. 나도 지금까지 사고 날 뻔한 게 여러 번 있었는데 아무튼 조심이 최선이다. 오늘은 하리푼 차이에서 치면서 또 하나 신기한 경험을 했다. 후반 홀 한 6번 홀 쳤나? 해가 뉘엿뉘엿 넘어가는 중이었다. 그런데 캐디가 말한다. 아마도 8번 홀과 9번 홀은 못 칠 것 같습니다. 아니나 다를까. 7번 홀을 치니 갑자기 어두워졌다. 태국의 태양은 한국의 태양과 다르다. 한마디로 태국의 태양은 꼴까닥 넘어간다. 적도라서 그런 거란다. 해가 넘어가면 금세 어두워진다. 한국은 비스듬히 넘어가기 때문에 해가 지고서도 약 한 시간은 버틸 수 있다. 그런데 여기는 다르다. 완전 금세 어두워진다. 8번 홀 9번 홀 그냥 패스할까 하다가 그냥 플래시로 비추어 가면서 쳤다. 캐디 중 한 명이 플래시를 가지고 있었다. 어두우니까 샷이 더 잘된다. 왜냐하면 헤드업이 안 되니까. 8번 홀에서 185야드를 3번 우드로 어둠 속에서 날렸는데 3m에 붙였다. 완전 어둠 속에서 돈을 땄다. 이런이런. 저녁때는 뽀끼뽀끼 식당에서 한 시간쯤 먹었나? 한국에서 나보다 먼저 명퇴하신 안○○ 선생님 팀이 치앙라이 여행을 마치고 들어오셨다. 너무 반가웠다. 우리는 거의 다 먹었기 때문에 인사를 드리고 잠깐 이야기를 주고받고 바로 자리를 떴다. 소주 한 잔 기울이고 싶었지만 바로 헤어졌다. 같이 온 손님들도 있으니까. 호텔로 돌아와 오늘은 내가 치앙마이에 와서 들었던 노래를 다 듣고 자야겠다. 일단 박진석의 〈무슨 사랑〉부터 시작! 다음 노래는 〈만년사랑〉이다. 치앙마이 처음 와서 해자를 뚜벅이 여행으로 돌며 들었던 노래다. 진짜 옛날 생각난다. 혼자 해자를 돌면서 들었던 기막힌 그 노래! 짱짱짱! 가수 진진경은 유튜브에서 생방으로 하는 걸 본 것 같다. 다음 노래는 〈쥴리아〉다. 가수는 미스터 팡이다. 나이트바자 매일 놀러 다닐 때 진짜 많이 들었던 노래다. 옛날 이용복 가수 노래를 리메이크 했지만 미스터 팡 가수가 짱이다. 왜냐하면 자기만의 콘셉트가 확실하기 때문이다. 다음 노래는 해운대 연가다. 진짜 이 노래는 미스터 짱의 압권 노래다. 원조 가수 노래를 디스코로 편곡하여 최고로 만든 노래다. 마지막으로 한 곡 더 듣고 잔다. 박진영과 선미가 부른 〈When We Disco〉다. 진짜 명곡이다. 춤도 명품이다. 박진영은 교과서에 실어야 할 인물이다. 이런이런. 완전 꼰대 스타일 또 나온다. 이렇게 치앙마이 77일의 전전야제 밤은 저물어 간다.

• **〈치앙마이 마지막 공극 메우기 10일 차〉 1.23.**

어제 술을 조금 먹고 일찍 잠들어서인지 다섯시 반에 기상했다. 한 시간 동안 노트북 글 작업을 한 다음 진짜로 오랜만에 슬로우 조깅을 50분간 했다. 치앙마이 처음 와서 슬로우 조깅에 완전히 빠져 있었다. 그러다가 어느 날부터 한두 번 빼먹더니 요즘은 아예 안 한다. 이런이런. 그래서 운동은 진짜 습관이다. 자연스럽게 매일매일 해 주어야 그나마 제자리다. 오늘은 진짜 오랜만에 골프를 쉬고 여유롭게 하루를 보낼 예정이다. 지난 12월 20일부터 하루도 안 빼먹고 골프를 쳤다. 이 세상에는 두 종류의 마약이 있다. 백색마약과 녹색마약. 백색마약은 교도소에 가면 끊는다. 더 이상 공급이 안 되니까. 그런데 녹색마약은 교도소에 가서도 못 끊는다. 어떤 회장님이 교도소엘 가게 되었는데 교도소에 갔다 오더니 골프 실력이 늘어왔다. 매일 교도소 안에서 빗자루를 들고 골프 스윙 연습을 하더니 골프 스윙이 는 것이다. 이런이런. 아무튼 골프는 재밌다. 앉아서 하는 것 중에는 마작이 최고요 서서 하는 것 중에는 골프가 최고라는 말이 있다. 어느 골프 선수는 96세에 눈을 감으면서 '아! 이제 골프를 못 치는구나~' 했다고 한다. 평생 그렇게 많이 친 골프를 눈감으면서도 생각난 것이다. 골프의 매력은 치면 칠수록 재미있어지는 구조이다. 그냥 소 닭 보듯 치면 별로 재미를 못 느낀다. 그런데 일주일에 서너 번 이상 골프를 치면 완전 빠져든다. 내일 하리푼 차이 오후 1시에 예약을 넣었다. 한 40여 일 만에 골프를 쉬니 몸이 근질근질하다. 내일 골프 칠 마음에 즐겁다. 오늘은 아침에 만나 마사지샵으로 향했다. 내가 가는 전용 마사지샵에서 까이와 모이 두 마사지사를 예약해 놓고 두 분과 매칭시켜 드렸다. 타이 마사지 2시간. 나는 스타벅스 가서 노트북 작업을 하려고 했는데 유사장이 그건 아니다 카면서 같이 마사지를 받자고 해서 캄에게 두 시간 동안 풋 마사지를 받았다. 마사지 비용은 유사장이 다 내고 팁까지 다 냈다. 이런이런. 마사지 후 점심을 어디로 먹으러 갈까 하다가 두 분 사장님이 아침 먹을 때 자주 만났던 여대생들이 소개해 준 식당 중에서 골라서 거기로 향했다. 이 여대생들에게 밥도 몇 번 사주었다고 들었다. 여대생들이 보내온 구글 맵 일곱 개 식당 중에서 골라서 갔는데 역시나 굿이었다. 약간 고급스러운 레스토랑이었다. 여대생들 덕분에 좋은 태국 음식을 마음껏 즐겼다. 850 밧! 점심값은 이사장이 냈다. 이런이런. 유사장 왈! 원래 차를 모는 가이드는 그냥 다니시면 된다고. 이런이런. 그렇게 점심을 마치고 해자 내 유명한 사원으로 향했다. 사실 구글 맵에서 더 보기를 누르면 이것저것 많이 나오는데 거기서 관광명소를 찍으면 치앙마이 관광할 곳이 주르륵 열린다. 그 중에 하나를 찍고 가면 된다. 사원을 별로 싫어하는 유사장은 쉬고 이사장이랑 같이 갔다. 우리가 찍고 간 곳은 해자 내에 있는 왓 쩨디 루앙이다. 역시나 큰 사원이다. 해자 내에 있는 사원 중에서 제일 큰 사원이다. 지난번에 혼자 왔었던 기억이 나는 사원이다. 사원을 쭈욱 둘러보고 치앙마이 나이트 사파리 공원으로 향했다. 원래 밤이 되어 나이트 사파리를 와야 하는데 매일매일 회식이니 올 기회가 없었다. 그래서 지금은 환하지만 그냥 한번 가 보기로 하고 왔다. 주차장에 도착했는데 이미 만석이다. 이런이런 하고 있는데 차 한 대가 고맙게도 빠져나간다. 주차를 하고 티켓 끊는 데까지 가니 안내원이 뭐라고 뭐라고 말한다. 가격 표지판을 보니 작은 동물까지 보는 데는 400밧, 큰 동물까지 보는 데는 1200밧이란다. 우리는 마 동물들이야 많이 봐 왔다 아이가 하면서 그냥 돌아가기로 했다. 내비에서도 식당에 도착하면 18시로 정확히 찍힌다. 이런이런. 하리푼 차이 캐디 오이에게 문자를 넣었다. 내일 1시에 가니까 가능하냐고? OK 답장이 왔다. 예쁜 캐디 두 명 더 데려오라고 했다. OK 사인이 왔다. 이래도 되나 싶다. 아무튼 내일 오전

11시에 하리푼 차이로 출발한다. 대한항공에서 메시지가 날라왔다. "환불 신청이 완료되었습니다!" 이제 한국으로 돌아가는 내 비행기 표는 없어졌다. 어떻게 되었든 치앙마이에서 살다가 비행기표 잘 구해서 한국으로 돌아가야 한다. 4월까지 비자런을 해 놓았기 때문에 일정에는 여유가 많다. 2월 19일 해야 하는 강의도 취소했다. 지금 생각으로는 2월 말 어느 날 비행기표 가장 싼 날 잡아서 한국으로 돌아갈 것 같다. 한국에서 떠나올 때 와! 과연 세 달을 치앙마이에서 살 수 있을까? 라고 생각했는데 어~ 하다 보니 세 달이 지나고 이렇게 비행기표도 취소하고 한 달 더 살려고 한다. 완전 미친 거 아냐?

- **〈치앙마이 마지막 공극 메우기 11일 차〉 1.24.**

　드디어 마지막 날이다. 우연히 시작된 치앙마이 일기가 77일간 치앙마이의 좌충우돌 기록으로 완성되었다. 작년 11월 10일부터 시작되어 지금 1월 24일까지가 정확히 77일이다. 그동안의 스토리가 주마등처럼 스쳐 지나간다. 치앙마이 뚜벅이 해자여행, 치앙마이 올드시티 헤집고 다니기, 나이트바자 장똘뱅이 신세, 태국 양주 리젠시에 홀릭, 나이트바자 허리케인 박 가수 아저씨와의 사연, 마원호텔과 리버사이드 호텔의 매칭, 제주항공 지연 사태와 한 달 후 제주항공 추락사태, 12월 3일 계엄 이후 한국의 복잡한 미완성 기승전결 이야기, 치앙마이 운전 10년 차인데도 해자에서 헤맨 이야기, 교통사고 날 뻔했던 이야기, 태국 아가씨들에게 바람맞은 이야기, 나를 스쳐 간 전속 마사지 걸들, 메모 캐디 미나 유나 노이나와의 추억. 빔과 홈의 예쁜 기억들, 람빵 레지던스 호텔의 위엄, 빠이 당일치기 여행, 한밤중에 치앙마이 한복판에서 내비 없이 람빵으로 간 이야기, 메모 골프장의 미친 가성비, 미모의 골프장 캐디들과의 사연, 나인 홀 52타 최악의 골프 실력 이야기, 겨울 치앙마이 골프장 만원버스 이야기, 가이드 첫 경험 이야기, 후들후들 천공사원 경험, 골프 실력이 점점 늪으로 빠져드는 해외 골프 등등. 아무튼 세 달이 후딱 지나갔다. 77일간의 일기를 쓰면서 과연 마지막 날 골프장은 어디를 가고 있을까를 생각해 왔는데 최종 결론은 하리푼 차이로 간다. 방콕 옆에 가면 태국에서 가장 전장이 긴 골프장이 있다. 캐빈부리 골프장이다. 이 골프장은 티박스 꼽는 데가 일곱 군데나 있다. 그만큼 프로들이 연습하기에 최상인 골프장이다. 하리푼 차이 골프장이 이 골프장과 같은 회사다. 하리푼 애호가지만 진짜 그린 스피드가 장난이 아니다. 3.2 정도는 되는 것 같다. 골프장은 뭐니 뭐니 해도 그린이 좋아야 한다. 그래야 골프가 재미있다. 하리푼 차이 그린은 아마도 치앙마이 최고의 골프장인 하이랜드와 거의 삐까삐까다. 오전 11시에 하리푼 차이로 차를 몰았다. 가는 도

중 또 신기한 일이 발생했다. 원래 나는 11번 도로에 접어들면 1차선 또는 2차선으로 차를 모는데 오늘은 그냥 느긋하게 가자는 생각에 3차선으로 차를 몰고 갔다. 그런데 한 2km쯤 갔나? 2차선에서 갑자기 차 한 대가 갑자기 급급정거! 어느 정도 급정거냐면 바퀴에서 연기가 날 정도로 급정거를 했다. 뭔 일이랴? 순간적으로 옆으로 지나치면서 앗 뜨거! 했다. 만약 내가 저 차 뒤에서 왔더라면 분명히 추돌했을 것이다. 이런이런. 갑자기 더욱더 조심운전 방어운전. 마지막 날인데 진짜 사고는 마지막에 일어난다고 더욱더 조심해야겠다고 생각했다. 하리푼까지 진짜 천천히 조심운전해서 갔다. 11시 반경에 하리푼 도착. 루틴대로 카운터 계산 후 클럽하우스에서 점심 겸 리오맥주. 오늘따라 종업원이 매우 친절하다. 스와이막이라고 해 주었다. 컵쿤캅 하면서 해맑게 웃는 자슥! 리오 맥주 한 병을 먹는데 창 생맥주를 권한다. 아마도 자기들에게 뭔가 떨어지는 게 있나 보다. 그래서 199밧짜리 하나를 시켜 주었다. 나중엔 하도 친절해서 라인을 땄다. 이름은 푸다. 홈, 푸, 오이, 유나. 미나 등등 태국 아이들은 애칭 비슷한 걸 하나씩 가지고 있다. 그건 그렇고 하리푼 차이는 캐디들이 두 바퀴 도는 시스템인 것 같았다. 오전에 나간 캐디들이 들어오면서 우리 순서가 배정되고 첫 티샷! 역시 오늘도 골프를 치는구나! 결론적으로 오늘 골프는 장원을 했다. 도대체 이게 뭔 일이랴? 클럽챔피언을 잡는 부산 고수 유사장을 내가 이겼다. 완전 가이드 사기꾼이라고 엄청 놀림을 받았다. 이런이런. 돈도 많이 따서 점심값 그늘집 내가 다 냈다. 아무튼 진짜 즐거운 마지막 날 라운딩이었다. 아! 마지막 날이 아니지. 내 비행기표가 없어서 2월 6일까지 계속 같이 놀아야 한다. 라운딩 도중 그늘집에서 이런저런 이야기 중에 이제 내 책이 오늘부로 마침표를 찍고 출판을 하게 된다고 하면서 인쇄비 300만 원을 내가 투자할 것인지 말 것인지만 결정하면 된다고 지나가는 말로 했는데 유사장이 자기가 절반은 투자하겠다고 갑자기 제안을 하는 게 아닌가? 이런이런. 어? 진짜요? 네! 머릿속이 복잡해졌다. 단순 계산으로 1000부에 300만 원이 들어가는데 150만 원을 투자한다면 1000부가 다 팔린다면 200부는 초기 마케팅용으로 제외하고 800부 완판. 자가 출판이니 한 부당 45%의 인세라면? 책값을 17000원으로 책정하면 온라인에서 10% 할인하여 판매하니 15300원. 15300원의 45%면 6885원. 6885원 곱하기 800부면 550만 8000원이다. 이것을 반반씩 나누기로 일단 구두로 합의했다. 라운딩을 마치고 뽀끼뽀끼 식당으로 오는 길에 유사장은 아예 차에서 나에게 150만 원을 현찰로 주었다. 이런이런. 저녁 회식을 하면서 계약서 비슷한 것을 쓰는데 유사장이 지나가는 말로 책이 마 잘 팔리면 계속 인세가 나오는 게 아닌가? 이런이런. 계약서를 쓰다가 잠시 멈춤. 2쇄, 3쇄… 때도 이익을 원하시면 150 가지고서는 안 된다고 말했다. 더욱더 복잡한 구도가 되었다. 일단 폭탄주 몇 잔 더 마시면서 생각해 봅시다. 갑자기 옆자리 이사장이 자기도 투자하겠다고 한다. 이런이런. 잠시 투자 이야기는 멈추고 중간에 우리가 설날 이국땅 치앙마이에 나와 있으니 구정 날 차례상을 마련해 달라고 하면서 뽀끼뽀끼 사장에게 천 바트씩 걷어서 3000밧을 건네며 차례상을 차려 줄 것을 부탁했다. 아무튼 책 출판 비용 및 인세 정산은 이렇게 최종 정리되었다. 초기출판비용 300만 원을 유사장과 이사장이 각각 200만 원, 100만 원씩 내고. 인세 중에서 5:3:2로 나누기로 했다. 작가 50%, 유사장 30%, 이사장 20%다. 이 여행기를 쓰면서 생각했다. 과연 마지막 날 골프장은 어디를 갈 것이며 무슨 이야기로 마침표를 찍게 될 것인가? 그런데 진짜 한 번도 생각해 보지 못한 책 출판 투자금 유치 이야기로 끝을 맺는다는 게 진짜 신기하다. 해외 나와서 골프 치고 놀면서 그걸 글로 써서 자기 돈 한 푼 안 들이고 책을 만들고 인세를 받아서 또 놀러 다니면서 책을 쓰고 도대체 이게 뭔 일이랴? 이런이런.

매홍손 루프를 다녀오다

책 작업을 마치고 어느 날 아침에 불현듯 치앙마이를 떠나고 싶어졌다. 차를 몰고 매홍손으로 출발했다. 구글 지도에서 매홍손 시청 뭐 이런 거 검색해도 잘 안 나온다. 그러다가 매홍손 food market을 찾았다. 그렇지! 음식 파는 시장엘 가면 거기가 매홍손 중심부쯤 되겠지 하고 구글을 누르니 이런이런. 지난번 갔던 빠이 가는 길로 안내를 한다. 아니 도대체 그 760개 꼬부랑길을 또 가야 한다고? 그래서 나는 일단 내비 없이 람빵으로 차를 몰았다. 내 머릿속에는 람빵에서 딱으로 갔다가 매홍손으로 올라가면 될 것이라는 큰 그림이 있었다. 오전 9시쯤 출발했나? 한 시간쯤 람빵으로 차를 몰고 산을 넘어 왼쪽에 있는 시장 겸 휴게소로 들어갔다. 지난번 람빵에서 하리푼 골프장 갈 때 들렀던 곳이다. 들어가서 카페모카 한 잔을 시켜 마시면서 잠깐의 휴식을 취했다. 그렇게 한 10분 휴식 후 구글 내비에 매홍손을 다시 치니까 아니 뭐야? 이런이런. 다시 치앙마이로 올라가서 빠이로 가서 매홍손으로 가라고 나온다. 뭐야 이건! 아하 그러면 람푼에서 매홍손으로 가는 길로 가야겠다. 이런 생각이 들었다. 왜냐하면 안 가 본 길을 가야 그게 여행의 묘미 아니겠어? 그러면서 까뮈가 한 유명한 말을 되뇌었다. "여행이 가치 있는 것은 두려움을 주기 때문이다." 다시 치앙마이 쪽으로 차를 몰았다. 람푼쯤 오니 내비가 치앙마이로 올라가란다. 나는 그걸 무시하고 람푼 쪽으로 차를 좌회전했다. 내비는 계속 유턴하세요! 유턴하세요! 라고 나온다. 이 자식이? 왜냐하면 그게 더 빠른 길이기 때문에 그렇게 안내를 하는 것이다. 그래도 계속 내비에서 더 느린 길이라고 나오는 길로 계속 달렸다. 달리는 중에도 계속 유턴입니다! 유턴입니다! 나는 무시하고 계속 무시했다! 그렇게 한 10분쯤 달리니까 이제서야 내비가 포기하고 제대로 안내한다. 여기쯤 오니까 이제 이 길이 더 가깝다고 나오는 것이다. 남은 시간 5시간 48분! 허걱! 그래 한번 가보자. 내비 따라 계속 달렸다. 한 시간쯤 달렸나? 어? 여기 저번에 왔던 도이 인타논 국립공원 표 끊는 덴데? 아하! 그러고 보니 도이 인타논에 갔을 때 왼쪽으로 매홍손 가는 길이라고 팻말을 스치듯 봤던 게 기억이 났다. 일단 표를 끊고 가야 하는 건지 매표소 직원한테 물어봤다. 번역기로. 그랬더니 직원이 메이 하면서 안 끊어도 된다고 했다. 잠시 화장실엘 다녀오고 출발하기 전 아무래도 아침도 굶고 점심도 생각이 없긴 없는데 혹시 모르니 노점상에서 생망고 꾸러미를 하나 사서 다시 출발했다. 한 30분쯤 갔나? 군인이 차를 세운다. 표 검사하는 데다. 그래서 나는 차 문을 열고 고

투 매홍손! 하니까 오케이 턴 레프트라고 하면서 친절히 알려 준다. 표 검사 하는 데를 지나자마자 왼쪽 길로 들어섰다. 길이 약간 후지다. 그렇게 오르막을 약 10분(?) 정도 올라가니까 그다음부터는 내리막길이다. 완전 산속 길이다. 이거는 완전 태국 북부의 어느 산속에서 조난당하는 거 아냐? 하는 조마조마한 심정으로 내려가고 또 내려갔다. 가다가 아침, 점심 다 굶어서 속이 쓰려서 생망고를 하나 뜯어서 먹으면서 갔다. 한참을 내려가니 집들이 보이더니 조금 더 가니 조그만 읍내가 나왔다. 아무튼 집이 보이면 안도감이 든다. 차가 멈춰 버리면 어떻게든 비빌 언덕이 있기 때문이다. 읍내를 지날 때쯤 내비에서는 4시간도 더 남았다고 가리킨다. 이런이런. 가고 또 갔다. 다시 산이 나오고 오르막이 나오고 내리막이 나오고 계속 가고 또 갔다. 조그만 오르막에서도 어쩐 일인지 차가 히마리가 없다. 아! 이러다 차가 서버리면 어떡하지? 해서 산속에서 차를 잠시 세우고 노상방뇨를 한 다음 다시 출발했다. 다시 산을 내려와 조그만 동네를 지나는데 아무래도 차를 좀 쉬게 해야 될 것 같아서 그늘이 있는 어느 가게 앞에 차를 세우고 매점으로 들어가서 박카스 비슷한 거 하나를 사 먹었다. 아! 박카스 사기 전에 차에 있던 물을 보닛 위에 한 병 뿌려주었다. 엔진이 깨어나라고. 박카스 한 병에 얼마예요? 라고 물으니 십썽이라고 한다. 20밧을 내니 8밧을 거스름돈으로 준다. 젊은 사장이 나에게

코리안이냐고 묻는다. 예쓰예쓰. 그러면서 태국에 사세요? 라고 영어로 묻는다. 노! 아임 트레블링이라고. 매홍손까지 얼마나 남았나요? 라고 하니 3시간이라고 한다. 내비에서는 2시간 반 남았다고 나오는데. 내비가 맞겠지. 가까운 주유소가 얼마나 가면 있느냐니까 한 25km 가면 있다고 한다. 그렇게 다시 출발했는데 자동차가 싱싱해졌다. 많이는 아니고 조금. 한 2km쯤 갔나? 왼쪽에 주유소가 보였다. 바로네~ 뭐지? 바로 들어가서 풀로 채워 달라고 했다. 주인아주머니가 중간쯤 넣더니 원 따우선밧을 말한다. 나는 알았다고 했다. 능판 능판 하면서. 아마 기름이 그렇게 많지 않으니 조금만 넣고 가시라는 의미 같다. 내 차 뒤에서는 동네 아저씨가 오토바이를 타고 기름을 넣기 위해 대기하고 있었다. 그렇게 다시 출발! 가고 또 간다. 무슨 유행가 가사도 아니고. 가고 또 간다 매홍손에~ 가고 또 간다 매홍손에~ 도대체 매홍손은 언제 나오는 겨? 가다가 꽃밭이 있고 커피 파는 데가 있어서 잠시 사진만 찍고 다시 출발! 제발 차가 서지만 말고 잘 굴러가길 기도하면서 간다. 마음 졸이면서 간다. 중간에 산 정상쯤에 무슨무슨 전망대가 있다는 팻말이 나온다. 잠시 전망대에 들러 구경도 하고 사진도 찍었다. 그렇게 다시 출발! 산을 내려오니 이제 서서히 동네들이 많아졌다. 매홍손이 가까워진다는 그림이다. 그러더니 멀고 먼 길 매홍손에 드디어 도착했다. 오후 5시다. 시내 입구에 있는 매홍손 게이트를 지나 매홍손 시내로 들어와 주유소가 있길래 또 들어갔다. 장거리 주행엔 기름 만땅이 우선 해야 할 일이지~ 주유를 하면서 주유소 알바 학생에게 번역기로 물었다. 매홍손에서 괜찮은 호텔은 어딘가요? 학생이 대답해 주었다. 아름다운 호텔이요. 그렇게 구글 맵에 한글로 '매홍손 아름다운 호텔'을 치니 내비가 펼쳐졌다. 호텔에 드디어 안착했다. 여자 꼬마 직원 셋이 카운터에 앉아 있다. 오늘 밤 1박 가능한가요? 네 가능합니다. 그런데 갑자기 카드로만 받는다고 하면서 현금을 거절하는 게 아닌가? 이런이런. 잠시 머뭇거리는 데 저쪽 사무실 안에서 젊은 사장님이 그냥 받으라고 하는 것 같았다. 1박에 1520밧을 내다가 나는 하루 더 있겠다고 했다. 우리는 함께 웃었다. 여권을 내고 키를 받으려는 데 젊은 사장님이 나오더니 나에게 600밧 정도를 돌려주었다. 할인 어쩌구 하면서. 아마도 무슨 이벤트 비슷한 게 있었나 보다. 그렇게 아름다운 호텔에 짐을 풀었다. 휴~

다음 날 새벽 3시에 잠이 깼다. 어제저녁엔 치앙마이 호텔에서 냉장고에 남아 있던 창맥주 2병을 캐리어에 담아 왔는데 그걸 먹고 잤다. 일어난 김에 3시부터 원고 작업을 했다. 그러다 한 7시쯤 리잠을 잤다. 9시에 일어나 슬로우 조깅을 하고 컵라면으로 아침을 때웠다. 반찬은 친구가 주고 간 깻잎. 그렇게 아침을 해결하고 호텔에서 작업에 작업. 11시쯤 원고를 출판사에 보내고도 어디 나가기가 싫어졌다. 그렇게 잠시 쉬다가 11시 30분쯤 쓰레빠를 끌고 매홍손 시내를 한 바퀴 돌아주었다. 마~ 그래도 매홍손까지 왔는데 한 바퀴는 돌아주는 게 예의지. 이런이런. 사진도 한 20방 찍어 주었다. 시내에서 보이는 자그마한 높이의 산에 사원이 눈에 들어온다. 걸어서도 충분히 갈 수 있는데 안 갔다. 한 시간쯤 돌았나? 돌아오는 길 어디에나 있는 세븐 일레븐에 들러서 창맥주 2병을 사 가지고 와서 원고 전송 기념으로 호텔방 맥주를 했다. 오후에도 어디 안 나가고 호텔에서 죽 때린다. 어디 가기도 싫어졌다. 매홍손과 빠이 관광지를 구글 맵에서 검색해서 사진으로 동영상으로 죄다 보았다. 안 가봐도 눈에 훤하다. 이런이런. 호텔방에서 운동이나 신나게 했다. 컨디션 130 유지를 위해서! 시간은 흘러 저녁때가 되었다. 다시 세븐 일레븐에 가서 이번에는 창맥주 5개를 업어 왔다. 흰밥이 하나 있길래 같이 업어 왔다. 흰밥에 깻잎 그리고 김을 안주 삼아 맥주를 마시니 짱이다. 〈거짓 사랑〉노래를 들으며 창맥주를 마신다.

  다음 날 일어나니 치앙마이로 돌아가고 싶어졌다. 원래는 빠이에 가서 2박 정도 하고 넘어가려고 했었는데 노잼이라 그냥 치앙마이까지 쏘기로 했다. 이번엔 빠이를 거쳐서 그 760개 꼬부랑길을 가야 하는 코스다. 자! 출발! 내비에서는 5시간 28분으로 나온다. 그래도 올 때보다는 30분 덜 걸리네? 매홍손을 뒤로하고 빠이로 달렸다. 매홍손에서 빠이로 가는 꼬부랑길도 장난이 아니다. 엄청나다. 산 정상에 전망대가 있길래 잠시 쉬면서 동영상도 사진도 찍었다. 그렇게 다시 출발! 내려오는데 큰일 날 뻔했다. 내리막을 내려오는데 반대편 차선에서 추월하는 차가 갑자기 나타나는 게 아닌가! 급급정거로 간신히 충돌을 피했다. 급브레이크 탓에 뒷자석에 있던 가방이 앞으로 쏟아지고 조수석에 있던 큰 물병(주유소에서 만땅할 때 준 1리터짜리 물병이다)이 조수석 바닥으로 나뒹굴었다. 후유!!! 아무튼 그렇게 우여곡절 끝에 빠이에 도착했다. 뭐 빠이야 지난번에 와 봤다 아이가 하면서 그대로 치앙마이로 쐈다. 그런데 진짜 재미있는 일이 시작되었다. 그 760개의 꼬부랑길을 이리 돌고 저리 도는데 조수석 바닥에 떨어진 물병이 세로로 떨어지는 바람에 좌로 굴렀다 우로 굴렀다를 계속한다. 진짜로 좌로 굴러 우로 굴러를 760번이나 한 거다! 혼자서 엄청 웃었다. 팔이 닿지 않아 그 물병을 주울 수도 없다. 길가에 차를 세우고 주울 수도 있었지만 그냥 두었다. 아무튼 760개 꼬부랑길을 도는 동안 그 물병은 쉴 새 없이 좌우로 왔다 갔다 했다. 물병 덕분에 심심하지 않게 꼬부랑길을 내려와 5시간 반 만에 치앙마이에 도착했다. 2박3일 만에 치앙마이로 돌아오니 정말 고향에 온 기분이다. 진짜 얼떨결에 떠난 길이었는데 갔다 와 보니 이 길이 매홍손 루프란다. 완전 하나의 업적을 이룬 느낌이다.

나가며

치앙마이가 가진 매력은 무엇일까? 지난 세 달간 치앙마이 이곳저곳을 다니면서 치앙마이의 마력에 빠져들었다고나 할까? 아무튼 치앙마이는 매력적인 도시임에 분명하다. 치앙마이의 좋은 점을 내가 자주 써먹는 기승전결로 정리해 본다.

[기] 일단 역사를 간직한 도시가 치앙마이다. 해자를 비롯하여 수많은 사원들이 도시의 품격을 높여 준다. 치앙마이 여행 1순위인 도이수텝은 물론이고 해자 내 수많은 사원들은 치앙마이의 향기를 느끼게 해 준다. 도이수텝에서 바라보는 치앙마이 일출은 장관이다.

[승] 치앙마이 하면 골프장을 빼놓을 수 없다. 골프의 성지가 치앙마이다. 치앙마이 시내에 있는 란나와 피만팁 골프장을 비롯하여 지근거리에 수많은 골프장이 있어 골퍼들의 마음을 설레게 하는 도시가 치앙마이다. 치앙마이 날씨는 골프치기 최적의 날씨다.

[전] 대자연과 함께하는 치앙마이다. 치앙마이 여행에서 빼놓을 수 없는 것이 대자연 체험 프로그램들이다. 레프팅! 진짜 재밌다. 그리고 쫄리는 ZIP라인, 자연과 함께하는 숲속 힐링의 리조트, 각종 동물들과 함께하는 프로그램 등등 대자연과 함께하는 액티비티 치앙마이다.

[결] 뭐니뭐니 해도 치앙마이 사람들의 감성이다. 깨끗한 도시,

친절한 사람들, 사람들이 친절하니 치안은 덤이다. 그리고 남을 배려하는 무지개 감성이 치앙마이 사람들이다. 타자를 포용하는 치앙마이 감성이다.

   내가 치앙마이 방랑자를 자처하면서 치앙마이 이곳저곳을 돌아다니며 치앙마이에 대한 책을 썼지만 치앙마이가 가진 매력의 몇 %나 소개했을까? 10%? 20%? 아직 멀었다고 본다. 도이수텝을 친구들과 수차례 갔지만 햇볕 쨍쨍할 때만 갔었지 오늘 새벽처럼 도이수텝 일출은 생각도 못 했다. 도이수텝 야경투어는 더 환상적이다. 이렇다니까! 오늘은 진짜 오랜만에 치앙마이에 축복의 비가 온다. 값어치로 따지면 몇 조는 될 것이다. 이런이런. 알아갈수록 더 사랑하게 되는 치앙마이! 그래서 오늘도 나는 걷는다.

   방랑자여 방랑자여 기타를 울려라!
   방랑자여 방랑자여 노래를 불러라!
   오늘은 비록 눈물어린 혼자에 길이지만
   먼훗날엔 우리 다시 만나리라.

   그렇게 우리는 운명처럼 만났고 우리들의 사랑 이야기는 그렇게 시작되었다. 나는 너를 생각하면 가슴이 에리다. 심장이 터질 것 같다.

To be continued.......